결혼의 비밀을 풀어가면
'부패'될 행복을 '발효'의 행복으로
바꿀 수 있습니다.
그 행복의 주인공 되시기를...
       2014. 4   이병준·박희진

너들이 결혼을 알어?

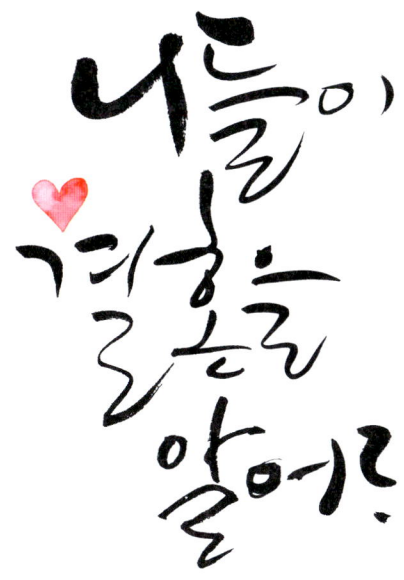

너들이 결혼을 알아?

이병준·박희진 지음

StarRich Books

● ● ● **프롤로그**

결혼은 지생우사 知生愚死

"상담을 해주긴 했지만 이렇게 허탈할까?"

"왜? 오늘 상담 별로였어? 아직 신혼부부라며?"

"아니, 상담이야 잘 했지. 그런데 상담을 하면 할수록 '정말 이런 것까지 상담을 해야 할까?' 하는 생각이 들 때가 있어. 오늘도 그랬어. 본인들이 느끼는 주관적 아픔이나 위기감은 절망의 벼랑 끝에 선 느낌이겠지만 그냥 지극히 평범한 부부의 소소한 다툼 정도였어. 그런데 그런 극단적인 느낌이 들게 만드는 원인이 도대체 뭘까? 외모도 준수하고 똑똑한 청춘들인데 왜 결혼에 대해서만큼은 바보 멍청이가 될까?"

"나도 요즘 상담하면 할수록 그런 느낌 많이 갖게 돼. 정말 몰라도 몰라도 너무 모른다는 생각이 들 때가 한두 번이 아냐."

"오늘 부부도 그래. 나한텐 너무 징징댄다 싶다가도 당사자끼리 눈만 마주치면 잡아먹을 듯 덤벼. 그리곤 나한테 '이 인간 보셨죠? 좀 어떻게 해주세요'라고 바라는 눈빛이 얼마나 강렬하던지… 당신도 알지? 나름 해결 방법을 몰라서 겸손하게 물으러 오는 부부가 있고 해결하기는커녕 자기 옳은 것만 증명받으러 오거나 자기가 원하는 인간으로 바꿔달라고 오는 경우도 있다는 거 말이야."

"그럼. 솔직히 우리도 아무것도 모르는 상태에서 결혼했다지만 그래도 이 정도는 아니었잖아?"

"그래. 그래도 우린 어떻게든 문제를 해결해보려고 바동거리다 그 덕분에 지금 상담 전문가가 되었고 적당히 나이가 드니 '인생은 흘러가는 것이 아니라 채워지는 것'이라는 존 러스킨John Ruskin의 말을 이해하게 되었어. 또 소크라테스가 그랬지. '결혼을 해라. 좋은 아내를 만나면 그 결혼이 행복할 것이고, 악처를 만나게 되더라도 나처럼 철학자가 될 것이니까'라고 말야."

"뭐야, 그럼 내가 악처란 말이야!"

"하하. 아니, 당신은 '악처惡妻'가 아니라 '악처樂妻'지. 나를 즐겁게 해주는 악처! 어쩌면 결혼이라는 게 남편이 '악처惡妻'를 '악처樂妻'로 만드는 것 아닐까?"

"아내 입장에선 남의 편인 '남편'을 '내 편'으로 만드는 것이고?"

"그렇고말고. 우린 이렇게 장단이 잘 맞는다니까. 하하."

"호호."

"이런 결혼의 비밀을 아는 사람이 얼마나 될까?"

"그러게 말이야."

며칠 전 필자 부부가 나눈 대화다. 내년 2월이면 결혼 20주년을 맞이한다. 요즘 이런 대화를 나누는 일이 부쩍 많아졌다. 행복은 언제나 곁에 있다는 결혼의 비밀을 알게 된 것이다. 그렇게 되기까지는 필자 부부의 지금까지 여정도 결코 만만치 않았다. 결혼의 비밀을 몰랐던 시절엔 아내를 내 마음에 쏙 드는 여자로 뜯어고치기 위해 무던히도 애를 썼다. 그 수리내역서 '개선사항 10가지'는 지금 생각해도 참 황당한 요구였다. 아내의 모든 것이 마음에 들지 않았던 나는 흔글 워드로 십계명에 근거한 개선사항 10가지와 세부항목을 빼곡히 나열한 A4 용지 4장을 내밀었다. 줄 간격 100, 글자 크기 10포인트에 2단 문서였으니 아마 10장은 족히 넘었을 것이다. 그 항목을 쓰느라 꼬박 3시간이 걸렸다. 그 용지를 받아 든 아내는 기가 막혀 죽겠다는 반응을 넘어 진짜 죽어주겠다며 식음을 전폐하기도 했었다. 여자가 무섭다(?)는 것을 그때 처음 알았다. 그땐 그렇게 해서라도 아내를 완전히 뜯어고치고 싶었지만 아내는 여전히 그대로다.

"20대의 사랑은 환상이고 30대의 사랑은 외도이다. 사람은 40대에 와서야 처음으로 참된 사랑을 알게 된다." 괴테의 이 말처럼 최근에는 싸울 일도 없거니와 싸울 일이 있더라도 크게 싸우진 않는다. 싸움의 이면에는 좌절된 욕구가 있다는 것을 알고 싸움도 의사소통의 하나라는 것을 알고 있기 때문에 싸움을 통해서도 부부관계가 더 깊어지는 신비한 경험을 해올 수 있었다. 그래서인지 우리 부부를 보면서 "두 분은 지금 서로 사귀는 연인 같아 보인다."라고 부러움을 표현하는 이들이 더러 있다. 그럴 때 우리 부부는 "사귀는 게 아니라 삭힙니다."라며 농담으로 응수한다. 정말 그렇게 되기까진 울며 지낸 시간, 답답해 죽을 것 같은 시간, 터져 오르는 분노를 참을 길이 없어 숨고르기를 수없이 했던 시간,

일기장에 속마음을 풀어놓으며 '삭힌' 시간이 따로 있었다. 나중에야 그렇게 삭히는 시간이 곧 발효과정이었다는 것을 알았다. 잘 삭히면 발효醱酵, 그렇지 못하면 부패腐敗, 행복은 바로 그 차이였다.

발효엔 줌으로써 도리어 풍성해진다는 '역설' 효모와 숨을 쉬는 옹기 같은 '심리적 공간'이 절대적으로 필요하다. 아내를 있는 그대로 받아주려 하니 심리적 공간이 생기면서 오히려 내가 더 편해졌다. 아내도 그런 나의 태도변화를 감지하면서 자발적 '존경'으로 나를 대해주었다. 발효된 부부관계의 깊은 맛은 '만족'이었다. 정진홍은 《마지막 한 걸음은 혼자서 가야 한다》에서 900킬로미터가 넘는 산티아고 순례 길을 홀로 걸으며 "족함을 아는 것이야말로 최고의 행복 비결이며 족함을 모르는 것은 병 중 가장 큰 병이고 불행 중 가장 큰 불행이다. 족한 마음에 크고 작은 복이 깃드는 것 아니겠는가."라고 자신의 행복론을 표현하였다. 사실 이 말은 인간으로서 가질 수 있는 모든 것을 다 가져본 솔로몬 왕의 행복론이었다. "나는 하나님이 주신 짧은 일생을 사는 동안 먹고 마시며 자기 일에 만족을 느끼는 것이 제일 좋은 일이며 이것이 인간의 운명임을 알았다."(전도서 5:18 현대인의 성경)

그동안 상담을 통해서 정말 수많은 부부들의 말 많고 탈 많은 사례들을 보았지만 그것이 그들만의 고민은 아니었다. 그 또한 결혼의 비밀을 풀지 못한 무지, 무식, 지혜의 부족이었을 뿐이다. 그 무지가 사람의 일평생을 좌지우지한다. 오이디푸스 이야기에 나오는 스핑크스의 수수께끼처럼 풀면 살고 풀지 못하면 죽는다. 지생우사知生愚死. 알고 나면 스핑크스의 수수께끼가 너무 싱거운 것처럼 결혼의 비밀도 알고 나면 너무 싱겁다. 필자가 상담을 통해 만났던 많은 부부 중에는 아주 심각한 내면의 상처를 치유해야 하는 부부들보다 이 싱거운 결혼의 비밀만 알아도 '부패' 될 부부에서 '발효' 되는 부부로 전환되는 이들이 훨씬 더 많았다. 결혼하면 얼마나 자주 스핑크스가 얄궂은 수수께끼를 가지고 와서 우리를 괴롭힐지 모르겠지만 이 책을 읽은 사람이라면 걱정 뚝! 앞으로 스핑크스가 나타나면 수수께끼를 내기도 전에 "시험지 다 누출됐어! 짜샤!" 라고 썩소나 한 방 날려주어라.

이 책은 스토리 형식으로 풀어가되 장마다 편지글을 넣었다. 그 편지의 일차 수신자는 상담현장에서 끝내 상담실패로 끝난 사람들이다. 상담실패가 차라리 우리 부부의 능력부족이길 희망하며 '그래도 꼭 해주고 싶은 말'을 담았다. 편지의 2차 수신자는 요즘 부쩍 주례를 부탁해오는 청춘들이다. 결혼예비학교에 참석했다 강사로 온 필자를 주례자로 선정하거나, 내가 예전에 가르쳤던 교회학교 중고등부 아이들이 결혼한다며 찾아오는 경우다. 참 대견하고 예쁘다. 주례를 부탁해온 커플이 행복하게 잘 살아주기를 바라면서도 한편으로 걱정도 생기는 게 사실이다. 얘네들이 결혼의 비밀을 아는 데까지 걸리는 시간을 줄여주기 위해 편지라는 형식을 빌려왔다. 앞서 결혼한 선배들의 가슴 아픈 이야기를 들음으로써 '부패'의 전철을 밟지 말고 반드시 '발효'에 성공하기를 바라는 마음에서다. 그렇다 보니 자상하고 친절하기보단 돌직구에 경고문 수준이라 미안하다. 그렇게 해서라도 결혼을 제대로 알게 되고 참행복을 알게 된다면야 더 바랄 것이 무엇이랴!

좀 더 욕심을 내면 결혼에 관한 한 너무 모르는 분들에게 좋은 각성제이기를 희망한다. 홀로 끙끙대며 수많은 밤을 눈물로 지새웠던 이들에겐 희망과 용기를 주고, 결혼의 비밀을 풀지 못해 속 터져 죽겠다는 이들에게 속 시원한 해답을 주고, '살아? 말아?'를 늘 머리에 되뇌며 살아가는 이들에게 '까짓 거 살아보지 뭐!'라며 툴툴 털고 일어서게 하는 힘이 되었으면 좋겠다. 또한 결혼만 생각하면 가슴이 뛰는, 결혼 판타지에 빠진 청춘들에겐 사정없이 내리치는 죽비가 되기를 바란다. 결혼 전후의 젊은이들에겐 결혼날짜를 확정하고 생기는 두려움, 결혼 직후 겪게 될 도무지 이해 못할 수많은 사건들, 살면 살수록 증폭되는 갈등과 배우자의 말도 안 되는 행동들, 인생이 이대로 끝장날 것 같은 절망감을 이겨낼 수 있는 심리적 맷집을 제공하기를 기대한다. 그도 아니면 결혼이란 긴 여행을 출발하기 전에 귀 밑에 붙이는 멀미약이라도 되었으면 좋겠다. 나아가 결혼연차가 높아질수록 상상치도 못했던 결혼의 현실에 눌려 혼절 직전에 있는 이들에겐 응급 우황청심환이기를 기대한다. 또는 결혼에 대해서 아무것도 모른 채 무작정 출발부터 하고 보자는 식으로 첨벙 뛰어들었다 어느 날 눈떠 보니 너무 멀리 와 나아갈 수도, 되돌아갈 수도 없게 된 이들이나, 너무 힘겨운 나머지 자신의 삶을 포기하려는 이들에겐 구명보트가 되었으면 좋겠다. 더 더 나아가 누군가에게 '내 인생을 바꾼 한 권의 책'이 된다면? 아! 상상만으로도 행복하다.

차례

프롤로그 · 4
등장인물 · 14

I chapter 인생을 바꿔준 고마운 만남

영준 씨 부부의 힐링 여행 · 19
이별여행을 온 결혼 6개월차 창호 민정 부부 · 23
서울로 돌아오는 차 안 · 32
결혼의 비밀을 풀어갈 10번의 만남을 약속하다 · 36

결혼의 비밀 1 자연발효(自然醱酵) · 43

편지 1 결혼이라는 바다엔 수영을 배운 후 뛰어들어라
결혼 전의 ○○에게! · 44
잘못된 결혼의 전형들 · 47
그렇다면 이상적인 결혼도 있을까? · 59

2 chapter 행복에 세뇌된 똑똑한 멍청이들

행복의 조건이 아니라 '안락'의 조건 · 65
부모로부터 세뇌된 행복 · 69
대중문화에 세뇌된 행복 · 72
학교 교육에 세뇌된 행복 · 78
선생님, 결혼하기가 이렇게 힘든 거였나요? · 82

결혼의 비밀 2 타산지석(他山之石) · 88

편지 2 너희들은 마스코트로 만들어졌어!
칭찬만 먹고 자란 마스코트 · 89
저렇게 살 바에는 결혼하지 않는 게 낫겠다고? · 93

3 chapter 결혼의 판타지 버리기

결혼에 대한 환상 따위는 과감히 버려라 · 101
가해자는 피해자, 피해자는 가해자 · 108
상담실을 뛰쳐나간 어느 마스코트 아내 · 112

결혼의 비밀 3 동주공제(同舟共濟) · 116

편지 3 부부는 운명 공동체
네가 남편(아내)을 죽이면 너도 죽어 · 117
결혼도 충성이 필요해 · 119

4 chapter 결혼의 목적

결혼은 즐기기 위해서 하는 것 · 127
문제는 놀이의 부족일 뿐 · 135
결혼한 부부의 3가지 놀이 · 138

결혼의 비밀 4 상호유희(相互遊戲) · 152

편지 4 잘 놀려면 체력부터 다져
행복의 기본은 건강이야 · 153
결혼은 원석으로 다이아몬드를 만드는 일이야 · 156

5 chapter 결혼의 4계절과 U자형 곡선

결혼에도 4계절이 있다고요? · 163
창호, 이혼한 친구 봉수를 만나다 · 172
민정, 이혼한 친구 명선을 만나다 · 179

결혼의 비밀 5 대오각성(大悟覺醒) · 200

편지 5 결혼했다면 적어도 10년까지는 무조건 버텨라
과거는 완전히 잊어, 넌 이미 중고품이야 · 201
무수리 취급을 받더라도 버텨야 할 땐 버텨 · 204

6 chapter 이젠 모래시계를 뒤집어라

발효는 시간을 필요로 한다   211
자동소통, 자동소총   221
억지로 공감하려 애쓰지 말라   224
이혼 후 4년 만에 재결합한 지숙 이모   231

결혼의 비밀 6 줄탁동시(啐啄同時)   246

편지 6 현실을 받아들이고 새출발해
넌 아들 둘 딸린 홀아비에 불과해   247
여자는 가끔 마음도 청소해야 해   252
제대로나 싸워본 후에 이혼해도 늦지 않아   257

7 chapter 여자가 여자에게 알려주는 초간단 남편 사용설명서

부부관계비전   265
남자는 원숭이 다루듯 해야 한다   269
중고차와 마누라의 공통점   275
남자에겐 "사랑해?"를 묻는 게 아니다   281
남자, 키워서 잡아먹으라   288

결혼의 비밀 7 능수능란(能手能爛)   297

편지 7 다재다능한 구미호가 되어봐!
클레오파트라는 클리어파트너였어   298
시어머니를 네 편으로 만들어   302

8 chapter 남자가 남자에게 알려주는 초간단 아내 사용설명서

여자는 진심에 반응하는 존재   309
아내를 능력 있는 여자로 만들어라   314

여자의 속마음	317
남자는 '진짜 사나이'가 되어야 해	321
결혼의 비밀 8 대인군자(大人君子)	324
편지 8 남자의 고추는 나침반 바늘이야!	
넌 겁 많은 개에 불과해	325
진짜 자존심은 행복하게 사는 모습을 보여주는 거야	330

9 chapter · 결혼의 비밀, 줄수록 도리어 풍성해지는 역설의 세계

나이가 들수록 도리어 넉넉해지는 삶	339
피는 물보다 진하다	345
호떡 아주머니에게서 배운 행복의 비결	350
결혼의 비밀 9 여유만만(餘裕滿滿)	359
편지 9 결혼의 모든 과정이 다 행복이야	360

10 chapter · 결혼은 동치미 국수 같은 것

다시 속초로	369
결혼의 비밀 10 일상행복(日常幸福)	374

에필로그 · 375
참고도서 · 379

등장인물

세진
40대 중반의 상담전문가
영준의 아내

영준
40대 후반의 상담전문가
세진의 남편

창호
30대 중반의 대기업 사원
민정의 남편

민정
30대 중반의 대기업 사원
창호의 아내

chapter I

인생을 바꿔준 고마운 만남

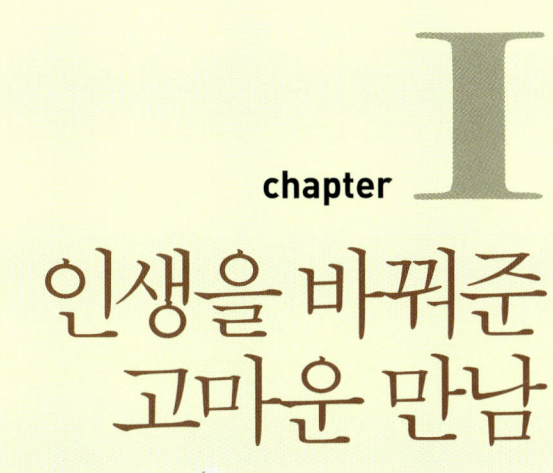

속초의 2월 하순은 동해에서 불어오는 차가운 바람과 함께 묻어온 햇살이 골목 어귀에 조금씩 더 머물기 시작할 때다. 속초에 오랫동안 산 이들은 갯냄새가 조금씩 짙어지는 것으로 봄이 멀지 않았음을 감지하곤 했었다. 그 갯냄새는 막 버스터미널에 내린 영준과 세진 부부에게 먼저 다가와 수줍은 인사를 건넸다.

I
인생을 바꿔준 고마운 만남

영준 씨 부부의 힐링 여행

속초의 2월 하순은 동해에서 불어오는 차가운 바람과 함께 묻어온 햇살이 골목 어귀에 조금씩 더 머물기 시작할 때다. 속초에 오랫동안 산 이들은 갯냄새가 조금씩 짙어지는 것으로 봄이 멀지 않았음을 감지하곤 했었다. 그 갯냄새는 막 버스터미널에 내린 영준과 세진 부부에게 먼저 다가와 수줍은 인사를 건넸다. 영준은 간밤에 잠을 설친 탓인지 오는 내내 쓰러지듯 잤다. 세진도 마찬가지였는지 눈을 힘주어 감았다가 뜨고 고개를 세차게 흔들며 잠을 깨려 애쓰고 있었다. 화양강랜드 휴게소에서 화장실을 다녀온 기억도 마치 꿈같았다. 부부가 함께 버스로 속초에 온 것은 처음이었다. 이 여행의 출발은 세 자녀들 덕분이었다.

"두 분의 데이트 비용으로 쓰세요."

일주일 전 고3 올라가는 아들과 고2 올라가는 딸이 봉투를 내밀었다.

"웬 봉투?"

"25일이 두 분의 결혼기념일이라 선물 사드릴 의논을 하다 올핸 그냥 현금으로 드리기로 했어요. 두 분만의 여행을 하시라고요."

지난 설에 세 아이가 모여 부모님 결혼기념일 선물 의논을 했는데 큰 아이들은 4만 원씩 내고 막내가 2만 원을 더해 10만 원을 모았다. 해마다 잊지 않고 선물을 준비하더니 지난해엔 후드 티셔츠를 사왔던 아이들이다. 부모의 결혼기념일 선물을 사기 위해 매장을 기웃거리며 서로 이야기 나눴을 아이들의 모습을 상상하면 미소가 절로 생겨났다.

영준 세진 부부는 작년 가을부터 도보여행을 계획했었다. 영준은 뜬금없이 군생활을 했던 곳이 보고 싶다며 지난여름 혼자 강원도 철원을 다녀왔다. 꽤나 좋았는지 다녀오던 날 세진에게 다음엔 함께 가자고 제안했다. 전역하고 나면 군대생활 하던 곳을 향해 오줌도 누지 않는다는 남자들이 굳이 그곳을 다시 찾는 이유가 궁금하기도 했지만 그렇게 훌쩍 떠날 수 있는 남자들이 은근히 부러웠다. 마침 살고 있는 집 바로 앞에 간이 시외버스 정류장이 있어 마음만 먹으면 전국 어디든 갈 수 있었다. 개인 상담센터라 시간은 얼마든 만들 수 있었다. 상담횟수가 늘어나면서 충전을 위한 여행의 필요성을 더 크게 느끼던 차였다.

"두 분은 늘 남들 안 좋은 이야기만 듣고 힘들지 않으세요?"

상담을 다녀가는 분들이 영준 세진 부부를 향해 가끔 물어올 때가 있다. 상담하는 일, 힘들다. 솔직히 상담을 마치고 나면 온몸의 진액이 빠져 나간다. 지독스레 말을 못 알아듣는 이를 만나면 답답해 속 터지고, 너무 큰 상처를 가진 사람들을 보면 그저 안타까움에 가슴 아프다. 가끔 상담자에게 자신의 감정을 투사하는 이들을 대면하고 난 후면 며칠간 마음몸살을 앓는다. 상담대학원 수업 때 L교수님이 "상담이란 생명과 생명을 맞바꾸는 일"이라고 하셨던 말을 절로 실감한다. 그러다 보면 어느 날 갑자기 탈진(burn-out) 경고등에 불이 켜진다. 내담자의 말을 들어주다 갑자기 짜증이 확 올라와 한 대 쥐어박고 싶은 충동이 생기거나, 만사 귀찮아지면서 빨리 해결책을 제시해 보내고픈 마음이 화산처럼 터질 때다.

이전까지 영준 부부가 선택한 스트레스 해소 방안은 영화 보기였다. 상담일정이 아무래도 오후나 저녁시간에 잡히기 때문에 오전은 다소 여유도 있는 데다 세 아이 학교 보내놓고 단둘만 있는 시간이라 오붓하니 딱 좋았다. 개봉 날짜에 조조영화를 보는 특권도 나름 괜찮았다. 다만 몸을 움직일 수 없다는 아쉬움이 있던 차에 어떤 월간지에서 일흔을 훌쩍 넘기고도 왕성하게 도보여행을 하고 있다는 황안나 씨의 기사를 읽은 후 그녀처럼 도보여행을 하리라 결심했었다. 초등학교 교사로 재직했던 그녀는 정년퇴직 이후에 도보여행을 시작해 지리산 종주는 물론, 국토순례 대장정을 몇 번씩이나 완주한 전문가였다.

또 3월에 신학기가 시작되면 상담요청과 강연요청이 많아져 시간 내기가 어려워질 가능성이 높았다. 마침 아이들이 부부만의 여행을 권유했으니 약속을 지키기 위해서라도 여행을 떠나야 했다. 아이들은 봄방학 기간이라 학교 갈 걱정도 없고 자기들끼리 며칠 정도는 숙식을 해결할 수 있었다. 가스레인지 사용, 밥하기, 라면 끓이기, 냉동식품 조리하기 정도는 다 할 줄 알았다.

대포항에 인접한 모텔을 숙소로 정했다. 펜션은 둘만 있기엔 좀 부담스러워 깨끗한 모텔을 잡았다. 그런 일은 택시기사에게 부탁하면 가장 정확하다. 지은 지 3년 된 펜션 같은 K모텔로 데려다주었다. 아직 겨울의 끝이라 빈 방이 많았다. 담배냄새 없는 쾌적한 방이면서 가장 전망 좋은 방을 고를 수 있었다.

짐이래야 각자 메고 온 작은 배낭이 전부였다. 그 배낭도 숙소에 두고 지갑과 작은 노트, 콤팩트 카메라만 챙겨들고 겨울의 별미라는 도치탕을 먹을 계획에 대포항으로 나갔다. 겨울 속초 음식 3가지가 곰치국, 도루묵 조림, 도치탕이라고 했으니 적어도 그중 하나는 먹어줘야 했다. 속초에 와야 보는 도치라는 생선은 볼록한 배에 둥근 빨판이 달린 못생긴 고기다. 그 속엔 큰 알집이 들어 있는데 이 알을 먹을 때 입 안에서 톡톡 터지는 식감을 즐길 수 있다. 신 김치를 듬뿍 넣어 끓이는데 누구든 한번 수저를 들면 반드시 냄비 바닥을 보고 나서야 수저를 놓는다는 소문이 있다. 옆 테이블에선 장화 옷을 입은 어부들이 곰치국을 먹고 있었다. 주인이 내온 밑반찬 도루묵 조림은 노가리랑 비슷한 맛이다. 짜지 않아 그냥 한 접시를 다 먹었다. 주인은 "올핸 도루묵이 풍어라 좋긴 한데, 어부들은 정작 기름값도 안 나온다고 울상입니다."라며 걱정스러운 표정을 지으면서 또 한 접시를 내왔다.

도치탕으로 저녁식사를 하고 방파제로 산책을 나갔다. 대포항의 불빛이 바다를 비춰주고, 아이들 몇은 폭죽을 터뜨리고 있었다. 저녁바람이 쌀랑해 목도리를 두르고 파카의 지퍼를 끝까지 올렸다. 방파제 쪽으로 나란히 걷다 영준이 오른팔을 살짝 들어주자 세진이 팔짱을 끼었다. 바람이 차긴 했지만 따끈한 국물이 속을 따뜻하게 한 까닭인지 그렇게 춥진 않았다.

그때 어디선가 여자의 울음소리가 들렸다. 살펴보니 약 10미터 정도 떨어진 테트라포드에서 들려오는 소리였다. 여자는 쪼그려 앉은 채 울고 있고 남자는 선 채로 바다 쪽으로 담배연기를 내뿜고 있었다. 분위기로 봐선 여행을 온 연인이나 신혼부부인 듯했다. 지나던 사람들은 가끔 있는 일이란 뜻인지, 아니면 남의 일에 개의치 않겠다는 뜻인지 힐끗힐끗 쳐다만 보고 지나갔다. 영준 부부가 발걸음을 그 쪽으로 옮기게 된 건 아마 일종의 직업병이었을지도 모른다. 상담실에서 우는 사람들을 많이 보았기에 눈물에도 색깔이 있고 사람이 때론 울음으로 말을 대신한다는 것도 알고 있는 까닭이었을 것이다.

이별여행을 온 결혼 6개월차 창호 민정 부부

"실례합니다. 혹 도와드릴 일이라도 있나요?"

세진이 다가서며 묻자 남자는 반사적으로 담배를 껐다. 여자가 고개를 들고 물끄러미 쳐다보았다. 눈이 벌겋게 충혈되었고 눈가가 조금 부은 것으로 보아 꽤 많이 운 듯했다.

"아니요. 괜찮습니다. 상관하지 마세요."

거절하는 듯했지만 그 말 뒤에서 '도와주세요!' 라는 말이 들리는 듯했다. 상담자는 늘 표현된 말 뒤에 숨은 마음을 읽어내는 습관이 배어 있어서 정말 그렇게 들릴 때도 있었다.

"네. 물론, 상관할 바 아니지만요. 혹시라도 도움이 될 지 모르지요. 저희가 하는 일이 좀 그런 쪽 일이기도 해서 말이죠."

"무슨 말씀인지…."

"저흰 부부상담 전문가입니다. 혹시라도 도움이 될까 해서요."

세진이 눈짓을 하자 영준이 다가가 명함을 꺼내어 건넸다. 남자가 한 발짝 다가오더니 고개를 끄덕이며 인사를 했다.

"네, 안녕하세요."

남자가 얼버무리듯 인사를 할 때 여자가 일어서면서 말했다.

"사실, 저흰 이곳에 이별여행을 왔습니다."

"이별여행?"

영준 부부가 동시에 말했다. 젊은 커플들이 헤어지기 전에 이별을 위한 여행을 한다는 건 이전에 들은 적이 있었지만 직접 보긴 처음이었다. 영준이 남자를 보면서 물었다.

"아! 그러면 두 분이 연인 사이?"

"아니요. 부부입니다. 결혼한 지 이제 6개월 되었어요."

"그래요? 그럼 이별여행이란 말은 이 여행을 다녀가고 난 후에 이혼하신다는 뜻인가요?"

이번엔 여자가 자리에서 일어나면서 대답했다.

"네. 이혼하기로 피차 합의했고요, 다만 상처를 최소화하려면 이별여행이라도 하자고 했어요. 쿨하게 정리해야 하니까요."

"6개월이면 혹 애기는 없나요?"

세진이 반사적으로 물었다.

"없어요. 신혼 초부터 갈등이 너무 심해서 어느 정도 문제가 정리되기 전까진 애기 갖지 말자고 했어요. 무책임한 행동을 하고 싶진 않아서요."

"네. 그렇군요. 그런데, 이 여행은 누가 먼저 제안을 했나요?"

"접니다."

남자가 대답했다. 그러자 여자가 또 울음을 터뜨렸다.

"저 사람이 그러더군요. 이젠 사랑이 뭔지 모르겠다고요. 제가 원하는 관계로 남아주겠대요. 그동안 힘들게 한 것 너무 미안하대요. 그저 멀리서 제가 행복한지 지켜보겠답니다. 그리고 언제라도 도움이 필요할 땐 와서 도와주겠다나요? 그게 무슨 이혼인가요? 멋있는 척은 늘 혼자 다하고 있어요."

남자는 고개를 숙이고 눈만 껌뻑이고 있었다. 이럴 때 남자들은 대개 뭘 해야 할지 몰라 뒤죽박죽 엉망이 된다. 어설프게 대응했다가는 도리어 호되게 당하거나 여자를 더 토라지게 만든다. 그래서 자꾸만 멈칫거리게 되는데 그러면 또 그런다고 더 혼난다. 여자가 울면서 말했다.

"여기 올 때도 제가 원하지 않으면 방을 두 개 잡겠대요. 이혼할 때 이혼하더라도 그래도 아직은 부부인데 그렇게 말하는 것도 섭섭했어요. 쳇! 자기만 쿨한가 뭐?"

요즘 상담실에 오는 신혼부부들은 자기 속내를 잘 꺼낸다. 거리낌 없는 면이 좋기도 하지만 어떨 땐 할 말 안 할 말 장소를 구분 않는 직설적인 표현 때문에 피차의 마음에 상처를 남길까 걱정되기도 한다. 두 사람도 그렇다. 그래도 이런 개방성이 천만다행이다. 상담실에 와놓고도 말 한마디 하지 않는 중년기 부부들 대하느라 답답한 것보다는 백 번 천 번 낫다.

"그럼 이혼을 생각할 만큼의 힘든 문제가 무엇인가요?"

세진이 물었다. 그러자 남자가 기다렸다는 듯 말했다.

"너무 요구하는 게 많아요. 간섭도 얼마나 심한지 일거수일투족 다 보고해야 해요. 직장에서도 그렇게까진 하지 않는데 집에만 들어오면 들어오는 순간부터 해야 할 일로 가득해요. 그리고 솔직히… 결혼 자체가 너무 실망스러워요. 이 사람에 대한 저의 감정도 예전 같지 않고요."

그러자 여자도 억울하다는 듯 받아쳤다.

"그건 저도 마찬가지예요. 전 이 사람이 정말 신사인 줄 알았어요. 아내가 맞벌이하는 것을 아는 신세대 남편이라 가사도 분담하고 피차 협력해서 가정을 꾸려나갈 줄 알았죠. 그런데 도대체 도와줄 생각을 안 해요. 자기밖에 몰라요. 제발 좀 도와달라고 사정하다시피 하면 조금 해주긴 하는데, 딸랑 몇 분, 몇 개 해놓고 얼마나 생색을 내는지. 나 참! 더러워서 시켜 먹기도 싫어요. 지난 6개월 동안 힘들어 죽는 줄 알았어요. 혼수 준비하는 과정부터 내내 이혼을 생각했었다니까요. 그래도 지금까지 참아 온 것이 어딘데요. 결혼이 이렇게 힘들 줄 알았으면 결혼 안 했을지도 몰라요. 솔직히 친구들 결혼해 사는 모습 보면서 난 저렇게 살지 않을 거라고 다짐했었는데 저도 별 수 없는가봐요."

영준 부부도 그랬다. 이십여 년 전의 기억들이 아련히 떠올랐다. 결혼 날짜를 잡고 준비하는 과정은 정말 복잡한 것이 한두 가지가 아니었다. 따질 것은 무에 그리 많고 또 무슨 절차들이 그렇게 많은지 정말 화딱지가 치밀어 올랐다. 매일 저녁 퇴근 후에 함께 이곳저곳을 돌아다니며 살림에 쓸 식기, 가구, 가전제품을 사는 일은 재미가 아니라 피곤 그 자체였다. 품목 하나당 한 번씩 꼭 다투었다. 세진은 처음 들어간 집에서 물건을 바로 사는 법이 없었다. 분명히 마음에 드는 것 같은데도 구입은 뒤로 미루고 다른 매장으로 갔다. 그러다 또 그 가게를 나와 또 다른 가게로 들어갔다. 그럴 때마다 영준은 주인이 연거푸 쏘아대는 눈 화살이 뒤통수에 와 꽂히는 것을 느꼈다. 얼굴이 화끈거리고 빨리 그 자리를 벗어나고 싶었다. 그런 일 몇 번을 참아내다 한계점에 다다른 어느 날엔 엉뚱한 분노로 표출되곤 했었다. 그건 엄밀히 결혼식 준비였지 결혼 준비는 아니었다는 것을 결혼 후 처절한 갈등을 겪으면서 비로소 알게 되었다.

세진도 여자의 말을 들으면서 신혼 초의 기억이 떠올랐다. 집안일을 잘 도와주지 않는 주제는 만국 공통이요, 나이와 상관없는 남자들의 똑같은 습성이었다. 아마 큰아이가 첫돌 때쯤이었던 듯하다. 저녁 준비하느라 혼자 분주한데 남편은 도와줄 생각이 없는지 거실 소파에 드러누워 TV를 보며 히죽대고 있었다. 얼마 뒤 잠자고 있던 아이가 깨서 울기 시작했다. 아이가 울기 시작했으니 남편이 가서 다독여주겠거니 하며 주방일을 계속했다. 그런데 아이가 5분이나 우는데도 남편은 여전히 TV삼매경이었다. 결국 "아니, 애가 그렇게 울고 있는데 어떻게 사람이 모른척하고 그렇게 TV만 쳐다봐?"라고 따지자 남편은 "난 아무 소리 못 들었는데?"라며 눈만 껌뻑거렸다. 세진은 기가 막혀 손으로 아이를 가리켰다. 거기엔 눈물 콧물 범벅이 된 아이가 엄마를 찾아 안방에서 엉금엉금 기어나오고 있었다.

남자라는 족속은 TV 앞에 앉기만 하면 단번에 몰입상태에 빠져 천둥

번개가 쳐도 모르고 도둑이 와서 물건을 훔쳐 가도 모른다. "그 정도 집중력으로 고시공부를 했으면 판검사 되었겠다."라고 몇 번이나 핀잔을 줘도 고칠 생각은 안 한다. 나중에 남녀차이에 대한 심리학을 공부하면서 그런 행동들이 지극히 정상범위에 속하는 남자들의 행동이라는 것을 알게 되었다. 그 정상범위 이하의 남자들은 바쁜 아내더러 아이 달래라고 소리 지르거나 아이에게 시끄럽다고 성질을 낸다.

"이혼을 생각할 정도의 심각한 갈등을 겪고 계셨다면 가까운 상담센터에서 상담받을 생각은 안 해 보셨나요?"

영준이 묻자 민정이 대답했다.

"왜 아니겠어요. 진작 알아보았죠. 그런데 이 사람은 막상 상담실 앞에까지 갔다가 매번 그냥 돌아왔어요. 자기는 들어갈 이유가 없다면서요. 저만 바뀌면 된대요. 어쩜 남자가 그렇게 비겁할 수가 있는지… 상담 선생님께 정말 미안했어요."

남자는 그저 입술만 조용히 깨물고 있었다. 침묵이 흘렀다. 내담자가 말을 하지 않을 때, 상담자는 억지로 말을 하게 하거나 본인이 말을 하면 안 된다. 기다려줘야 한다. 다소 어색한 침묵이 흐르고 있는 동안 세진은 조금 심각한 표정으로 걸려온 전화를 받았다. 한참을 통화하더니 미안한 표정을 지으며 말했다.

"미안! 에고, 모처럼 부부끼리 오붓하게 바람 쐬러 왔더니 그것도 시샘하는 모양이네. 로즈마리가 내일 오후에 급하게 상담을 오겠다는데 어떡하지? 너무 심적으로 연약해 한동안 돌봐줘야 할 사람이거든…."

"어떡하긴, 조금 일찍 가면 되지 뭐. 오늘 일정 잘 보냈으니 내일 아침 먹고 바로 출발하자. 세 시간 걸리니까 아홉 시에 출발하면 열두 시에는 도착할 수 있을 거야. 버스도 평일이니 여유가 있을 테고."

로즈마리는 세진이 친동생처럼 돌봐주고 있는 내담자다. 세진은 왠지 모르게 그녀를 도와주고 싶어한다. 그녀가 더러 말도 안 되는 행동을 하거나 자기 틀에 갇혀서 다른 사람을 쉽게 받아들이지 않지만 그래도 묵묵히 참으며 스스로 깨닫고 나오기까지 기다린다. 영준은 그런 세진이 정말 존경스럽기까지 하다. 남자 상담자의 기질 때문인지 공감을 잘 해주면서도 가끔씩은 내담자 머리를 한 대 쥐어박고픈 마음이 날 때도 있는데 세진은 그런 마음보단 측은한 느낌이 든다고 한다. 로즈마리에 대해선 언제나 자애로운 엄마처럼 따뜻하고 친절하다. "그렇게 계속 하면 지겹지 않아? 어떨 땐 짜증나지 않아?" 영준이 세진에게 정색을 하고 물었던 적이 있었다. 그때도 세진은 "그래도 시키면 시키는 대로 하긴 하거든. 밑 빠진 독에 물 붓는 느낌이 들 때도 있지만 그래도 요즘은 그 독에 물이 조금씩은 채워지는 느낌이 들어."라고 대답했다. 그렇게 세진의 내담자 로즈마리가 급히 요청해온 상담이긴 하지만 멀리 여행 와 있다며 양해를 구하고 상담일정을 연기할 수도 있는데 세진의 표정을 보니 이미 마음을 굳혔다. 더군다나 급하게 온 전화의 내용이 남편과의 이혼소송 문제가 최종 처리되었다는 것이었기 때문에 즉각 만나야 할 응급상담이었다.

영준과 세진이 대화를 주고받을 때 물끄러미 바라보던 여자가 두 사람의 대화에 끼어들었다.

"저희도 내일 아침 출발 예정입니다. 방향이 같다면 저희가 두 분을 모시고 가고 싶습니다. 댁까지가 아니면 근처 지하철역까지라도 모셔다 드릴게요."

영준과 세진의 눈이 동시에 마주쳤다. 영준이 말했다.

"글쎄요. 고맙긴 한데, 두 사람 일정에 방해되진 않을까요?"

"방해라뇨. 솔직히 돌아가는 차 안에서 말 한마디 없이 갈 거 생각하면 끔찍합니다. 차라리 싸우더라도 이야기를 나누는 게 낫지요. 두 분께서 상담전문가라고 말씀하셨는데 여쭙고 싶은 것도 많고요. 동행해주시면 저희가 영광입니다."

"그러니까 돌아가는 차 안에서 공짜로 상담을 받겠다는 거군요? 하하. 나쁘지 않네요. 우리는 버스비도 아끼고 이야기 나누면서 가니 덜 지루할 테고 말이죠. 대신, 가는 길에 커피는 저희가 쏠게요."

영준이 웃으며 말하자 여자도 하얀 이를 드러내며 웃었다. 웃는 모습이 참 예뻤다. 남자도 살짝 미소를 지었다. 맑은 미소였다.

"고맙습니다. 그리고 저는 창호라고 하구요. 제 아내의 이름은 민정입니다."

"네 반가워요. 창호 씨, 그리고 민정 씨."

미소가 아름다운 선남선녀가 무엇 때문에 이혼을 결정해야 했을까? 또 내일 돌아가는 차 안에서 나눌 대화가 이 젊은 부부의 삶을 바꿀 수만 있다면 얼마나 좋을까?

창호 민정 부부와 그렇게 약속을 하고 헤어진 후 숙소에 돌아와 잠을 청했다. 잠자리에 누워 세진이 영준을 보면서 말했다.

"미안해. 내가 여행왔다고 이야기하고, 다음에 오라 하면 될 텐데 앞당겨 가자고 해서 말이야. 뭔지 모르겠지만 절박한 느낌이었어. 꼭 와서 나를 보며 말을 하겠다는데 아무래도 이 여자… 이혼 결정된 후 정신적인 충격 감당하기 어려울 거야."

"아냐. 당신의 판단을 믿어. 꼭 필요해서 가는 것이겠지. 우리가 상담학을 통해서 배웠고 또 상담 경험으로 알잖아. 사람에겐 '결정적 타이밍'이 있다는 거 말이야. 만약, 내일 그 시간에 로즈마리가 당신을 만나지 못해 인생이 더 힘들어진다면 그건 가슴 아픈 일이지. 또 반대로 내일 그 시간에 당신이 로즈마리를 만나준 수고 덕분에 그 사람이 더 건강하게 자신의 인생을 살아간다면 그거야말로 정말 보람된 일이기도 하고… 게다가 내일 돌아가는 차에서 나누는 대화가 그 신혼부부에게도 '결정적 타이밍'이 될지 누가 알아?"

"그래. 그랬으면 정말 좋겠다. 두 사람 보기 안타깝더라. 창호 씬 남자답게 시원한 외모를 가졌고, 민정 씨도 얼마나 날씬하고 예쁜지… 보기에 참 좋더라. 부부라기보단 열애 중인 연인 같아 보여. 전혀 결혼한 사람같이 보이지 않아."

"저런 친구들 보면서 '참 예쁘다' 는 생각이 드는 건 우리도 나이가 들어간다는 증거겠지?"

"그렇겠지? 후후. 그래도 난 나이 드는 거 싫지 않은데? 당신은 어때? 만약, 당신에게 저 젊은 친구들 나이로 되돌아갈 기회를 준다면 돌아가고 싶어? 난 아냐. 난 오히려 지금이 훨씬 더 좋아."

"나도 그래. 그동안 한 여자 길들인다고 들인 공이 얼만데. 아이구야. 또 한 여자를 만나 새롭게 길들일 생각하니 끔찍하다 끔찍해."

"뭐야? 그럼 나하고 살았다는 것이 끔찍했단 거야?"

"끔찍했지. 생각만 해도 몸서리쳐진다야. 그건 당신도 마찬가지였잖아? 나란 인간하고 살면서 정말 끔찍하지 않았어?"

"하긴 뭐, 그렇긴 했지. 지금 만들어놓은 거 바꾸라고 하면 억울하지. 바꿔봐야 똑같다는 것도 알고. 호호."

피차 한바탕 웃고 미소를 머금은 채 잠자리에 들었다. 닫아놓은 창문을 넘어드는 파도 소리가 자장가가 되었다. 지금 그 젊은 부부도 잠자리에 들었을까? 그들의 귀에도 저 파도 소리가 들리고 있을까?

서울로 돌아오는 차 안

창호와 민정은 침착하고 차분할 뿐 아니라 예의도 몸에 밴 젊은이들이었다. 창호의 운전은 쏠림도 없고 급정거나 급출발도 없어 편안했다. 이토록 '참 괜찮은' 신혼부부가 무엇 때문에 이혼을 결심하고 자기들만의 이별식을 위한 여행을 했을까?

"만약, 급하게 돌아가실 일이 없었다면 무엇을 하실 생각이셨나요?"

민정이 물었다. 세진이 대답했다.

"양수리 쪽으로 들렀다 가려고 했었어요."

"양수리요?"

"네. 꼭 양수리는 아니지만 그 쪽으로 가는 국도에 아주 특별한 추억이 실려 있는 곳이 있거든요."

"두 분이 데이트 하시던 곳?"

"아뇨. 우리는 경남 진주에서 14년 전에 상경한 사람들이니 거긴 데이트 코스가 될 수 없지요. 결혼하고 4~5년 지나 셋째가 태어나기 전, 그러니까 위로 아이들 둘이 아주 어렸을 때 양수리 쪽으로 어느 교회 중고등부 수련회 특강 강사로 온 적이 있었어요. 그때 차 안에서 대판 부부싸움을 했죠. 아이들 보는 앞이라 언성을 높이지 않으려고 각자가 노력했는데 그날은 뭐가 틀어져도 한참 틀어졌는지 남편이 꽥 소리를 지르더라고요. 저도 좀 황당했는지 지지 않고 조목조목 따지며 덤볐어요."

"지금 두 분의 인상을 보면 전혀 그럴 분 같아 보이지 않는데요?"

"호호. 그래요? 지금에야 그렇게 안 보일 수도 있겠죠. 그래도 부부는 뚜껑 열어봐야 안답니다. 그런데 웃기는 건 실컷 싸우고 토라졌는데 점심 때가 되니까 배가 고프더군요. 밥 먹을 상황도 아니었는데 남편이 차를 어느 식당 앞에 세웠어요. 자기도 배가 고팠던가봐요. '싸울 땐 싸우더라도 먹을 땐 먹자'고 하더군요. 솔직히 그 상황에 밥 생각이 난다는 게 웃겼지만, 난 안 먹더라도 아이들 먹여야 한다는 생각에 내렸습니다. 그렇게 들어간 곳이 '죽여주는 동치미 국수'라는 식당이었어요."

"죽여주는 동치미 국수? 이름 재미있네요."

"그런데, 주문을 해놓고 아무 말도 없이 국수 나오기를 기다리면서 주변 사람들을 둘러보니 우리 모습이 더 처량해 보였어요. 다른 사람들은 다 행복해 보이더군요. 다들 단골인 듯 주인하고도 자연스레 농담을 주거니 받거니 하는데 우리만 어색한 분위기였어요. 연인, 중년부부, 휴가 나온 아들과 함께 온 부모, 나이 지긋하신 노부부가 손님이었죠. 노부부는 국수 한 그릇을 놓고 나눠 드셨어요. 꼭 돈을 아끼려 그런 것 같지는 않았는데, 마주 앉아 시종일관 웃어가며 도란도란 이야기 나누는 모습이 참 인상적이었어요. 나이 들면 저렇게 살아야지 하는 생각을 했었어요."

"지금 두 분의 모습도 제 눈엔 참 편안해 보여요."

"그래요? 그렇다면 기분 좋네요. 그런 상상을 하고 있는 사이 드디어 국수가 나왔는데요, 보기에 아주 먹음직스러웠어요. 무슨 특별한 재료가 들어간 건 아니고 그저 잘 익은 동치미 국물, 그것도 살짝 살얼음이 있는 동치미 국물이 전부였어요. 굵은 면발도 마음에 들더군요. 우리는 둘 다 굵은 면발을 좋아하거든요. 그 차가운 동치미 국수를 얼마나 열심히 먹었는지 땀이 날 정도였다니까요. 아이들도 양손으로 국수를 입에 집어넣는데 사흘 열 끼 다 굶은 아이들 같았어요."

옆에서 빙그레 웃고 있던 영준이 말했다.

"맛있게 먹고 한 삼십 분 운전했을까요? 배가 부르니 기분이 조금 풀어졌는지 나도 모르게 '잡아먹을 듯이 부부싸움을 해놓고 배고프다고 국수를 입에 퍼 넣었을까?'라고 혼잣말처럼 하다가 잠깐 아내와 눈이 마주쳤는데 그만 피식 하고 웃음이 터졌어요. 피식하고 웃음이 터지면 상황종료지요. 겸연쩍게 웃은 후 '내가 미안해.'라고 말했고 아내도 '아니, 내가 미안해.'라고 하더군요. 지금도 무엇 때문에 싸웠는지는 전혀 기억이 안 나요. 요즘도 가끔씩 서로 물어요. 우리가 그때 뭣 때문에 싸웠냐고요."

세진이 미소 띤 얼굴로 그 말을 받았다.

"정말 지나고 보면 그 내용이 무엇이었는지도 기억 안 나요. 싸웠다는 기억만 있지. 그렇게 심각한 내용은 아니었던 게지요. 그리고 몇 년 후에 상담 공부하겠다고 서울로 올라왔는데, 이곳으로 이사온 후 양수리 쪽으로 강의를 가게 되면 꼭 그 국수를 먹는답니다."

"저희도 먹어보고 싶은데요?"

"네. 오늘은 어렵겠지만 한번 가서 먹어봐요. 정말 죽여주는 맛일 거에요. 그리고 결혼 연차가 올라갈수록 결혼이란 동치미 같은 거라는 생각이 들어요."

'결혼이란 동치미 같다?'

창호와 민정은 그 말을 속으로 동시에 되뇌었다.

결혼은 동치미와 같다. 젓갈, 고춧가루, 마늘, 생강을 비롯해 각종 양념을 많이 넣은 김치는 보는 것만으로도 침이 고이지만 동치미는 보기엔 그저 밋밋할 뿐이다. 재료도 무와 물, 고추 몇 개 그리고 소금이 전부다. 그저 옹기에 담아둔 채 적당히 시간이 지나면 자체 발효 과정을 거쳐 담백하고도 깊은 맛을 낸다. 살얼음까지 얼어 있는 겨울 동치미는 정말 환상적이다. 동치미의 계절이 겨울이듯 결혼의 4계절을 충분히 잘 견디어 온 부부, 또 그 세월 속에서 피차 마음과 마음이 통하는 소통법으로 자연 발효가 된 부부라야 비로소 결혼이 무엇인지 말할 자격이 있다. 그렇게 봄, 여름, 가을을 거쳐온 부부는 인생의 겨울에 동치미 같은 깊은 맛을 경험할 수 있게 된다.

영준 세진 부부가 '결혼은 동치미다.'라는 생각을 하게 된 것은 결혼 15년차를 넘기면서부터였다. 그 이전엔 갓 잘라놓은 무같이 매운 '분노'가 가득했고, 그것은 과도한 기대로 인하여 생긴 것이었다. 상대방의 결점이 아니라 내 욕심이 문제였던 것이다. 그것을 깨닫게 해준 것은 상담공부와 나이였다. 욕심을 줄이니 기대수준도 낮아지고 동시에 분노의 양도 자동으로 줄어들었다. 분노가 줄어든 자리에 웃음과 여유가 생겨나니 실수를 하거나 부족한 점이 보여도 이해가 되고 수용이 되기 시작했다. '나이 듦의 미학'이라는 말이 실감이 났다. 흰 머리카락이 한 두 개씩 자꾸 늘어났지만 그것이 그렇게 싫지만은 않았다. 흰 머리카락의 숫자와 여유는 정비례했으니까.

결혼의 비밀을 풀어갈 10번의 만남을 약속하다

창호가 운전을 하는 사이 각자가 잠깐씩 잠이 들었는데 차의 속도가 급격히 줄면서 요철을 지나는 타이어 소음이 들려와 눈을 떴다. 휴게소였다. 한 30분 정도 곤히 잔 것 같다. 차에서 내려 기지개를 켜고 화장실을 다녀온 후 약속대로 커피전문점에서 창호와 민정은 캐러멜 마키아또를, 영준 부부는 아메리카노를 각각 샀다.

다시 출발할 때는 민정이 운전대를 잡았다. 상대방 힘들다고 자신이 운전대를 잡는 기본적인 배려심이 있는 두 사람이다. 생활에서 늘 그런 배려를 주고받는다면 얼마나 좋을까? 어쩌면 이 부부가 직장에선 배려의 달인으로 통할지도 모른다. 둘 다 인정받는 모범 사원일 수도 있다.

다만, 부부관계는 다른 방식이라 아직도 적응점을 찾지 못하고 있을 뿐인지도 모른다.

영준이 이런저런 생각에 빠져 있을 때 창호가 물었다.

"상담센터를 운영하고 계신다면 정말 많은 사람들을 만나시겠어요. 저희같이 심각한 부부들도 많이 오나요? 정말 저희 같은 사람들도 해결받을 수 있나요?"

"그럼요. 요즘 부쩍 늘어나고 있네요. 결혼 연차가 짧을수록 두 사람과 비슷한 성향을 보이는 경우가 많지요. 상담시간이 되면 한편에는 참 안타까워서 도와주고픈 마음도 있고 다른 한편에선 정말 호되게 꾸지람을 하고 싶은 마음이 들기도 해요."

"에고. 뜨끔한데요?"

창호가 놀라는 시늉을 하자 영준이 웃으며 말했다.

"후후. 그렇다고 겁먹지 않으셔도 되요. 꾸중하진 않을 테니까요."

"네, 그럼 상담실에 와서 호소하는 가장 큰 문제가 무엇인가요?"

"글쎄요. 그 문제란 것이 지극히 주관적인 것이라 딱히 정확한 기준을 말씀드리기 애매해요. 객관적으론 지극히 작은 문제인데 주관적으론 크게 느낄 수도 있거든요. 흔히 일반적인 문제라면 성격차이, 대화 불통, 경제적 무능력, 시댁이나 친정가족과의 밀착관계, 섹스문제, 그리고 외도 같은 것들이 있지요."

"그런 문제들이 생기면 이혼하거나 별거해야 하는 거 아닌가요? 특히 외도 같은 문제는요."

운전을 하던 민정이 룸 미러를 보면서 대화에 끼어들었다.

"반드시 그런 건 아닙니다. 그런 문제들 때문에 도리어 부부관계가 더 깊어지기도 합니다. 물론 두 분 같은 신혼부부는 이해하기 어려운 부분일 테지만요. 그래서 외도 문제로 오는 부부들을 상담할 때는 결혼 연차, 결혼 전 연애 기간 등을 확인합니다. 결혼 연차나 결혼 전 연애 기간의 정도에 따라 외도의 성격도 다르거든요."

"외도 문제가 생겼는데도 부부관계가 도리어 깊어진다는 건 말도 안 돼요. 정말 이해 못 하겠어요. 전 이 사람이 다른 여자하고 놀아난다는… 으아… 그건 상상만으로도 화가 치밀어 올라요. 절대 용서 못 할 것 같아요. 절대!"

"그럴 거예요. 어쩌면 창호 씨나 민정 씨가 받았던 교육적 측면에서 보면 그렇지만 부부관계는 옳고 그름이란 잣대로 풀 수 있는 건 아닙니다. 그런 합리성은 직업적인 부분에서 요구되는 기능이지요. 관계의 영역은 그 부분도 필요하지만 그보다 훨씬 더 높은 차원의 기술이 필요합니다. 혹, 두 사람이 헤어진다고 하셨는데, 그 부분은 피차 동의하신 것 맞죠?"

"네."

두 사람이 동시에 대답했다.

"그런데, 이혼을 하겠다는 결심의 가장 많은 부분이 '이렇게 살 바엔 피차를 위해서 헤어지는 게 낫다', '이렇게 서로에게 상처를 줄 바에는 헤어지는 게 낫다', '빨리 헤어져 정리를 해줘야 이 사람이 다른 사람을 만날 수 있게 도와주는 거다' 뭐, 이런 생각을 하고 있는 것 아닌가요?"

"네, 어떻게 아셨어요?"

"이혼을 결정하고 오는 분들이 대부분 그러니까요. 그런데 그 말 자체엔 내가 힘들어서 이혼하겠다는 부분도 있지만 상대방을 생각하는 부분이 어느 정도 있습니다. 상대방을 배려하는 사람들이 굳이 이혼을 해야 할 이유가 있을까요?"

그러자 민정이 말했다.

"맞지 않는 부분이 너무 많아서요. 이 사람은 너무 굼뜨고 게을러요."

그 말을 들은 창호가 말했다.

"이런 식입니다. 민정이는 늘 저를 애 취급하고 단정적으로 말을 해요."

"내가 언제?"

"지금도 그러잖아!"

민정과 창호의 목소리가 높아졌다. 영준이 두 사람을 진정시키며 말했다.

"자 자! 두 사람 다 숨 한 번 쉬고 한 박자만 쉽시다. 제가 볼 땐 두 사람이 지금 화가 나는 그런 내용들도 지극히 일상에 속하는 것들인걸요. 다른 부부들도 다 그런 것들 때문에 코피 터지게 싸웁니다. 그 이유는 결혼과 행복에 대해 세뇌되어서 그런 거예요."

"세뇌라고요? 세뇌라는 말은 북한 같은 공산 국가에서 무슨 사상교육할 때 쓰는 방법 아닌가요?"

"맞아요. 그것처럼 우리는 결혼에 관한 한 세뇌되었단 것이지요. 그런 까닭에 상담이 아니라 교육이 더 필요하다고 판단해서 상담은 짧게 하고 부부 아카데미 과정을 권유해요. 교육을 통해서 세뇌된 행복이 뭔지 알아야 하고 행복해지는 기술도 배우고 익혀야 하니까요."

영준은 요즘 젊은 친구들이 세뇌되었다는 말을 하면서 몇몇 부부가 떠올랐다. 상담까지 와놓고, 끝내 이혼을 하겠다고 고집을 피웠던 이들이었다. 그것도 보는 앞에서는 순한 양처럼 고분고분 말 잘 듣는 척하다 돌아서면 자신의 고집대로 이혼을 해버리는 것이었다. 상담실에서 상대방에게 고함을 질러가며 분통을 터뜨리거나 자기 분에 겨워 오열하는 사람은 차라리 나았다. 그렇게라도 감정을 분출하고 나면 보다 이성적이 되고 상담자가 해 주는 이야기를 조금씩 들을 수 있었으니까.

"그럼 저희도 세뇌되었을까요?"
"예외는 아닐 거예요, 아마. 우리가 세뇌되었다면, 잘못된 지식이 머릿속에 입력되어 있다는 뜻이기도 합니다. 저도 제 아내도 상담을 공부하면서 우리도 얼마나 많이 세뇌되었는지를 뼈저리게 느꼈습니다. 결혼하기 전, 저는 정말 스스로 괜찮은 사람이라고 자부하고 살았어요. 또 사람들도 그렇게 말해주었거든요."
영준의 말이 끝나자 조용히 있던 세진이 입을 열었다.
"맞아요. 저흰 같은 교회 대학부와 청년부 활동을 하면서 몰래 연애를 했지요. 결혼 날짜를 잡고 나서야 교제 사실을 공포했었어요. 그때 온 청년부 회원들이 쇼크를 받았었지요. 이 사람 좋아했던 여자 청년들이나 저를 좋아했던 남자 청년들도 다 말이죠. 그땐 주변 사람들이 저희를 환상적인 조합이라고 했었어요. 저희들 스스로도 그렇게 착각을 했고요. 그런데 막상 결혼하고 보니 아! 정말 절망의 연속이었어요. 그러면서 결혼에 대해 세뇌되었단 사실을 알게 되었죠."

그 말을 들은 창호가 잠시 생각에 잠기더니 조용하고 낮은 목소리로 말했다.

"그럼, 어떤 면에선 저희가 이혼하려는 것도 세뇌되었기 때문인가요? 그러면 굳이 이혼이란 방식을 택한 것도 다 그런 것 때문이고, 만약 세뇌된 부분을 고치기만 한다면 저희도 행복한 결혼생활을 할 수 있다는 뜻으로 해석해도 될까요?"

"오! 탁월한 통찰인데요? 암요. 그렇고말고요. 다만, 세뇌된 영역이 워낙 많기 때문에 많은 시간이 필요하다는 건 아셔야 해요. 그럼, 이왕 이렇게 된 거 두 분이 우리와 정식으로 10번 이내의 정기적인 만남을 가져보는 건 어떨까요?"

"상담을 하자는 말씀인가요? 상담은 문제 있는 부부들이 하는 거 아닌가요?"

"글쎄요. 상담이라기보다는 그냥 결혼의 비밀을 잘 아는 멘토를 찾아오는 거라면 어떨까요? 또 상담은 문제 유무에 상관없이 누구에게나 필요해요. 사실 우리가 할 상담은 '사람'을 고친다기보다 '관계'를 고쳐 자생력과 면역력을 키워주는 것이지요. 최종 목표는 창호 씨나 민정 씨가 자기 자신을 치유할 뿐 아니라 서로를 치유하는 치료자가 되는 것이고요."

"그렇게 된다면야 저희야 좋죠."

민정이 말하면서 창호를 쳐다보자 창호가 고개를 끄덕였다. 상담실에 갔다 실패했던 적도 있었는데 창호가 이렇게 적극적으로 나온다 싶어 민정도 만족했다. 또 이렇게 만나는 것도 소중한 인연일 텐데 쉽게 끊고 싶진 않았다.

"그럼 앞으로 저희 부부와 함께 10번 정도 결혼의 비밀을 탐사해봅시다. 두 사람의 성실도나 자각의 정도에 따라 짧아질 수도 있어요."

"아 네, 알겠습니다."

창호가 시원하게 말을 받았다. 영준 세진 부부가 함께 만날 시간을 의논하고 매주 일요일 저녁 7시로 정했다. 창호 민정 부부의 집이 서초동이라 영준 세진이 있는 평촌까지는 차로 30분이면 충분한 거리였다. 창호와 민정은 머릿속에 같은 생각을 하고 있었다.

'그래! 열 번, 그 열 번의 만남 후에 이혼해도 늦지 않아. 우리가 결혼의 비밀을 알게 되어서 행복하게 사는 법을 배운다면 정말 행운일 거야. 설령 그렇게 되지 않더라도 상담전문가를 통해 이혼의 명백한 이유를 확인받게 되는 셈이니 이혼으로 인한 상처도 최소화할 수 있을 거야.'

영준이 말했다.

"오늘 만남 후에 두 분에겐 결혼의 비밀에 대한 4자성어를 보내드릴 거예요. 그리고 매번 만남 후마다 하나씩 더 추가해서 총 10개의 결혼에 대한 비밀을 완성하게 될 겁니다. 제가 보내드릴 때마다 그것들을 포스트잇에 메모해서 침대 머리맡에 붙여놓으세요."

창호 민정 부부가 집에 돌아오자 영준으로부터 문자메시지가 날아왔다. 결혼의 비밀 1은 자연발효自然醱酵였다.

결혼의 비밀 1

자연발효(自然醱酵)

- **자연(自然)** 사람의 힘을 더하지 않은 천연 그대로의 존재(산·강·바다·식물·동물 따위) 또는 그것들이 이루는 지리적·지질적 환경
- **발효(醱酵)** 효모·박테리아 따위 미생물의 작용으로 유기물이 분해되는 현상(술·간장·초·김치 등을 만드는 데 씀)

어떤 먹거리가 발효 과정을 통하고 나면 깊은 맛을 내는 새로운 먹거리로 변신한다. 단, 자연 발효는 깊은 맛을 내지만 발효되지 못하면 부패(腐敗:부패균에 의해 단백질 및 유기물이 유독한 물질과 악취를 발생하게 되는 변화)하게 된다.
결국 결혼 이후의 행복은 발효냐, 아니면 부패냐의 차이다. 사람들은 대부분 발효되기를 원하면서도 부패되도록 하는 환경만 제공하고 있다. 그렇기에 부패의 조건을 과감히 버리고 자연발효의 조건을 만들어주어라.

인생을 바꿔준 고마운 만남 · 43

편지 ①

결혼이라는 바다엔
수영을 배운 후 뛰어들어라

결혼 전의 ○○에게!

　결혼을 앞두고 지금 어떤 마음일까? 얼마나 많은 세월을 때론 기대와 희망으로, 때론 미래에 대한 막연한 불안으로 가득했을까? 결혼을 결정하기까지 얼마나 많은 생각의 탑을 쌓았을까? 그래도 너는 복 받은 사람이야. 청년으로 자라 결혼을 결심했다는 건 큰 용기지. 최근 결혼연령이 자꾸만 늦어지고 미혼未婚이 아니라 비혼非婚이 늘어나고 있다는 말은 청년들이 결혼에 대한 두려움을 더 크게 가지고 있다는 뜻이겠지? 그런 때에 너는 용기 있는 결단을 했잖니. 그다지 밝지만은 않은 미래가 불안을 가중시키고 나 한 사람은 물론 가족을 부양해야 하는 부담감을 안고 결혼이라는 큰 모험을 선택했다는 용기는 정말 대단한 것이지. 또 지금 당장은 결혼의 조건을 갖추지 못했다 할지라도 결혼에 대한 소망을 가지고 있다면 그것도 괜찮아. 그러니까 결혼의 조건 같은 거에 대해선 너무 걱정하지 않았으면 좋겠어.

　다만 "확, 결혼이나 해버릴까?"를 입버릇처럼 말하는 건 조금만 더 생각해보자. "더 늦기 전에…"를 염려하는 것도 조금만 더 신중히 생각하자. "내 인생 최고의 성공은 결혼이야!"를 외치는 사람은 다시 한 번 결혼의 목적이 뭔지부터 알고 난 다음에 결혼하자. 결혼식 준비보다 더 중요한 것이 결혼 준비야. 결혼식이야 유능한 웨딩 플래너의 도움을 받으면 되는 세상이지만 결혼 준비만큼은 본인이 해야 해. 그 준비 여부에 따라 결혼 후 평생의 행복이 좌우된다는 걸 명심해.

　결혼의 대상은 사람이야. 그러니 아무하고나 할 수는 없지. 한 번 선택하고 나면 그 선택에 대한 책임을 평생 지는 엄청난 도박이자 모험이지. 흔한 물건처럼 고장 났다고 쉽게 교환하거나 환불받을 수 있는 것도 아니지. 러시아 속담엔 이런 말이 있어. '바다에 나갈 때는 한 번 기도하라. 전쟁에 나갈 때는 두 번 기도하라. 결혼할 때는 세 번 기도하라.'고 말이야. 왜 그랬겠어? 결혼이란 그만큼 어려운 선택이란 것이지. 그럼에도 불구하고 너무 쉽게 만났다 헤어지기도 하는 걸 보면 여러 가지 감정이 생겨. 결혼은 원하기만 하면 즉석에서 배불리 먹는 패스트푸드가 아니라 오랜 숙성기간을 필요로 하는 슬로푸드야. 대신 그만큼 건강에 좋은 음식인 것처럼 결혼도 나이가 들수록 넓어지고 깊어져. 슬로푸드를 만드는 과정이 싫다고 그만두면 그런 음식은 먹을 수가 없게 돼. 패스트푸드가 칼로리는 높은데 영양가는 그다지 권장사양이 아니란 게 이제 상식이 되었어. 슬로푸드는 칼로리를 줄이면서도 건강에 좋고, 고른 영양을 제공할 뿐 아니라 좋은 사람들과 함께 먹으면 더더욱 제맛인 음식이지. 결혼도 똑같아.

상담자로서 숱한 부부들을 만나며 참 안타까웠던 것은 준비 없는 결혼을 한 사람들이었어. 결혼을 무슨 장난처럼 하는 사람도 많았고, 결혼을 했음에도 불구하고 어떤 책임도 이행하지 않으려는 무책임한 사람도 있었고, 결혼 후 겪게 되는 불합리를 그저 운명이나 팔자로 여기며 노예처럼 살거나, 부부간의 행복은 뒷전으로 미루고 오로지 자식만을 위해 사는 이들도 있었어. 아니면 자신을 완전히 상실하고 주어진 역할만 하며 살되 행복이란 단어를 자기 사전에서 삭제한 사람들도 있었어. 그 결혼이 행복했을까? 그렇게 사는 사람의 배우자는 또 어떨까? 그 사람은 무슨 잘못이 있어? 이런 사람들은 마치 수영도 할 줄 모르면서 바다로 뛰어든 것과 같아. 준비 없는 결혼은 자신과 배우자, 나중에 자식들까지 죽게 만들어. 아무런 준비도 없이 허상에 사로잡혀 자신을 던져버리듯 결혼하는 것은 정말 위험해. 결혼은 액션이야. 아무런 행동도 하지 않고 막연히 앉아서 행복하길 기다리는 사람들의 결혼은 그 자체로 불행이지.

이쯤에서 잘못된 결혼의 몇 가지 경우를 살펴보자. 네가 여기에 해당하는지 잘 살펴본 후에 결혼에 대해 철저히 준비해. 그래야 준비 없는 결혼으로 너 자신은 물론 또 한 사람의 인생을 망치는 일 같은 건 안 하게 되니까. 그런 짓은 물귀신이 하는, 보이지 않는 살인이야.

잘못된 결혼의 전형들

첫째는 임신이나 혼전성관계야. 요즘 시대에 혼전성관계 때문에 결혼해야 한다는 당위성을 갖고 있는 사람이 과연 얼마나 있을까?라고 여길지도 몰라. 그래! 지금은 21세기 최첨단 과학으로 이뤄낸 유비쿼터스의 혜택을 누리고 있고 스마트폰 하나로 매 순간 '내 손안의 세상'을 보고 살지. 그런데 말이야. 너희 부모님 세대라면 충분히 그럴 법하지만 현시대를 사는 여성들 중에도 의외로 많이 그렇게들 하고 있어.

어느 남자든 자기 몸에 손을 대는 사람이 있으면 배우자로 알고 결혼하겠다는 생각을 갖고 있는 여자가 있었어. 나이가 많은 것도 아냐. 기껏 스물여덟 정도? 서른도 채 안 되는 아가씨가 그런 생각을 갖고 있다는 게 신기할 정도였지. 못생긴 외모도 아니야. 남자라면 누구나 좋아할 만한 귀염성을 가진 여자였어. 물론, 그 어머니 역시 혼전임신 때문에 어쩔 수 없이 결혼을 하게 된 경우였고 엄마로부터 '너 아니었으면 난 네 아버지랑 결혼 안 했다'는, 굳이 듣지 않아도 되었을 말을 듣고 자라 너무 낮은 자존감의 소유자가 되어버렸어. 21세기에 살면서도 19세기 사고방식으로 사는 존재가 된 거야. 정말 가슴 아픈 일이지? 물론, 그렇게 결혼했다고 해서 모두가 다 불행한 것은 아니야. 다만, 거기서 자신의 결혼을 냉정히 되돌아보고 행복하기 위한 노력을 하는 사람은 다르지. 나는 지금 자신을 그냥 던지듯이 결혼하는 것의 위험에 대해 말하고 있는 거야. 넌 절대로 그렇게 하지 마. 혹여 그렇게 결혼했다면 그랬다는 사실을 깨끗이 인정하고 지금 이 순간부터 결혼의 비밀을 탐사하기 시작해야 해.

결혼은 스핑크스의 수수께끼라 풀어야만 살게 되어 있거든.

둘째는 다른 관계가 깨어질 때의 반동이야. 일명 사랑의 배신이지. 네 부모님 세대의 〈갑돌이와 갑순이〉 노래 속 주인공들이지. 1절 가사를 보면 피차 좋아하는데 표현을 못하고 지내오다 어느 날 갑순이가 시집을 갔대. 그런데 시집간 날 한없이 울었대. 왜? 갑돌이 생각뿐이었으니까. 2절을 보면 갑돌이도 화가 나서 장가를 갔는데 장가간 날 첫날밤에 갑순이 생각 때문에 한없이 울었대. 둘 다 헛물만 켰던 거지.

아마 너희들은 요즘 세대는 그렇지 않을 것이라고 생각할지도 몰라. 그런 상황이면 남자 쪽이든 여자 쪽이든 과감히 대시해서 사랑을 쟁취하겠다고 할 거야. 성공하면 좋고 아니라면 그만이라고 여기겠지. 어느 아이돌 그룹이 부른 〈I don't care〉라는 노래 기억해? 아무 상관 안 한대. 또 더 좋은 사람 만나 가슴 아프게 만들어주겠대. 그것은 사랑이 아니야. 사랑을 제대로 했다면 그 사랑의 상실에 대한 완결작업, 비애작업을 충분히 거쳐야 해. 그 과정을 거치지 않았다면 그것은 속상한 마음에 대한 일종의 '회피(Avoidance)'요, '합리화(Rationalization)'에, 분노를 전가하는 '투사(Projection)'야. 사랑에 배신당했을 때 어떻게 아무 상관이 없을 수 있니? 바로 더 좋은 사람 만날 거라고? 더 좋은 사람이 온다는 보장이 있어? 그 더 좋은 사람은 나에게 어떤 존재일까? 다른 사람을 만나기 전에 충분히 아파하고 충분히 힘들어하고 충분히 운 다음에 털고 일어나야 해. 그 작업이 완료되었을 때 새로운 관계를 맺는 거야. 그러니까 상처가 난 부분이 완전히 아물었을 때 제대로 된 활동을 할 수 있는 것과 마찬가지라고 할 수 있지. 사랑의 반대는 미움이 아니라 '고통(pain)'이라고 해. 사랑하면 할수록 아픈 거야. 그런데 그 아픔을 충분히 겪어야 내성이 생기고 그 아픔 덕분에 사람을 보는 시각을 갖게 되어서 헤어진 사람보다 더 좋은 사람, 더 괜찮은 사람을 만나게 되는 거야.

셋째는 부모에 대한 반발로 결혼하는 경우야. 부모의 강압적인 양육태도, 지나친 간섭이나 혹은 무관심, 강박적 종교생활 강요 등 부모가 요구하는 것들이 너무 부담스러워 거기에 대한 반발로 결혼하는 경우를 말해. 여기서 한 가지 짚고 넘어갈 건 말이야. 요즘은 부모에 대해서 반발하는 것을 당연하게 생각해. 심지어 부모들도 자녀가 반항하는 것을 '사춘기'란 이름으로 당연하다고 인정해. 그렇지만 그건 심각한 오산이야. 사춘기는 반항해도 되는 때가 아니라 '思春期', 즉 '스스로 자신을 생각하기 시작하는 시기'라는 뜻이야. 이전에는 자신의 인생에 대해서 부모의 말을 따랐지만 이 시기부터는 스스로의 생각을 통해서 인생방향을 설정하는 것과 동시에 자신이 한 행동에 대해 책임을 지는 시기라는 뜻이지. 더러 충돌이 생기긴 하겠지만 충돌 자체가 문제되는 건 아니야. 거기서 부모와 자신의 의견이 다르다는 것을 배워야 하고 충돌하지 않고 협상과 조율하는 법을 익혀야 해. 물론, 적절한 반항도 필요할 때가 있긴 해. 그러나 반항보다 부모를 설득시켜 자신의 권리를 찾아내는 협상의 실력과 안목을 가지는 것이 중요하지. 그래야 승승전법의 결과를 얻게 되지. 싸우지 않고도 부모를 굴복시킨다고나 할까? 이렇게 굴복당하는 부모라면 그 얼굴엔 기쁨이 가득할 거야. 왜? 나보다 훨씬 나은 자식을 만들었다는 자부심으로 가득 찰 테니까 말이야.

부모에 대한 반발로 결혼하는 사람들은 무의식적으로 부모와 정반대 성향을 가진 사람에게 끌리게 되어 있어. 딱 한 가지만 보려고도 하지. 무뚝뚝하고 밖으로만 도는 아버지를 둔 여자는 자상하고 수동적인 내향성 남자에게 끌려. 또 센 어머니 밑에 자란 남자는 부드러운 여자를 무의식적으로 희망하지. 반대로 연약하고 의존적인 어머니 밑에 자란 남자는 터프하고 강인한 여자를 희망하는 것도 있어. 그 외에도 경우의 수는 얼마든지 많겠지? 어떤 형태로 만났든 그 나름대로 좋은 점도 있지만 동시에 위험부담도 있다는 걸 알아야 해.

어떤 젊은 여자는 알코올 중독자였던 아버지가 지겨워 남자를 고를 때 술 마시지 않는다는 거 딱 하나만 보고 결혼했대. 남자가 아주 착하고 부드럽고 유순했지. 물론 술은 절대로 입에 대지 않아 좋았어. 그런데 막상 결혼하고 나니까 이 남자가 심각한 의처증 환자였던 거야. 스스로 만든 창살 없는 감옥에 갇혀 살게 된 거지. 물리적 폭력을 행사하지는 않았지만 일거수일투족을 알려야 하고 시도 때도 없이 의심하는 말을 하면서 밤새도록 추궁할 땐 정말이지 돌아버릴 지경이라고 하더군. 그러니까 결혼할 땐 '딱 한 가지'만 보고 결혼하면 안 돼. 너 집 살 때 딱 한 가지만 보고 사니? 아파트 살 건데, 방향이 남향이라 햇살이 잘 들어온다고 그거 하나만 가지고 구입을 결정했다간 어떤 낭패를 당할지 불 보듯 뻔해.

집을 구할 땐 부동산 전문가를 데리고 가야 여러 가지를 다 볼 수 있어. 결혼할 때도 결혼 전문가를 통해서 여러 가지를 볼 수 있어야 해. 그래도 요즘은 다행이지. 주변엔 전문가들이 꽤 많거든. 네가 나한테 온 것도 어쩌면 그런 전문가를 찾았다는 뜻이기도 하고. 전문가들은 자기가 알고 있는 모든 지식과 정보를 동원해서 너를 도와줄 거야. 넌 약간의 대가만 지불하고도 엄청난 혜택을 입게 되는 거지.

넷째는 환경으로부터의 도피야. 지긋지긋한 가난이 싫었다든지, 형제가 많아 싫었다든지, 아버지 혹은 어머니의 잔소리나 질병, 직장생활을 제대로 못해서 가는 데마다 몇 개월을 못 버티는 무능한 자신을 해방시켜 줄 메시야를 기대하는 결혼이 여기에 해당되지.

서른이 넘도록 모아놓은 돈이라곤 단돈 천만 원인 여자가 있었지. 그런데 남자 하나가 관심을 보이면서 아무것도 없어도 되니 그저 몸만 오면 된대. 자기도 내심 그런 남자를 기다리고 있었는데 드디어 '그 남자'가 나타난 거야. 그래서 아주 쉽게 결혼을 약속하고 둘이 여행을 떠나 밀월 같은 시간을 보내다 덜컥 임신까지 한 거야. 그리고 천만 원도 안 되는 그 돈을 집 구하는 데 보탰어. 남자가 혼자 살고 있는데 세간 살림은 다 있으니 굳이 사올 필요 없다고 했던 거야. 그런데, 그 이후에 남자의 태도가 달라진 거야. 결혼 못하겠다고… 그럼 어떻게 되는 거야? 사랑 잃고 돈 잃고 뭔 꼴이야? 그런 짓 절대로 하지 마. 게다가 그 남자는 몇 년이나 사귀던 여자가 있었어. 그 여자로부터 딱지를 맞은 지 삼 개월 정도밖에 안 된 상태였어. 남자 입장에선 일종의 도피였는데 여자는 그것을 사랑으로 착각했던 거야.

미안한 표현이지만 그 여자는 무능한 여자야. 무능한 여자는 남자들 입장에서 일회용 '쉬운 여자'에 해당하지. 그런 여자를 결혼 대상자로 선택하진 않아. 능력 있는 여자는 그런 남자들의 속성을 구별하는 능력이 있는 데 반해 이 무능한 여자는 '사랑'이라고 착각해. 그래서 결혼은 선택하는 능력이 있고 그 선택에 대한 책임을 질 수 있을 때, 즉 어른이 되었을 때 하는 거야.

다섯째는 외로움으로부터 도피야. 혼자 사는 것이 싫어서 결혼하는 경우를 말하지. 외로움을 견디지 못해 누군가 곁에 있으면 좋겠다고 입버릇처럼 말하는 사람들이야. 생각해봐. 혼자 있을 때 외로운 사람은 누군가 곁에 있어도 외로운 법이야. 오죽하면 '네가 곁에 있어도 나는 네가 그립다.'라고 말하는 시까지 탄생되었을까? 이 경우도 '의존성'일 가능성이 다분히 높아. '의지'하는 것과 '의존'하는 것은 달라. 결혼하면 서로 '의지'하며 살겠다는 표현도 냉정히 살펴보면 '의존'인 경우가 많지. 영국의 소아정신과 의사였던 위니컷D.Winnicutt은 유아가 건강해지는 척도를 '홀로 있을 수 있는 능력(capacity alone)'이란 말로 설명했어. 홀로 있어도 행복하게 사는 법을 아는 사람이어야 더불어 살 때도 행복을 만들어낼 줄 아는 법이지. 혼자 있어도 좋고 둘이 있어도 좋고 뭘 해도 좋은 사람이 되는 것이지.

여섯째는 심각한 콤플렉스 소유자야. 특히 외모에 대한 콤플렉스를 가지고 있는 경우를 말해. 너무 못생긴 사람은 선이 들어오거나 누가 조금만 관심을 보여주면 그것이 결혼할 의사인 줄 착각해. 현대사회가 외모로 사람을 평가하는 시대라 그 부분에 선뜻 자신 있게 대처하긴 쉽지 않을 거야. 그렇지만 명심해. 양귀비도 3년만 데리고 살면 지겨워 못 사는 게 남자들이야. 외모, 몸매보다 훨씬 더 중요한 게 힘이야. 즉 능력이지. 그러니 외모 가꾼다고 성형비용 계산할 시간에 책 한 권 더 사서 봐. 스마트폰 만지작거릴 시간에 뭔가 도움이 될 만한 것들을 배워 봐. 남자들이 가장 좋아하는 여자는 '능력 있는 여자'이고 양파 같은 여자야. 즉 벗길수록 더 큰 매력이 있는 여자를 말해. 당장은 얼굴 예쁘고 몸매 잘 빠진 여자를 좋아해서 자기 아내의 자리에 넣어보기도 하지만 그건 상상일 뿐이야. 오히려 그런 여자일수록 아내보단 다른 용도(?)이기를 희망하지.

근데 사실, 대한민국 사람들의 외모 콤플렉스는 좀 심한 것 같아. 한국 여자들의 몸매는 대체적으로 날씬한데 정작 당사자는 뚱뚱하다고 생각한다는 거야. 그들이 말하는 날씬한 기준은 말라깽이 수준이지. 르네상스 시대엔 여자가 말라깽이였다면 미인 축에 끼워주지도 않았대. 어느 정도 통통한 살이 있어야 미인이라고 생각했어. 르네상스 시기의 조각이나 그림을 봐. 여인들의 몸이 꽤 통통해. 그러니까 자신의 몸매에 대해 너무 자신 없어 하지 마. 비쩍 마른 사람은 근력도 약해서 늘 비실대며 사는 경우가 더 많아. 혹시라도 남들이 네 몸매를 거론하거들랑 "전 르네상스형 미인이에요."라고 응수해. 그 의미를 아는 사람들은 너의 재치 있는 대답에 흐뭇해할 거고 모른다 할지라도 너의 당당함에 미소를 보내며 내심 부러워할 거니까 말이야.

일곱째는 낮은 자존감에 바탕을 둔 수치심(shame)이야. 이 부분에 대해선 정말 많은 설명이 필요해. 낮은 자존감을 유발하는 원인과 치유방법에 대해서 설명하자면 따로 책 한 권이 필요할 테니까. 어릴 때 감당하기 힘든 심각한 상처인 '트라우마trauma'를 경험한 사람은 낮은 자존감을 갖고 살아갈 가능성이 많아. 이런 사람의 마음엔 기본적으로 '수치심'이 깊게 깔려 있지. 이때 구별할 것은 수치심과 죄책감이야. 죄책감(guilty)은 건강한 거야. 잘못한 일에 대해서 죄의식을 느끼는 것은 당연한 거지. 오히려 잘못을 해놓고도 죄책감을 느끼지 못하는 게 더 문제지. 이런 사람들을 '반사회성 성격장애(Antisocial Personality Disorder, ASPD, APD)'라고 불러. 다른 사람들을 속이고, 범죄 행위를 하는 데에 죄책감을 느끼지 않으며, 착취적이고 지나친 야망과 우월한 태도를 보여 타인에게 공감하지 못할 뿐 아니라 감정 기복이 심해. 흔히 우리가 사이코패스psychopath라고 부르는 것도 반사회성 성격장애야.

'수치심(shame)'은 스스로 'something wrong'이라고 느끼는 감정이야. 수줍음(shy)과는 개념이 다르지. 수줍음은 어릴 적에 많이 나타나는 성격특성이라 성장해가면서 많이 치유되기도 하는데 이는 타고난 기질상의 특성이라고 봐. 그런데 수치심은 자신이 뭔가 잘못되었다는 느낌을 가지고 사는 거야. 이런 사람들이 가장 빠지기 쉬운 곳이 사이비종교나 무슨 다단계판매 같은 곳이야. 자기도 모르게 빠져드는데 상대방이 강한 확신을 가지고 있을 때 더 그렇지. 사이비 종교 교주나 다단계 판매자를 망상성 성격장애 또는 편집성적 성격장애(paranoid personality disorder)라고 해. 자기가 믿고 있는 것에 대해선 워낙 확신 있게 이야기하는 바람에 거기에 낚이는 사람들이 있게 마련이지. 그렇게 낚이는 사람들은 '의존성 성격장애(Dependent Personality Disorder)'라고 해. 이런 사람들을 대부분 낮은 자존감에 내향성 성격을 가지고 있고 자신의 모든 행동과 결정을 다른 사람에게 맡기는 성향이 있어. 그러니 자신이 책임져야 하는 상황이 오는 것을 두려워하며, 타인의 보살핌을 얻기 위해서는 어떤 일이라도 자처하는 충성스러운 모습을 보이게 돼.

그런 까닭에 결혼하기 전에 건강한 자아상을 정립하는 건 정말 중요해. 변상규 교수는 《자아상의 치유》에서 어려서 건강한 자아상을 형성한 사람이 행복한 사람으로 성장한다고 했어. 그런 사람은 매사에 자신감이 있고, 삶을 긍정하며, 좌절에 쓰러지지 않고 창의적이며, 타인과도 좋은 관계를 유지한다고 해. 그런 사람과 관계하는 사람은 편안하기 때문에 그런 사람이 배우자라면 결혼생활이 만족스럽다고 한 거야. 요즘엔 결혼하기 전에 건강검진결과를 피차 교환하는 사람들이 있대. 건강해야 행복할 테니까. 그게 신체건강이라면 자아상의 검진결과도 제출해야 하지 않을까? 그래서인지 요즘은 '결혼예비학교' 과목 중에 '건강한 자아상'에 대한 강좌를 필수로 넣는 곳이 많아지고 있더라. 자신이 올바로 서 있어야 배우자를 도와줄 수 있거든. 그런데 잘못된 결혼은 자신도 똑바로 서지 못한 상태에서 결혼하는 거야. 그러면 배우자를 돕지도 못할 뿐 아니라 나를 돕겠다는 배우자를 함께 물속으로 끌어당겨 죽게 만드는 물귀신이 될 수 있지. 끔찍하지?

여덟째는 동정심이야. 이거 이거 정말 조심해야 해. 어떤 대상을 만났는데 그 사람이 너무 불쌍해 보여서 내가 구제해주지 않으면 안 되겠다는 생각으로 결혼해주는 경우야.

어떤 여자가 있었어. 미모가 탁월했기에 뭇 남자들의 프러포즈를 받고 살았지. 그녀의 매 일상엔 수많은 남자들의 대시가 있었어. 그런 남자들이 포기하고 돌아설 땐 묘한 쾌감을 느끼기도 했지. 그런데, 한 남자가 집요하게 따라붙는 거야. 처음엔 다른 남자들에게 한 것처럼 박절하게 거절했었지. 그래도 이 남자는 포기하지 않았어. 어느 날인가 정장에 꽃을 한 아름 안고 집 앞까지 따라왔는데 매몰차게 거절하고 집에 들어왔어. 방에 들어오자마자 밖에서 무슨 소리가 들리는 거야. 커튼을 걷으니 장대 같은 소낙비가 내리기 시작했어. 소나기가 오니 이 남자가 적당히 비를 피했다 돌아갈 것이라고 생각하고 잠깐 낮잠까지 잤어. 배가 출출해 편의점에 가려고 대문 밖으로 나갔는데 세상에! 그 남자가 고개를 푹 숙인 채 꽃다발을 가슴에 안고 굵은 장대비를 그대로 맞으면서 울고 있는 거야. 얼마나 불쌍해 보였던지, 몸이라도 녹인 후에 집에 돌아가라고 집으로 불렀는데… 결국 그 남자와 결혼했다가 인생 완전히 망쳤지.

여자만 그런 게 아니야. 남자도 그런 경우 얼마든지 있어. 교회에서 만난 두 청년이 있었어. 어릴 때부터 늘 함께 자랐으니 성장과정을 서로 잘 알아. 3살 연상이었으니까 늘 "누나! 누나!" 하면서 따라다녔어. 게다가 여자는 교회 피아노 반주자에 얼굴과 몸매도 예쁜 사람이니 관심의 대상이었지. 이 남자는 그 여자를 아내감으로 생각하진 않았어. 그러다 여자가 그 교회 청년하고 연애를 시작했고 온 교회에 알려져 두 사람의 결혼은 기정사실이 되었어. 그런데, 어느날 남자가 여자를 버리고 떠난 거야. 여자는 졸지에 버림받은 가련한 인생이 되고 말았어. 그런데 말이야. 그 일이 있은 다음, 몇 개월 지나지 않아 이 남자가 그 여자와 결혼했어. 이전의 모든 과거를 알고 있었지만 '내가 아니면 저 여자 죽겠다'는 불쌍한 마음에 집안의 반대를 무릅쓰고 결혼하게 된 거야. 정말 이 남자는 좋은 남자, 자상한 남자로는 기네스북에 오를 만한 남자, 〈세상에 이런 일이!〉라는 TV 프로그램에 출연해도 손색이 없을 만큼의 남자였어. 아이들 챙기는 것 보면 웬만한 여자들 저리 가라야. 그렇다고 직업이 없는 것도 아냐. 연봉도 적지 않아. 사람 착해. 그런데, 살면 살수록 여자는 나이가 3살이나 많음에도 불구하고 언제나 철이 없어. 그제서야 이전의 남자가 왜 그 여자를 버리고 떠났는지를 이해하게 되었지. 밑 빠진 독에 물을 붓는 세월이었던 거야. 결국, 이 남자는 탈진되고 말았어.

이 경우는 남자가 아내를 치료받을 대상으로 여기고 감싸 안는 엄마 역할을 해오고 있었던 거야. 처음엔 가슴이 따뜻한 남자답게 아내에게 정말 자상하게 해주었지. 그 여자도 좋은 남자 만났다고 행복해했어. 그런데 세월이 갈수록 힘들어지는 거야. 그건 변했다기보다 에너지가 완전히 소진된 거야. 마치 먹을 것을 제대로 먹지 못해 젖이 안 나오는 엄마의 젖가슴처럼 말이야. 남편도 아내를 통해서 받아야 할 에너지가 있어. 격려, 사랑, 든든한 심리적 지원, 믿어주는 마음, 상호관계 속에서 성장하는 기쁨… 이런 것들을 누렸어야 하는데 결혼생활 동안 그런 것 하나도 없이 오로지 뒷바라지만 했던 거야. 그러니 탈진될 수밖에 없었던 게지.

물론 그렇게 결혼한다고 해서 다 불행한 건 아니야. 둘 다 치유작업을 했어야지. 여자는 잃어버린 관계, 단절된 관계에 대한 애도작업(비애작업)을 충분히 했어야 했고, 남자는 자신의 내면 탐사를 통해서 결혼의 동기가 '구원자'가 되려는 것에 있다는 것을, 그것 역시 일종의 자기도취라는 점을 깨달았다면 그런 무의식적 역할을 내려놓고 제대로 된 남편이 되어 그 여자를 제대로 된 아내로 만들었겠지.

아홉째는 너무 뜨거운 사랑을 해서 이상화된 결혼을 꿈꾸었던 거야. 열애를 했던 사람들이 그럴 수 있지. 상대방을 너무 사랑하니까 목숨까지 바칠 수 있다고 믿었던 거야. 이상적인 배우자를 만났다고, 사랑만 있으면 얼마든지 살아갈 수 있다고 생각하는 유형이지. 물론, 보통의 사람들도 이런 과정을 겪어. 그런데 보통 결혼을 하게 되면 냉정하게 현실로 돌아오는 데 반해 이런 커플은 현실로 돌아오지 못하는 거야. 사랑이 식는 것을 용납하지 못하는 거지. 2001년도에 개봉되었던 영화〈봄날은 간다)의 명대사 "어떻게 사랑이 변하니?"와 같은 것들이 여기에 해당 해. 이것은 대중문화가 그려내고 있는 사랑일 뿐이야. 물론, 이런 사랑도 존재하긴 하지만 영원하진 않아. 또 영원하다고 한들 그것이 행복이라고 말할 순 없다는 거야.

그 외에도 9가지 범주에 넣을 수 없는 애매한 경우도 있을 테고 9가지 내용 중에 여러 가지가 복합적으로 얽힌 경우도 많을 거야. 만약, 9가지 내용을 읽으면서 '나는 아무 해당사항 없네.'라는 생각이 든다면 일차적으로 부모님께 감사해야 하고 2차적으론 자기 자신에게 감사해야 해. 잘 키워졌다는 뜻이고, 잘 컸다는 뜻이니까.

그렇다면 이상적인 결혼도 있을까?

그러면 너는 묻겠지? 잘못된 결혼 말고 잘된 결혼, 이상적인 결혼은 없냐고 말이야. 글쎄. 있긴 있겠지만 본 사람이 과연 얼마나 있을까? 사람들은 그런 결혼을 보고 싶어 해. 그래서일까? 2011년 4월 29일 영국의 황태자 윌리엄의 결혼식 장면이 생중계 되었을 때 자그마치 전 세계 20억의 사람들이 지켜보았다고 하더라. 그 결혼식을 지켜보는 사람들은 어떤 생각을 하고 있었을까? 그 자리에 자신을 대입시켜보진 않았을까? 그런데 그들의 결혼이 이상적인 결혼일까? 그 화려한 결혼식(wedding)이 결혼의 행복을 보장해줄까?

결혼에 관한 한 너 나 할 것 없이 대부분의 사람들이 철부지야. 뭘 제대로 알고 결혼한 사람들은 거의 없어. '결혼=행복'이라는 신혼의 단꿈을 꾸거나 결혼을 매개로 신분상승을 노리는 신데렐라를 꿈꾸는 여자들이나 평강공주를 만난 온달을 꿈꾸는 남자들 다 똑같아. 행복해 보이는 남들의 모습은 대중문화가 그려내고 있는 판타지에 불과해. 우리도 모르게 대중문화에 세뇌당하고 있었던 거야. 행복은 결코 그냥 주어지는 것이 아니야. 또 잘못된 결혼을 했다고 해서 다 불행한 것도 아니고 앞의 조건들을 다 피해 서로 사랑의 바탕 위에 세워졌다고 해서 무조건 행복만 가득한 것은 아니야.

　잘못된 결혼의 9가지 전제를 살펴보라고 했던 것은 네가 결혼하려는 목적을 깊게 살펴보라는 의도였어. 결혼의 목적부터 제대로 아는 것이 행복으로 가는 길에 들어섰다고 할 수 있으니까. 결혼의 동기와 목적을 살펴보아야 비로소 나와 배우자의 관계를 좀 더 깊게 볼 수 있게 되거든. 또 네가 잘못된 결혼을 했으니 당연히 불행할 수밖에 없다는 합리화를 위한 것도 아니고 그런 결혼을 했으니 이제라도 바로잡기 위해 관계를 깨거나 이혼을 하기 위한 명분을 제공하려는 것도 아니야. 다만, 행복은 두 사람이 만들어야 할 삶의 예술이기 때문에 노력이 동반되어야 가능하다는 것을 강조하고 있는 거야. 노력도 않고 행복을 얻겠다는 발상을 하는 인간은 뒤통수를 후려쳐야 하겠지만 열심히 노력하는데도 행복하지 못한 사람이 있다면 제대로 도와줘야 하지 않을까?

　그래도 결혼은 해볼 만한 모험이요, 세월이 갈수록 깊어지고 넓어지는 묘한 세계야. 결혼이 정확히 무엇인지 알기만 한다면 말이지. 실존주의 철학자 키에르케고르Søren Kierkegaard는 "모든 모험은 불안을 낳는다. 그러나 모험하지 않는 것은 자기 자신을 통째로 잃는 것이다."라고 말했어. 나도 너와 같은 청춘들에게 자신 있게 말할 수 있어. "결혼 자체가 행복을 주는 것은 아니다. 그러나 결혼이 주는 행복의 비밀만 알면 얼마든지 행복할 수 있다."라고.

chapter

행복에 세뇌된
똑똑한 멍청이들

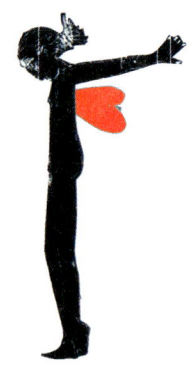

돌아오는 차에서 창호와 민정은 각자가 깊은 생각에 빠졌다. 긴 침묵이었지만 그것이 시위하거나 불만을 표시하는 건 아니었다. 앞으로의 만남을 통해 지금까지 알고 있었던 것과는 다른 것을 보게 될 것이라는 기대도 생겼다. 정말 상담자의 말처럼 똑똑한 멍청이인지도 모른다.

2
행복에 세뇌된 똑똑한 멍청이들

행복의 조건이 아니라 '안락'의 조건

상담실에서 만난 영준 세진 부부의 모습은 속초에서 보았을 때처럼 편안하면서도 위엄이 느껴졌다. 아주 오랫동안 알고 지내던 분 같다. 나도 모르게 속 이야기를 꺼낼 것 같았다. 커피를 마시면서 지난번 만남 이후 며칠간의 근황과 지금 상담실에 온 기분을 물었다. 세진이 직접 원두를 갈아서 내린 커피는 향이 좋았다. 커피 열매를 따 먹은 사향 고양이의 배설물에서 추출하는 루왁이라는 귀한 커피였다.

"지난번 속초에서 돌아오는 차에서 저희가 결혼에 대해 세뇌되었다고 말씀하셨는데요, 그게 궁금해 이렇게 만남으로까지 연결되었어요. 세뇌되었다는 뜻이 무엇인가요?"

민정이 먼저 말문을 여는 걸 보면 영락없는 여자다. 결혼에 대한 궁금증과 답답함은 여자들이 훨씬 더 많아 이것저것 적극적으로 묻는다. 반면 남자들은 대개 침묵이나 그저 묻는 말에 대답만 하는 정도로 소극

적이다. 그랬다가도 돌아가는 차 안에서 '두 번 다시 안 온다.'며 화를 벌컥 내거나 침묵시위를 벌이기도 한다. 그건 둘 다 불편한 속마음을 표현하는 방법일 뿐이다. 심리적으론 남자들의 두려움이 여자들보다 훨씬 크다. 남자가 작은 일에도 화를 많이 내는 건 그 두려움이 들킬까 두려워서다. 그러니 돌아가는 차 안에서 화를 내는 남편을 둔 아내들은 기뻐해도 좋다. 다루기 어려운 대상이 아니란 뜻이니까. 그런 남자들도 동창회나 친한 친구들의 술자리에서 엄청난 수다쟁이로 돌변한다. 거기는 무장을 해제해도 좋은 곳이지만 무서운 마누라가 있는 집과 심리학을 전공한 상담사가 있는 상담실은 절대 무장을 해제할 수 없는 적진이라 침묵을 지키며 경계태세를 늦추지 않는 것이다.

영준이 빙긋이 웃으며 말을 받았다.

"음, 그 부분은 꽤 설명이 필요한데… 민정 씨! 혹, 결혼하기 전에 이미 결혼한 주변 사람들 사는 모습 보면서 '난 결혼하면 저렇게 살진 않아', '난 잘 살 거야', '나는 결혼생활 이렇게 만들어갈 거야'라고 결심했던 적 없었나요?"

그러자 민정의 시선이 오른쪽 천장에 잠시 머물렀다 다시 내려왔다.

"저흰 딸만 둘인데요, 언니가 결혼해서 사는 모습을 보고 그런 생각을 했었어요. 난, 절대로 언니처럼 살진 않겠다고요. 언니가 친정엄마에게 하소연을 늘어놓을 땐 정말 싫었거든요. 언니가 내 표정을 읽었는지 너도 결혼해보면 언니 마음 알 거라고 하더군요. 언니가 그렇게 말했어도 전 정말 자신만만했었어요. 그런데, 정말 결혼하고 살수록 그 말이 자꾸 생각나면서 언니는 또 얼마나 힘들었을까 싶어 마음이 짠해요. 엄마를 힘들게 한다고 미워했는데, 이젠 제가 엄마를 힘들게 해야 할 처지가 되고 말았어요. 정말 이런 모습 보여주기 싫었는데…."

민정이 말하면서 한숨과 눈물을 함께 쏟아내었다.

"그건, 민정 씨 잘못이 아닙니다. 그런 생각들은 누구나 하는 것들이죠. 다만, 누군가가 결혼의 현실에 대해서 명확하게 알려주지 않았다는 것이 문제일 수 있지요. 우린 대부분 결혼이란 말 자체에 흥분하죠. 특히 미혼일수록, 또 나이가 어릴수록 그렇고요."

영준의 말이 끝나자 창호가 말했다.

"전 솔직히 그런 환상을 갖고 있었는지도 모르겠어요. 그냥 때가 되니 결혼했고, 사랑하니까 결혼하겠다고 했죠. 우리 결혼엔 민정이가 더 적극적이었거든요. 이렇게 나를 좋아하는 여자라면 나를 잘 챙겨주겠다는 생각을 했죠. 또 전 복잡한 건 싫어하는 스타일이라 민정이의 시원시원함에 끌렸어요. 이런 여자 같으면 나를 잘 이끌어주겠다 싶었어요. 만날 때마다 가슴이 설레었죠. 그 느낌이 얼마나 좋았는데요. 민정인 정말 매력 있는 여자예요. 근데 조금 살다 보니 너무 고집불통이고 강하다는 생각이 자꾸 드네요."

"그랬어요? 음. 각자가 느끼는 주관적인 느낌이 잘못된 건 아니니 그 부분에 대해선 너무 크게 개의치 않으셨으면 합니다. 앞으로 하나씩 풀어갈 테니까요. 오늘은 첫날이라 세뇌된 행복이 무엇인지 살펴보기 위한 작업부터 해보죠."

영준은 길게 심호흡을 하고 진지한 표정으로 창호와 민정을 번갈아 보면서 물었다. 따뜻하면서도 예리한 눈빛이었다. 먼저 민정 쪽을 바라보며 물었다.

"민정 씨는 행복의 조건이 뭐라고 생각하셔요?"

"행복의 조건이라면… 우선, 돈이 있어야겠지요. 너무 많은 돈을 원하지는 않지만 적어도 어느 정도의 돈은 가지고 있어야 해요. 그리고 학력도 있어야 하고요. 수준이 맞지 않는다면 그것도 어렵겠지요."

"창호 씨는요?"

"일단, 외모가 있어야죠. 여자는 무조건 예뻐야 해요. 그리고 인맥이 중요하죠. 성공에 필수조건입니다. 성공해야 진짜 행복이라 할 수 있지요."

"맞습니다. 그런데 금방 말했던 것들이 정말 행복의 조건일까요?"

"그럼 아니란 말인가요?"

창호와 민정이 동시에 말했다.

"네, 그건 행복의 조건이 아닙니다."

영준이 단호한 어조로 말했다. 창호와 민정은 놀라는 눈치였다. 큰 목소리는 아니었지만 위엄이 서려 있는 목소리라 반발하려는 마음을 멈칫하게 했다. 그 목소리로 영준은 뒷말을 이었다. 그 말에 창호와 민정은 고개를 끄덕이며 잠시 숙연해졌다.

"그건, 행복의 조건이 아니라 '안락安樂', '편리便利'의 조건입니다. 그런 것들이 있을 때 좀 더 편안한 삶을 얻는 것이지 행복의 조건은 아닙니다. 대개 우리는 앞의 조건들을 가져야만 행복할 거라고 생각하지요. 바로 그 부분이 세뇌되었단 뜻입니다."

"아! 그렇군요. 그렇다면 누가 저희들을 세뇌시킨 건가요?"

"첫째, 부모로부터, 둘째, 대중문화, 셋째, 학교 교육입니다."

부모로부터 세뇌된 행복

창호는 S대 출신이었다. 그것만으로도 자식 교육을 위해 과감히 강남을 선택하신 부모님에 대한 보답을 한 셈이었다. 타고난 두뇌를 가진 부모님의 유전자도 고스란히 물려받아서 공부가 스트레스라고 느낀 적은 별로 없었다. 그렇게 대학을 마치고 졸업과 동시에 대기업에 입사했다. 한국이란 나라에서 가장 부러워하는 이상적인 코스를 밟아온 셈이었다. 민정 역시 그랬다. 165센티미터의 키에 군살 하나 없는 몸매는 어디에서도 돋보였다. 남자 직원 사이에선 결혼하고도 결혼한 표시가 전혀 나지 않는 매력녀 1위로 꼽혔다.

창호와 민정의 가계도를 작성해보니 이렇게 좋은 조합이 있을까 싶었다. 가계도를 작성해보면 가족 간의 갈등, 친밀함의 정도, 가계에 이어져 오는 역기능 요소들을 발견해내게 되는데 두 가정은 그다지 문제랄 것이 없었다. 양쪽 집안 모두 다 어디에 내놓아도 손색이 없는 완벽한 가문이었고 그런 가문에서 보란 듯이 자란 선남선녀의 조합이었다.

그러나 결혼에 관한 한 그 탁월함이 무슨 소용이 있을까 싶을 정도로 '관계'를 다루는 부분에선 영락없이 세뇌된 사람에 불과했다. 창호와 민정 역시 부모에, 대중문화에, 학교 교육에 세뇌된 사람들이었다. 학업 성적이 아무리 뛰어나도 관계를 다루는 법은 따로 배워야 한다. 그렇지 않으면 예외 없이 코피 터지는 싸움을 하고 만다. 이에 《결혼, 천 일 안에 다 싸워라》의 저자 두상달·김영숙 부부는 "결혼생활이 힘들고 어려운 것은 우리가 결혼에 대해 준비하지 않았기 때문이다. 취직이나 승진을 위해 밤을 새워 공부하고 자격증을 따기 위해 두꺼운 책을 독파한다. 그러면서도 정작 가장 중요한 결혼 생활은 '결혼면허증'도 없이 무면허 부부로 살아가니 문제다."라고 하면서 결혼 준비의 중요성을 강조하였다.

"부모님께서 저희를 세뇌시켰다는 말은 무슨 뜻인가요? 전 부모님을 원망해본 적도 없고, 부모님의 수준을 의심해본 적도 없는데요. 민정이도 마찬가지였을 거예요. 그 부분에선 우리 두 사람은 늘 일치하는 의견입니다. 부모님은 어디에 내놓아도 자랑스러운 분들이라는 사실요. 부모님들께서 무슨 이유로 저희를 세뇌시켰다는 거죠?"

"부모님들이 의도했다는 뜻이 아닙니다. 또, 두 분의 부모님만을 지칭하는 것도 아니고요. 부모님 세대들은 정말 위대하신 분들입니다. 지금의 대한민국 성장은 부모님 세대의 뼈를 깎는 수고 덕분입니다. 그분들과 그 이전의 부모님 세대, 즉 일제강점기와 6.25 전쟁을 겪은 세대의 가장 큰 관심사는 '생존'이었습니다. 살아남는 것 자체가 위대한 일이었고, 남자들은 처자식 먹여 살렸다는 것만으로도 충분히 칭찬받을 만했습니다. 정말 가난만큼은 대물림하지 않겠다는 굳은 의지가 있었기에 우리가 지금 이 정도로 잘 살게 된 것이죠. 가난에서 벗어나게 하는 가장 큰 방법 중의 한 가지가 교육이었습니다. 두 분의 부모님들은 정말 좋은 분들이고 어느 정도 궤도에 선 상태에서 두 분을 낳고 양육해오신 분들 일 겁니다."

"그분들이 우리를 세뇌시킨 것은 아니잖습니까?"

"물론 아니죠. 그런데 이전의 부모님들은 그저 자식들 굶기지 않고 교육을 잘 시켜 자기보다 더 넉넉하게 살도록 하면 된다는 것이 지배적인 생각이라 자식들에게도 그런 부분만 강조하신 겁니다. 그래서 늘 '공부해서 남 주나?', '다 너 잘 되라고 하는 거니 열심히 공부해라', '공부 안하면 거지꼴 못 면한다', '공부만이 살길이다', '경제적으로 여유가 있어야 큰 소리 친다'와 같은 말을 입버릇처럼 하셨죠."

"정말 귀에 못이 박히도록 들은 소리들이에요."

"그분들의 말씀이 틀린 것은 아닙니다. 문제는 부모님들이 그렇게 원했던 수준에 도달을 하고 난 후였죠. 돈, 학력, 외모, 인맥… 등과 같은 것들이 행복의 조건인 줄로만 알고 살았는데, 막상 그것들을 다 갖춰도 공허한 자리는 여전히 남아 있더란 뜻입니다. 행복에 대한 새로운 요구가 생겨나는데 정작 부모님들은 그것을 알려줄 만한 분들이 아니란 거죠."

"아~ 무슨 말인지 조금 이해가 됩니다. 사실은 우리 부모님들도 행복에 대해선 잘 모르신다고 봐야겠네요."

"그렇죠. 어쩌면 그분들이 결혼의 목적인 잘 노는 법에 대해서 몰랐기 때문에 진짜 행복을 못 느꼈을 겁니다. 김정운 교수도《노는 만큼 성공한다》에서 '오늘날 한국 사회가 갈수록 뭔가 꼬이는 것은 행복하고 재미있게 살면 끊임없이 죄의식을 느끼도록 의식화된 세대가 사회의 주류로 등장했기 때문이다. 그러다 보니 삶의 재미와 행복에 대해선 아주 가증스러운 이중적 태도를 취할 수밖에 없었다.'라고 했어요."

"솔직히 그 말은 정말 맞는 것 같아요. 부모님 사시는 모습을 보면서 '두 분은 정말 행복해서 살고 있는 것일까?'라고 스스로에게 물어볼 때가 있는데 선뜻 고개가 끄덕여지지 않더군요."

"아마 그분들에겐 행복에 대한 새로운 기준들이 필요할 겁니다. 이 물음은 심리학자들 사이에서 이미 생겨난 물음입니다. 심리학의 대부 프로이트가 '인간은 병리적이다.'라는 기본전제를 깔고 인간의 마음을 연구했던 심리학이 최근에는 행복하다는 사람들을 연구해서 그 비법을 벤치마킹하자는 연구로 바뀌었어요. 일명 긍정심리학 또는 행복심리학이라고 합니다. 아마 이 부분에 대해선 차후에 설명을 드릴 수 있을 것 같아요. 오히려 두 분이 이번 만남을 통해 얻게 된 경험으로 새로운 행복의 방법을 부모님께 전달할 수 있게 될 것 같네요."

대중문화에 세뇌된 행복

"그렇다면 대중문화가 우리를 세뇌시켰다는 건 무슨 뜻인가요?"

"말 그대로 우리가 늘 접하는 대중문화가 우리를 세뇌시켰다는 뜻입니다. 일차 주범은 동화입니다. 우리가 읽었던 동화의 해피엔딩이 결혼으로 마무리되죠. 뭐 이런 식이죠. 옛날에 왕자와 공주가 살았다. 그러던 어느 날 어떤 사건에 휘말리게 되었는데 운명처럼 왕자가 나타나 우여곡절 끝에 공주를 구해주었다. 그렇게 운명적으로 만난 두 사람은 마침내 결혼을 하고 행복하게 살았다. 혹, 행복하게 살았다는 말이 없을지라도 동화 구연가들이 '행복하게 살았더래요.'를 추가하죠. 그런 동화를 읽거나 들은 우리에겐 어느새 결혼이 가장 행복한 것이라는 생각이 자연스레 머릿속에 들어 있는 것이지요."

"듣고 보니 정말 재미있네요. 전, 어릴 때 왕자가 되면 좋겠다고 얼마나 많이 생각했는지 모릅니다. 왕자가 되기만 하면 예쁜 공주를 신부로 맞이할 수 있을 텐데 말이죠."

창호가 맞장구를 쳤다.

"두 번째 주범은 미디어이지요. 아이들이 주로 보는 애니메이션인데도 반드시 남녀가 등장합니다. 1970년대에 만들어진 〈마루치 아라치〉라는 만화영화가 있었지요. 마루치라는 남자 주인공과 그의 짝 아라치가 등장하죠. 둘이 힘을 합치면 엄청난 능력을 갖게 된다는 설정입니다. 그 이후로 만들어진 모든 애니메이션에 남자 주인공과 여자 주인공이 등장하죠. 애니메이션을 예로 든 것은 일반 영화는 두말할 필요가 없기 때문이죠. 그래서 그런 영상 매체를 보고 자란 세대는 어느새 자기도 모르게 '짝이 없으면 불행하다.'라고 세뇌되어 성탄절에 싱글로 있는 건 저주라고 스스로를 비참하게 여기며 우울에 빠지곤 합니다. 성탄절마다 '솔로 대첩'이라는 이름을 걸고 짝짓기 행사를 만드는 것을 보셔요. 냉정하게 보면 크리스마스 이브와 솔로인 것이 무슨 상관인가요? 예수님의 탄생과 커플이 함께 향락을 즐기는 것이 무슨 연관이 있냐 말이죠."

"듣고 보니 그렇네요. 솔직히 저흰 단 한 번도 세뇌되었다는 생각을 해 본 적은 없어요. 선생님이 세뇌란 말을 사용하시는데 무슨 공산주의 사상 주입 같은 느낌이 들었는데, 우린 미디어의 폭력에 세뇌된 것이네요."

"네. 요즘은 더해요. 〈붕어빵〉이나 〈아빠 어디 가?〉 같은 프로그램을 보면 정말 심해요. 초등학교도 안 들어간 아이들이 무슨 러브 라인이니 뭐니… 그렇게 그려내고 있죠? 그것을 보는 아이들이 뭐라고 생각할까요?"

"그런 생각 해본 적 없었는데, 선생님 말씀을 듣고 보니 뜨끔해지네요."

"대중문화가 무섭죠. 그런데요, 정작 결혼해보면 정말 상상도 못했던 엄청난 일들, 숨 막히는 현실이 기다리고 있습니다. 한두 개면 다행이겠지만 마치 해변의 파도처럼 지속적으로 밀려오죠. 그런 현실이 너무 이율배반적이라 충격 상태에서 벗어나는 데만 몇 개월, 몇 년이 걸리기도 합니다. 물론, 충격 상태에서 벗어나는 순간, 그 모든 원인이 상대방에게 있다고 결론 내리고 상대방을 원망하거나 상대방을 내 목적에 맞는 사람으로 바꾸려는 시도를 하게 됩니다. 그러다 지쳐 떨어지기 마련이지만요."

민정은 이해는 되는데 도무지 납득이 되지 않았다. 반신반의하며 묻는 목소리가 커졌다. 억울한 느낌이 자꾸만 생겨났다.

"아무리 그래도… 결혼은 행복하려고 하는 것 아닌가요? 또 사랑하기 때문에 하는 것이고요. 결혼하기 전에 그런 것을 안다면 누가 결혼하려고 할까요?"

"결혼 전에는 누구나 그런 핑크빛 꿈을 꾸고 있어야지요. 그러나 결혼은 엄연한 현실입니다. 그런 생각들을 판타지라고 해요. 결혼에 대한 판타지. 그러니까 환상일 뿐이지 현실은 아니란 뜻입니다. 그렇다고 해서 결혼이 고난의 연속이냐? 그것도 아닙니다. 얼마든지 결혼을 통해서 행복하게 사는 사람도 많습니다. 다만 사랑이 '조건'이냐 '무조건'이냐의 차이에 따라 다를 뿐이죠."

영준이 두어 달 전 지방의 한 단체에서 개최하는 주부대학에서《남편

사용설명서》를 강의할 때였다. 결혼의 판타지에 대해 설명하면서 드라마 〈시크릿 가든〉에 대한 이야기를 하고 있었다. '드라마의 장르는 판타지다. 판타지를 다룰 수밖에 없는 것은 사람들이 판타지를 요구하기 때문이다. 현실의 결혼이 불합리하고 어려울수록 사람들은 환상적인 결혼으로 도피하려는 성향이 있다. 드라마를 보는 여자들은 여자주인공을 빼내고 자신을 그 속에 집어넣는 상상을 하며 행복해한다. 우리나라 드라마에 목숨 거는 쪽이 오히려 일본 중년 여성들이라는 점은 그것을 증명해주고 있다. 일본은 부부관계가 수평이 아니라 주종관계에 가깝기 때문이다.'

"여러분 혹 〈시크릿 가든〉이란 드라마 좋아하셨나요?" 영준이 묻자 주부들은 목청을 높여 "네."라고 외쳤다.

"그런데, 우리가 살고 있는 현실 세계에 주인공 현빈 같은 남자가 존재할까요?"

그 말에 대개의 주부들이 겸연쩍은 웃음을 웃으며 고개를 가로저었다. 그때 한 주부가 손을 번쩍 들더니 "있어욧!"이라고 크게 외쳤다. 아마 주인공역 현빈의 열성팬인 것 같았다. 그녀의 우렁찬 목소리에 좌중이 웃음바다가 되었다. 그 말을 들은 영준이 크게 외쳐주었다.

"있을지도 모르죠. 그렇지만 있어도 그 남자가 금방 소리치신 분에게 온다는 보장이 있을까요?"

창호와 민정을 바라보며 영준이 말했다.

"판타지에 빠진 부모는 자기 자식을 심리적 마스코트로 자라게 합니다. 그저 자녀를 잘 키울 욕심으로 조기교육이다 뭐다 해서 남들보다 빨리 한글 떼고, 영어유치원에 다니고, 거기에 음악 미술 같은 예능까지 겸하게 하려고 애를 씁니다. 어떻게 하면 영재로 키울까에만 신경을 쓰다 보니 아이의 심리 정서 발달이나 수직교육에 대한 부분은 아예 도외시하게 됩니다. 자녀들도 부모에게 무슨 요구를 해도 다 들어줄 뿐 아니라 '네가 제일이야, 네가 최고야.' 라는 칭찬만 받다 보니 '심리적 마스코트'가 됩니다. 그렇게 자란 아이는 부모나 주변 사람들이 자신을 대접해 주지 않으면 못 참아요. 부모도 더 이상 부모가 아니라 종에 불과하죠."

"그렇게 평생을 마스코트로 살아갈 수도 있나요?"

"그렇죠. 그건 건강한 자아상이 아니라 부풀려진 자아상이요, 허상적 자아상입니다. 그런 자아상을 가지고 살면 현실 속에선 절대로 만족을 모릅니다. 그런 사람들일수록 TV속 인물을 자기와 동일시하거나 부러워하게 되죠."

옆에 있던 세진이 말을 이었다.

"제가 개인적으로 가장 좋아하는 배우가 최수종 씨예요. 고등학생 때는 수종 오빠와 결혼하겠다고 지방에서 서울로 오는 꿈을 꾸곤 했었지요. 그렇게 할 수 있다면야 가출도 감행하겠다는 결연한 의지를 불태웠던 적이 있었습니다. 지금도 TV에 나올 때마다 '내 애인 나왔다.' 라고 합니다."

세진이 계속 말을 이었다.

"근데, 내가 그 사람과 결혼하는 것도 불가능한 일이겠지만 설령 그렇게 된다고 한들 행복했을까요? 그건 아니라고 봐요. 최수종 씨의 아내에 대한 사랑은 가히 상상을 초월하지요. 가끔 연말 TV 프로그램 나와 애교 떠는 것을 볼 땐 닭살이 돋는다니까요. 최수종 씨의 아내 하희라 씨가 〈무릎팍 도사〉에 나왔을 때 내가 유심히 봤어요. 어느 추운 겨울날 최수종 씨가 아주 높은 크레인에 올라가 있더래요. 뭐 하러 올라갔냐고요? 식당에서 밥 먹고 나오는 아내에게 장미꽃을 주는 생일 이벤트를 한다고 그랬대요."

"와!" 민정이가 짧은 감탄사를 뱉었다.

"부럽죠? 그렇지만 부러워하지 말아요. 그 남자는 지구상에서 몇 안 되는 희귀종이니까. 그렇게 하지 아무나 하는 것은 아니어요. 일반 사람이 그렇게 했다가는 정신이상자라고 바로 잡혀 들어갈걸요? 부럽다고 남편한테 이야기해봐요. 그러면 남편은 '네가 하희라야?'라고 나올 거예요. 그 사람의 그런 방식이 날이면 날마다 있는 것도 아니란 걸 알아야 해요. 또, 매일매일 그렇게 한다 해도 금방 식상해요. 왜? 사람은 '쾌락 적응현상'이라는 게 있어서 몇 번 하다 보면 그것도 일상이 되어버리고 말거든요. 그 이벤트가 그래도 감동스러운 것은 크레인에 올라가서 몇 시간을 기다렸다는 것 자체가 아니라 아내를 생각하는 마음이 크기 때문이죠. 마음이 크니까 고생 정도를 감수할 수 있다는 의미인데, 여자에겐 그거면 충분해요."

민정은 고개를 끄덕였다. 아직 결혼 안 한 친구들이 연예인들에 대해 수다를 떨던 모습이 생각났다. 그 친구들 중엔 진짜 연예인 남자와 결혼하겠다는 친구도 있었다. 심하게 세뇌된 친구인 셈이다.

학교 교육에 세뇌된 행복

"대중문화가 우리를 세뇌시켰다는 말은 이해가 돼요. 그런데 학교 교육이 세뇌시켰다는 건 뭐죠? 학교 교육은 누구나 다 받아야 하는 것 아닌가요?"

창호가 진지하게 물었다.

"물론 누구나 다 받아야죠. 우리가 지금 이 정도의 풍요를 누리고 사는 건 바로 그 학교 교육 덕분입니다. 우리 부모님 세대가 가장 잘한 일 중의 한 가지가 자녀를 학교에 보내어 자신과 가족을 번영시키도록 한 것이죠. 일종의 투자였던 셈이죠."

영준이 잠시 물을 한 모금 마시고는 말을 이었다.

"그런데 학교 교육은 엄밀히 따지면 기능 교육입니다. 그러니까 학교의 존재 목적은 학생이 졸업한 이후 사회에 필요한 유능한 인간을 양산하는 것입니다. 높은 성적은 성공을 보장해주었고 덕분에 남들보다 더 많은 연봉과 더 좋은 차, 더 넓은 집을 구할 수 있게 했죠. 지금도 부모들은 그렇게 자녀들을 세뇌시키고 있죠."

"그게 잘못된 건 아니잖습니까?"

"네. 물론요. 다만, 그런 것들이 주는 것은 '행복'이라기보다 '안락'과 '편리'였죠. 앞의 조건들이 부족하면 좀 더 불편할진 몰라도 불행을 뜻하는 것은 아닙니다. 그래서인지 요즘은 오히려 불편을 선택함으로써 행복을 찾으려는 사람들이 더 늘어나고 있지요."

"행복하기 위해 불편을 스스로 선택한다고요?"

창호와 민정이 이해할 수 없다는 듯 동시에 눈을 맞추었다.

"네. 스스로 선택하는 불편요! 혹 두 분은 제주도 올레길이나 지리산 둘레길에 다녀온 적 있나요?"

"네. 지난가을 제주도 여행을 다녀왔어요. 올레길 탐사를 하는 게 목적이었는데, 막상 올레길 가보니 싱겁던걸요? 그냥 바다 해변 따라 걷는 거 외에 다른 게 없었어요. 사람들은 정말 많더군요."

"막상 가보니 뭐 특별한 것은 없죠? 지리산 둘레길도 별것 없어요. 지리산이 제 고향에서 멀지 않아 함양군 세동마을 쪽 둘레길을 걸어보았는데요, 길을 걸으면서 싱거워 죽는 줄 알았어요. 시골 출신이라 중3 때까지 산에 소 풀 먹이러 다녔었는데 그 산길하고 똑같은 길이었어요. 도대체 그 길을 왜 오는지 이해를 못할 정도였어요. 시골 출신인 저에겐 아주 익숙한 길인데 도시에서 자란 분들에겐 신선한 곳이겠죠? 둘레길이라는 게 산골 마을과 마을을 연결해주는 산길이거든요. 그 길을 가기 위해서 시간을 내고 돈을 낸다는 게 웃기죠?"

"전 그래도 좋던데… 선생님은 시골 출신이시면 그럴 수도 있겠네요."

"그런데, 요즘은 둘레길이란 말 대신에 새롭게 등장하는 '순례길'이란 종교 용어가 있어요. 국어사전엔 '여러 곳을 차례로 방문하거나 종교적으로 의미 있는 곳을 찾아다니며 참배하는 길'이라고 되어 있어요. 자기를 찾기 위해 가는 길은 혼자서 불편하게 가야 해요. 걷는 동안 존재 이유와, 궁극적으로 신을 만나란 뜻이지요. 스페인에 있는 산티아고 순례길은 아예 고유명사가 되었죠. 그 길엔 젊은이들도 많이 오지만 나이가 든 사람들이 꽤 많이 온다고 해요. 오로지 도보로만 가야 하는 불편한 길인데 말이죠."

"그런 곳을 가는 사람들이라면 그래도 살 만한 사람들일 텐데 왜 돈을 들여서까지 불편을 감수하려 할까요?"

"그 부분에 대해서 아마 두 사람은 아직은 이해 못할 거예요. 불편을 스스로 선택함으로써 도리어 행복을 선택한다는 말은 역설(paradox)이란 말로 설명됩니다. 학교 교육은 과학적 사고, 논리, 형평성과 같은 인과론적 가치관을 중요시하는 반면 역설은 인과론적 사고를 넘어섭니다. 주는데 도리어 풍성해진다는 표현을 어떤 스님은 '텅 빈 충만'이라는 멋진 표현을 썼죠. 텅텅 비는데 어떻게 충만해질 수 있나요?"

"조금 어렵네요."

"조금 천천히 생각해봅시다. 우리 부부보고 행복해 보인다고, 괜찮아 보인다고 했는데, 저희 부부는 아무런 문제가 없을까요?"

"아니 그럼, 상담전문가인 두 분도 문제가 있다는 말인가요?"

"그럼요. 문제는 항상 있지요. 솔직히 신혼 초기에 그렇게 코피 터지게 싸웠던 문제들이 지금도 해결된 것은 별로 없어요. 여전합니다. 그래도 그것이 분노의 이유는 아니죠. 단지, 내가 불편하게 느낄 뿐이니 그 점을 알려주면 되고 상대방은 수용할 건 수용하고 거절할 건 거절하면 됩니다. 나이가 든다는 것이 좋은 건 그렇게 처절했던 문제가 그렇게 목숨 걸 문제로 여겨지지 않는다는 것이지요."

"이해는 되는데 납득까진 안 돼요."

"아인슈타인의 말을 빌리면 문제를 유발한 사고 체계로는 절대로 그 문제를 해결할 수 없고 그 문제보다 높은 수준의 사고 체계를 가져야 비로소 풀 수 있다는 뜻이에요. 그러니까 우리가 학교에서 배운 지식, 이성, 논리의 관점으로 인간관계를 풀려고 하는 건 어리석은 짓이란 뜻이죠. 그런 면에서 자신의 심리적 문제나 부부관계의 문제를 스스로 풀어보겠다고 시도하는 건 어리석은 짓입니다. 똑똑한 멍청이가 하는 짓이죠."

"똑똑한 멍청이?"

"우리가 사는 세상은 철저한 합리성의 세계, 인과론의 원리, 과학적 원리에 의해 움직이는 세계죠. 존 듀이John Dewey가 말했던 이상적이고 실용적인 세상입니다. 말 그대로 '형形'의 세상이죠. 그보다 낮은 수준의 세계는 '형이하학形而下學'이죠. 중세 유럽을 '암흑기(dark age)'라고 말하는 건 종교가 사람들을 그렇게 만들었기 때문입니다. 그래서 논리 실증주의자인 콩트는 형이하학이니 형이상학이니 하는 구름 잡는 소리 말고 증명을 통해 검증 가능한 과학적 사실만을 받아들이자고 주장했던 것이죠. 계몽주의 이후 인간의 이성이 중심이 되면서 인간에게 주어진 것은 문명이었죠. 현대사회는 첨단문명의 혜택을 누리고 있고요. 그럼에도 불구하고 우울증이나 자살, 이혼 같은 것이 더 늘어나는 게 이상하죠. 자기 삶에 책임을 지지 않으려는 태도라고 할까요? 정신분석가 에릭슨E.H.Erickson도 그 부분을 일종의 현대병이라고 하면서, 지적으로 육체적으로는 성인인데도 사회인으로서 의무와 책임의 지불을 유예하는 사람이란 뜻으로 '모라토리엄 인간'이라고 정의했어요. 진정한 자신을 발견하지 못한 사람이죠. 최근에 인문학이 부각되는 이유도 '한 인간으로서 나는 어떤 삶을 행복하게 살 것인가?'를 묻는 물음이 많아졌기 때문일 겁니다."

"네 그렇군요. 선생님께서 똑똑한 멍청이라고 표현하신 뜻을 이제 조금 이해하겠어요."

첫 만남을 마치면서 창호 민정 부부는 다음 만남까지 해야 할 숙제를 받았다. 결혼해서 살아오는 동안 상대방에 대한 불만사항을 적어오라는 것이었다. 그 말을 듣는 순간 민정은 "앗싸!"라고 자기도 모르게 소리를 질렀다. 그것이라면 얼마든지 쓸 수 있었다. 역시 탁월한 상담자라 다르구나 싶었다. 생각만으로도 내용이 술술 나올 것 같았다.

돌아오는 차에서 창호와 민정은 각자가 깊은 생각에 빠졌다. 긴 침묵이었지만 그것이 시위하거나 불만을 표시하는 건 아니었다. 앞으로의 만남을 통해 지금까지 알고 있었던 것과는 다른 것을 보게 될 것이라는 기대도 생겼다. 정말 상담자의 말처럼 똑똑한 멍청이인지도 모른다. 세뇌된 행복을 추구하면서 정작 행복을 알지도 못한 채 서로를 향해 발톱을 세우고 할퀴는 짓만 반복해왔을 수도 있다.

집에 돌아오자마자 창호와 민정은 각자의 노트북에 상대방에 대한 불만사항들을 타이핑했다.

선생님, 결혼하기가 이렇게 힘든 거였나요?

세진은 며칠 전에 다훈이의 하소연을 카카오톡으로 받았다. 대학을 졸업하고 교사로 발령받았을 때 그 첫해에 맡았던 중학생들이 결혼할 때가 되어 연락을 해오고 있다. SNS는 이럴 때 참 유용해서 아는 사람들과 연락하다 보면 멀어져 있던 사람들까지 어느새 연락이 닿아 있다.

"샘! 결혼이 이렇게 힘든 거였습니까?"

녀석은 결혼식 날짜를 두 달 뒤로 잡아놓고 이것저것 결정하는 과정에서 맨날 싸우게 된다며 울상이었다. 또 막상 결혼할 시점이 되고 보니 좋다는 느낌보단 오히려 부담감이 커진다고 푸념을 늘어놓는 걸로 보아 결혼하기 전 신랑 신부가 겪는 갈등과 우울증인 '메리지 블루Marriage Blue'를 겪고 있는 것 같았다. 그건 결혼이란 배를 타기 전에 느끼는 일종의 심리적 멀미다. 멀미를 겪지 않으려면 코앞의 바다를 보지 말고 먼 바다를 바라보며 항해를 즐겨야 한다.

세진도 결혼할 때 그랬다. 한 남자를 만나 행복할 것이라는 환상보다는 혹시라도 이 남자의 일생을 망치는 것은 아닐까 하는 두려움이 더 컸었다. 나중에 상담을 공부하면서 자기탐사 할 때 알게 된 것은 성장과정에서 만들어진 완벽주의로 인한 것이었고, 그 완벽은 남들에게 어떻게 보일까 두려워하는 열등감에 뿌리를 두고 있음을 알았다. 그 때문에 딸 형제가 많은 친정은 늘 평화가 감돌았지만 그 평화는 위장된 평화였고 살짝만 건드려도 터지는 부비트랩booby trap이었다.

막상 결혼하고 몇 년쯤 되었을 때, 남편은 여전히 남의 편 같고, 세 아이의 출산이 있은 후 수없이 쏟아지는 일들을 감당하느라 파김치가 된 상황이 얼마나 아득했는지 모른다. 그렇게 살다 인생 끝날 것 같았다. 꿈? 희망? 열정… 과 같은 것들은 차마 상상조차 할 수 없는 단어였다. 그저 하루하루 생존할 뿐이었다. 그렇게 정신없는 세월을 보내다 남편의 상담공부를 위한 상경 이후 지속적인 피차의 노력을 통해 조금씩 달라져 15년쯤 지났을 때는 다소 여유가 생겼다는 것을 느끼게 되었다. 그 시점에서 상담대학원에 진학해 상담 공부를 시작했다. 마침 남편의 박사과정이 어느 정도 끝나는 시점이기도 했고, 남편도 강력하게 권유했었다.

숨 돌릴 만하다 싶을 때 시작된 상담 공부 때문에 육체적으론 힘겨웠지만 부부관계는 더 가까워지는 계기가 되었다. 토요일 하루 종일 수업을 듣고 집에 돌아오면 남편은 저녁을 다 해놓고 세진을 기다렸다. 남편은 대학 때부터 오랫동안 자취생활을 했기 때문에 한국의 어지간한 주부가 하는 요리는 다 할 줄 알았다. 남편은 기본적으로 도맡아 하는 된장찌개, 감자탕, 육개장, 고등어(갈치)조림, 제육볶음… 외에 밑반찬까지도 잘 만든다. 된장찌개는 세진이가 아무리 맛을 내려고 해도 남편의 솜씨를 따라잡을 길이 없다. 똑같은 재료를 가지고 끓이는데 왜 그렇게 맛 차이가 나는지 도무지 이해할 수가 없다. 남자 형제만 있는 집에서 초등학교 5학년 때부터 주방에 들어가기 시작했다는 남편은 어머니 어깨너머로 음식을 배웠고, 어머님은 독한 시어머니 밑에서 음식을 배웠다. 시할머님은 음식에 관한 한 알아주는 분이었고 동네잔치가 있을 때마다 불려가는 실력자셨다고 한다. 그 까닭에 음식을 잘하시는 어머님도 음식으로 인한 시집살이를 참 모질게 했다고 하셨다. 어머니의 음식솜씨는 입맛 까다로웠던 세진의 식성도 아무런 문제가 없도록 하셨다. 시댁에 첫 인사를 갔을 때 얼마나 음식이 정갈하고 맛있던지 밥 한 그릇을 싹싹 비워냈다. 처음 뵙던 어려운 자리인 데다 세진의 편식은 친정 부모님의 걱정 거리였을 정도였는데도 그날은 신기하게도 밥이 잘 넘어갔다. 시어른들께서는 그 모습이 그렇게 보기 좋았다고들 하셨다. 남편의 음식솜씨는 어머니로부터 물려받은 것이었다. 결혼하기 전 남편의 자취방에서 함께 먹던 밥이 편식을 완전히 사라지게 만들었다. 남편의 탁월한 실력에 사랑의 힘이 더해졌기 때문일 것이다.

상담대학원 겨울학기 종강일, 기말시험을 치르고 돌아오던 날이었다. 남편이 강연을 나가면서 미리 끓여놓은 감자탕을 아이들과 함께 먹고 있는데 식탁에 둘러앉은 아이들이 고마웠다. '저렇게 예쁜 아이들은 도대체 어디서 왔을까? 남편의 모습을 닮은 아이도 있고 내 모습을 닮은 아이도 있네. 내 식성을 그대로 닮은 아들도 있고 내가 부러워하는 개방성을 가진 딸도 있네. 저 아이들이 음식을 먹으며 재잘대는 모습이 너무도 신기해.' 그런 생각이 들면서 그 지극히 자연스러운 모습, 당연한 일상이 당연한 행복이 아니라는 생각이 들었다. 상담대학원을 다니는 동안, 다른 사람들이 발표하는 상담 케이스들을 접하기도 하고, 또 상담실에서 크고 작은 상담을 하면서 들은 수많은 사람들의 이야기엔 정말 가슴 아픈 것들투성인데, 그들에겐 이런 일상이 없었던 것, 아니 있긴 했지만 미처 깨닫지 못했던 것이었다. 세진은 평범한 일상이 얼마나 큰 행복인가를 새삼스레 느낀 것이다. 그날 밤 세진은 강연을 마치고 돌아온 남편을 꼭 안아주고 침대에 누인 다음 꽤 오랫동안 안마를 해주었다. 영문을 모르는 남편은 "웬일이야? 무슨 일 있어?"를 연발하면서도 싫지 않은 표정이었다. 덕분에 편안하게 잠든 그의 표정을 보니 또 다른 행복감이 밀려왔다.

세진은 다훈에게 장문의 답신을 보냈다.

"'자살'을 반대로 하면 '살자'가 되는 것처럼 No를 뒤집으면 On이 되고, 'stressed'를 반대로 하면 'desserts'가 돼. 그처럼 결혼을 '힘들다'고 생각하지 말고 '힘 덜다'라고 생각해. 힘을 덜어내는 과정이란 뜻이야. 조금만 깊이 생각하고 또 입장을 바꾸어 생각해보는 것, 지극히 일상적인 것이 얼마나 큰 행복인가를 발견해낸다면 결혼은 정말 신 나는 모험의 연속이야. 그것만 명심해. 그리고 언젠가 한번 오렴. 조금 긴 설명이 필요할 것 같아. 적어도 결혼하기 전에 결혼의 U자형 곡선은 알아야 하니까 말이야."

며칠 뒤 먼저 카카오 톡을 보내온 다훈이와 동갑내기 친구인 지혜도 곧 결혼한다면서 카카오톡을 통해 다훈과 똑같은 하소연을 늘어놓았다.

"지혜야. 결혼 준비한다고 정말 정신없지? 백마 탄 왕자? 꿈도 꾸지 마. 남자란 백마 탄 왕자는 고사하고 소심한 겁쟁이에 불과하니까. 그것도 죽을 때까지 도망만 다니는 겁쟁이 말이야. 그런 심정 충분히 알아. 보내온 사진은 백마 타고 갑옷 입고 칼을 뽑아든 멋진 남자인데 알고 보니 말도 못 타고 검법은 익힌 적이 없고 막상 적이 나타나면 겁을 집어먹고 자기만 살겠다고 도망가버린 허약해 빠진 왕자. 어쩔 수 없이 네가 대신 칼을 잡고 목숨 걸고 싸워 적을 물리쳤더니 그제야 어디선가 나타나서는 자기가 적을 물리쳤다고 영웅 행세하는 왕자 말이야. 남자들이란 그렇거든. 그래도 남자를 용사로 만드는 일은 결혼한 여자가 꼭 해야 하는 과업이야. 엄청 힘든 일이지만 이 일만큼은 해야 나이 들수록 편해져. 그렇다고 걱정하진 마. 그 방법은 그렇게 어려운 것 아니니 앞으로 천천히 가르쳐줄게."

영준의 상담실에서 마셨던 그 커피는 정말 향이 좋았다. 어떻게 사람들은 커피를 알게 되었으며, 또 커피 열매를 먹은 사향 고양이의 배설물에서 커피콩을 분리해낼 생각을 했을까? 대수롭지 않은 똥에 불과했을 것을 누군가는 그것을 유심히 바라보면서 아주 값비싼 커피를 만들어내었다. '타산지석他山之石'이다. 결혼도 그런 것 아닐까? 처음 결혼의 비밀에서 삭히는 것은 똑같은데 어떤 과정을 거치는가에 따라 생명이 있는 '발효'가 될지, 아니면 생명이 없는 '부패'가 되는지가 결정되는 것처럼 말이다. 그래서 결혼생활에서 생겨나는 그 어떤 것도 그냥 대충 넘어가선 안 될 일이다. 모든 것이 다 필요한 것들이요, 아주 값비싼 행복의 재료들일지도 모르기 때문이다. 특히 전혀 다른 환경에서 살아온 남녀가 한 공간 안에서 살아가는 일은 결코 쉬운 일은 아니겠지만 상대방의 장단점을 유심히 살펴보고 그것들이 자신의 결혼생활에 어떤 유익이 될지를 생각해낸다면 '부패'를 '발효'로 만들 수 있을 것이다. 그런 면에서 결혼이란 상대방을 유심히 바라보아야 하는 과정으로의 부름이다.

영준으로부터 두 번째 문자메시지가 날아왔다. 결혼의 비밀 2는 타산지석他山之石이었다.

결혼의 비밀 2

타산지석(他山之石)

■ **타산지석(他山之石)** 다른 산의 나쁜 돌이라도 자기의 구슬을 가는 데 소용이 된다는 뜻으로, 다른 사람의 하찮은 언행일지라도 자기의 지덕(知德)을 연마하는 데 도움이 된다는 말.

결혼은 상대방을 통해서 끊임없이 배우는 일. 결혼하면 배우자(配偶者)라고 부르는 것은 서로를 향해 "우리 끊임없이 배우자!"라고!

편지 2

너희들은
마스코트로 만들어졌어!

칭찬만 먹고 자란 마스코트

　그래 맞아! 너희들이 결혼하고 그런 푸대접은 처음 받아봤다는 말 인정해. 며느리 입장에서 너의 시어른들이 몰인정에 몰상식한 분들이라는 것도 인정해. 또 사위 입장에서 너의 입장도 이해해. 그렇게 무시당해 본 일이 처음이었다니 얼마나 황당하고 화가 많이 났을까? 그렇게 형편없는 집안과 결혼했다는 것이 짜증나고 분하고, 그런 가정 분위기에서 자랐을 네 아내의 수준도 걱정된다는 말 충분히 수긍이 돼.

　하지만 너희가 말하는 그 불합리는 처가든 시댁이든 가족구성원이 되는 데 필요한 일종의 통과의례 정도에 불과해. 한국 사람들에겐 '우리' 속에 누군가를 받아들이기 위한 통과의례 과정이 있어. 일종의 자격획득을 위한 시험인 셈이지. 건강하고 수준 높은 가정은 교양의 정도를 테스트하겠지만 역기능 요소가 많은 가정일수록 어렵고 까다로워. 어디

가서 하소연도 못할 괴팍하고 웃기고 황당한 요구들도 있지. 그러나 그 과정을 거뜬히 통과하는 사람은 단박에 '우리'가 되는 혜택을 얻지만 그렇지 못한 사람은 언제나 이방인 취급을 받아. 그런 것 이해 못하겠지? 오히려 푸대접받았다는 사실에 화만 냈지 그것을 어떻게 풀어가는지에 대한 생각은 안 해봤지? 그러니까 잘 들어봐.

너희들은 칭찬을 과도하게 듣고 자랐어. 심리학이 발달되면서 어릴 때 부모를 통해 형성된 아이의 자존감이 평생 동안 영향을 미친다는 이론이 알려졌지. '대상관계이론(object relation theory)'이라고 해. 그래서 부모들은 어떤 경우에도 상처주지 않고 건강한 자존감을 가진 자녀로 키우려 애썼고 그런 시대적 배경에서 너희가 자란 거야. 나 역시 인간에게 건강한 자존감이 얼마나 중요한지를 상담현장에서 거의 3천 쌍이 넘는 부부들과 천 명이 넘는 사람들을 직접 보면서 뼈저리게 실감하는 사람이야. 어릴 때 자존감이 만들어지지 않으면 평생을 '밑 빠진 독'으로 살아. 그런 사람은 아무리 주변에서 사랑과 관심을 줘도 받아들일 줄 몰라. 정말 그런 사람을 대할 때면 기운이 죽죽 빠지는 게 느껴져. 상담과 심리치료는 그런 사람들을 불행의 늪에서 스스로 빠져나올 수 있도록 도와주는 일이지. 즉, 밑 빠진 구멍의 독을 먼저 때운 후 물을 부어도 괜찮은 상태로 만들어주는 일이야. 상담학에서는 '품어주는 환경(holding environment)'을 제공한다고 표현해. 그래서 누군가는 정말 따뜻한 가슴으로 일정기간을 품어줘야만 해. 그런 관점에서 보면 그 따뜻한 가슴을 제대로 경험 못한 채 관계적 영양실조로 죽어가는 사람들이 너무 많아. 그런데도 어떤 이는 물은 부어주지 않고 독이나 때우려 한다며 실망해서 가는 사람도 있어. 반대로, 상담자와 치료자의 말을 믿고 끝까지 참고 견딘 사람들은 늘 새기만 했던 자신의 마음 독에 물이 가득 차오르는 신비한 경험을 하게 되지.

그런데 말이야. 너희는 밑 빠진 독이 아니야. 그 독은 구멍나지 않았어. 배우자 때문에 답답해 죽겠다고 상담을 온 너희들이 가장 원하는 건 그런 배우자와 살면서 힘들었을 것에 대한 위로와 공감일 거야. 또 배우자를 완전히 네가 원하는 대로 뜯어고쳐주는 것이겠지. 충분히 알아. 그런데 너희들에겐 위로와 공감이 필요한 게 아니야. 또 나는 너희들의 문제를 해결해주지 않아. 대신 문제해결력만큼은 꼭 알려주고 싶어. 너희들 스스로가 문제해결력을 갖게 되면 그다음엔 두 번 다시 상담을 올 필요가 없을 테니까.

마스코트로 양육되었다는 말을 들으니 기분 나쁘지? 그렇지만 다음 질문에 넌 부정할 수 없을걸? 항상 예뻐야 하고, 뭐든지 잘 해야 하고, 어딜 가든 상석에 앉아야 하고, 칭찬을 받아야 하는 거 맞지? 또 주변 사람들이 나의 가치를 잘 모르고 인정해주지 않을 땐 '천한 것들'이 나를 몰라주는 것이니 최대한 빨리 거기서 벗어나고 싶지? 그렇지만 마스코트는 너희 집에서만이지 바깥세상에선 통하지 않아. 왜냐면 너보다 더 예쁘고 탁월한 마스코트가 얼마든지 많거든.

마스코트의 특징 중 또 하나는 돈 버는 일을 너무 쉽게 여긴다는 거야. 1990년대에 닷컴 버블이라는 게 있었어. 컴퓨터와 인터넷이 대중화

되면서 그것을 활용해서 돈을 왕창 버는 사람들이 생겨났어. 전통적인 '노동'의 개념이 아닌데도 돈을 버는 방법이었지. 그렇게 떼돈을 번 사람들을 보면서 자란 아이들은 짧은 시간에 손쉽게 부자가 될 수 있다는 생각을 하게 되었어. 그 때문인지 돈은 원하기만 하면 생기는 것으로 착각하는 청춘들이 많아. 게다가 칭찬은 고래도 춤추게 한다며 칭찬만 해주니 아이들은 엄청난 일을 해낼 수 있으리라는 근거 없는 자신감으로 가득 찼지. 칭찬은 고래도 춤추게 한다는 건 나도 전적으로 동의해. 그러나 칭찬만 받은 고래는 화려한 조명을 받는 무대만 생각하느라 조명을 받기 위해 그 사이에 해야 할 수많은 일들, 즉 진득하게 버텨야 할 일들, 힘들고 따분하고 인내심을 발휘해야 하는 일들… 그런 것들에 대한 각오가 되어 있지 않다는 게 문제야. 각오라는 말은 회피하지 않고 정면으로 맞닥뜨리겠다는 의지, 피하지 않겠다는 결심, 어떤 상황 속에 있을 때 이를 악물고라도 버티겠다는 결단을 말해. 너희들에겐 그런 게 턱없이 부족하다는 말이야.

요즘 아이들의 미래 희망직업 가운데 연예인이 차지하는 비중이 높다는 거 알지? 연예인이 되어 받는 화려한 조명을 생각하는 거야. 그렇지만 뜨는 연예인이 되기까지 혹독한 무명의 세월을 거쳐왔다는 것을 알까? 또 어느 날 연예인이 되었더라도 노력하지 않으면 반짝 뜨는 인물밖에 되지 않는다는 것을 알기나 할까? 또 연예인으로서의 생명이 오래 가려면 끊임없는 콘텐츠 개발과 노력, 그리고 높은 도덕성이 필요하다는 것을 알기나 할까?

칭찬만 먹고 자랐다면 이젠 적절한 좌절도 받아야 해. 꾸중도 들을 줄 알아야 하고 비판의 말도 수용할 줄 알아야 해. 남들이 해주는 비판의 말을 수용하는 사람이 성장해. 나아가 남들의 언행을 보면서 자신을 돌아보는 사람으로까지 성숙되어야 해.

저렇게 살 바에는 결혼하지 않는 게 낫겠다구?

그래. 충분히 이해해. 너보다 먼저 결혼해서 사는 친구들 보면 그다지 부럽지 않지? 결혼한 것 자체는 부러울 거야. 결혼도 했고 남들이 보기에도 좋고, 또 섹스도 마음껏 할 수 있을 테니 말이야. 그런데, 먼저 결혼한 그 친구가 너에게 결혼생활의 불편함을 하소연해올 때는 차라리 결혼 안 한 게 낫다는 생각과 함께 자꾸만 네 결혼에 대한 자신감이 떨어지지? 또 네가 봐도 네 주변사람들, 특히 부모님의 결혼생활은 그다지 행복해 보이지 않을 거야. 저러고도 어떻게 살아갈까를 생각할 수도 있겠지. 그래, 나도 상담과 심리치유 현장에서 숱하게 보고 있어. 부부, 가족끼리 행복하게 살아도 시간이 모자란다고 하는데, 그 많은 세월을 상처만 주고 사는 것 같아 안타까워.

인류 최대의 적은 어쩌면 '아버지'라고 해도 과언이 아닌 듯해. 이 땅의 아버지들은 얼마나 무식했는지 몰라. 자식을 오뉴월 개 패듯 하는 아버지들은 또 얼마나 많았는지 몰라. 오늘도 치유작업 중에 아버지로부터 모진 구타를 당해 자존감이 완전히 망가진 미혼여성이 있었어. 서른이 넘었는데도 사회생활을 할 수가 없는 거야. 자신을 평가절하해. 손톱을 보니 얼마나 물어뜯었는지 손톱의 절반이 없어. 먹기만 하고 운동을 하지 않아 몸은 뚱뚱해졌고 집에만 있다 보니 자꾸만 더 무기력해지는 거야. 아버지로부터 많이 맞았다는 기억은 있는데 명확히는 기억나지 않는대. 그런 이야기를 할 때는 고통에 몸부림치며 절규해야 하는데 그저 남의 얘기하듯 담담히 말했어. 집단 상담이라 다들 자기 고통에 아파하고 절규하는데 자신은 그러지 못하는 거야. 이런 현상을 자주 봐. 너무 크고 깊은 상처는 본인 스스로 감당하기 어려워 그것을 '축소'하거나 아예 그 상처의 기억으로부터 분리되려고 해. 심하면 '해리성장애(Dissociative disorder)'에까지 이르기도 해. 어린 시절의 학대가 자녀의 인생을 통째로 망가뜨리는 현상이지. 가슴 아프게도 집단 상담을 진행하다 보면 이런 일이 너무 많아. 그런 아버지가 엄마를 패는 것도 당연하겠지? 차라리 부모가 되지 말았어야 할 사람들이 부모가 되어서 상처투성이의 자식을 만들고 그 자식이 또 자격미달의 부모가 되는 악순환의 연속이지.

    그런데 말이야. 지극히 평범하고 기본자격이 충분한 부모들조차 결혼관계는 그다지 행복해 보이지 않는다는 것이 문제야. 좋은 모델의 모습을 보여주지 못했기에, 또 자식을 위해서 뼈 빠지게 고생만 하고 희생만 하는 모습이 그렇게 좋아 보이지 않았겠지. 그 목격자가 너희들 자신이지만 솔직히 미안하기도 할 것이고, 너도 나중에 저렇게 고생한다 생각하면 암담한 미래에 대한 걱정에 자식을 낳을 생각조차 두려워지겠지? 하지만 아니? 부모들에게 그것은 단순히 고생이란 말로 설명되는 게 아니라는 것을 말이야.

부부관계, 부모 자식관계를 포함해서 가족이란 그렇게 수학적 원리로 설명되는 것이 아니야. 부모는 주고도 더 행복해하는 분들이야. 물론, 우리나라 부모들이 너무 많이 줘서 문제가 되고 있는 것은 맞아. 그건 사랑이란 이름으로 자행되는 '학대'라고 할 수 있어. 성장과정에서 '부족'을 경험해보지 않았기에 '풍족' 속에 살고 있으면서도 '풍족'이 뭔지를 모르는 사람으로 성장했을 거야.《채근담》에 '풍경은 바람이 있어야 소리를 낸다.'라고 했는데 바람을 한 번도 경험하지 못했으니 자신이 좋은 소리를 내는 풍경인지도 모른다고나 할까? 그러면 네가 먼저 독립선언을 해야 해. 그리고 나면 부모들도 더 이상 네게 주지 않으셔. 그 때부터 자신들을 위해 살든, 아님 보다 가치 있고 의미 있는 일에 집중하든 하시겠지.

"저렇게 살 바에는 결혼하지 않는 것이 나아!"라는 말은 겁쟁이들의 비겁한 변명에 불과해. '난 저렇게 살지 않을 거야.' 라고 결심했다면 그렇게 살지 않기 위한 공부도 해야 해. 그러면서 문제가 발생되면 전문가에게 물어서 문제를 빨리 해결하는 방법을 배워 문제해결력까지 가져야 하지. 문제 자체가 문제가 아니라 문제를 해결하는 능력을 갖지 못하는 것이 문제지. 그러니 지레 겁먹고 포기하는 것보다는 결혼해서 살면서 풀어가는 것이 훨씬 나아. 복잡하긴 하지만 다양성을 즐길 수 있다는 의미도 내포하고 있다는 것을 알면 돼. 한 남자가 여자에 대해 복잡하고 불편하기 짝이 없는 물건이라고 불평했대. 그런데 어떤 남자는 복잡하긴 한데 그만큼 다양한 기능이 많아 쓰면 쓸수록 재미가 있대. 어느 쪽이 나을까? 이왕이면 결혼에 대해서도 얼리어댑터early adapter가 되는 건 어때?

난 가끔 공연장엘 가면 음향장치를 유심히 보는 습관이 있어. 강연활동을 많이 하니까 스피커 음질에 민감한 편이라 소리만 들어도 음향장치의 좋고 나쁨을 어느 정도는 알아. 대형 콘서트에 가면 음향장치만 해도 엄청나지. 초대형 음향조절 믹서mixer에 여러 사람이 한꺼번에 앉아 조절해. 보통 사람은 그걸 보는 것만으로도 입이 떡 벌어질 정도야. 콘서트가 진행되는 동안 그 복잡한 기계를 능숙하게 작동시켜 완벽한 음색을 만들어내는 음향전문가들은 복잡한 기계일수록 더 좋아해. 복잡할수록 기능이 많다는 뜻이거든. 저렇게 복잡한 기계를 다루느니 그냥 단순한 음향장비를 쓰겠다는 사람은 뭘 몰라도 한참을 모르는 사람이지?

결혼에 관한 한 너도 그래. 결혼은 정말 복잡해. 알아야 할 것도 많아. 기본적으로 남자와 여자가 다르지. 그것을 다루는 책만 해도 이 지구상에 수두룩해. 존 그레이 박사의 《화성에서 온 남자 금성에서 온 여자》 시리즈를 읽어봐. 정말 남자 여자의 다른 점에 대해서 어쩜 그렇게 상세하게 묘사했는지 구구절절 무릎을 치게 만들어. 물론, 한국판 화남금녀인 《남편사용설명서》와 《아내사용설명서》도 읽어봐. 읽다 보면 남자와 여자가 정말 많이 다르다는 것을 실감하게 되어 있고 그 다름을 조율해가는 과정이 행복이라는 것을 알게 될 거야. 그러니까 결혼 연차가 20년 정도 된 사람들은 다루는 법을 잘 알아서 최상의 사운드를 만드는 음향전문가와 같다는 게지. 또 배우자의 결점이 곧 자신의 결점이란 걸 깨닫게 돼. 혜민 스님이 그랬어. "다른 사람의 결점이 내 눈에 들어오는 것은 내 안에도 똑같은 결점이 어딘가에 있기 때문입니다. 그 사람을 처음 봤을 때 그의 결점이 보이는 건, 그리고 그의 결점이 두고두고 나를 괴롭히는 건, 내 안에도 똑같은 결점이 존재하기 때문입니다."라고 말이야.

그러니 그 결점이 곧 나의 결점임을 그대로 받아들이고 고쳐나가려 하다 보면 어느새 결점은 사라지고 좋은 점들만 남아 있지 않을까? 나에게서 결점이 사라졌다는 말은 상대방의 결점이 사라졌다는 의미와 같아. 제대로 알기만 한다면 결혼은 안 하는 것보다 하는 것이 백 번 천 번 나아. 그런 면에서 "결혼은 해도 후회 안 해도 후회"라고 했던 철학자 파스칼은 틀렸어. 적어도 그 말은 결혼해본 경험이 있는 남자가 해야지. 그 친구에게 난 꼭 이 한마디 해주고 싶어.

"어이, 파스칼! 자네가 결혼을 알아?"

창호는 민정과 갈등을 겪으면서 몇 번이나 심각하게 이혼을 고민했었다. 정말, 결혼 후 민정과 갈등이 생길 때마다 도무지 해결의 실마리가 보이지 않아 얼마나 절망했는지 모른다. 어디 속 시원하게 물을 곳 없다는 것이 가장 힘겨웠다. 주변을 둘러보면 남들은 다 행복하게 잘 사는 것 같은데 자기만 인생의 패배자 된 것 같은 느낌이 들 땐 더 비참했다.

chapter

3

결혼의 판타지 버리기

3
결혼의 판타지 버리기

결혼에 대한 환상 따위는 과감히 버려라

완료한 숙제를 들고 가는 상담실이라 민정의 발걸음은 가벼웠다. 상담 선생님이 내 마음을 알아줄 테니 얼마나 신 날까? 내가 그동안 불편해하고 힘들어했던 부분에 대해 위로해주시면서 남편의 잘못을 꾸중해주실 것이다. 창호도 속으로 아내를 꾸짖어주실 것이라는 기대에 부풀었다.

피차가 적어온 용지를 꺼내놓았다. 빼곡히 적힌 내용들을 곁눈질로 힐끔힐끔 쳐다보았다. 거기엔 고개를 끄덕일 만한 내용보다는 '쳇!', '흥!'을 연발하게 하는 내용들이 적혀 있었다.

"상대방에 대한 불만 적어보시니까 어떻던가요?"

"통쾌했어요. 정말 거침없이 썼어요."

창호의 말에 영준이 웃으면서 말했다.

"몇 장이나 쓰셨어요?"

창호는 A4 용지 두 장이었고, 민정은 넉 장이었다. 창호가 경악했다.

"으와! 내가 뭘 그렇게 잘못한 게 많은 거야, 응?"

"너무 속상해하지 마셔요. 원래 결혼에 대한 불만은 여자들 쪽이 많아요. 미국은 상담실을 찾아오는 비율이 4대1이라고 해요. 그러니까 여성이 4명 올 때 남자는 한 명 온다는 것이죠. 결혼이라는 것 자체가 관계에 대한 부분이기 때문에 아내들 쪽에서 불만이 많은 거죠. 그런데 민정 씨! 지난 주 돌아갈 때 분위기 봐서는 10장이라도 쓸 기세였는데 어떠셨어요?"

"정말 용지 많이 필요하겠다 싶었어요. 시시콜콜 깨알같이 쓸 것이라고 생각했어요. 근데 쓰면 쓸수록 자꾸 속도가 줄더군요. 어느 정도 쓰고 보니 앞의 내용과 중복이 되기도 했고요."

"알겠습니다. 일단 한번 보죠. 두 분이 낸 내용들을 범주화해봅시다. 우선, 창호 씨 거… 이것은 먹을 것에 관한 것, 요거는 입을 것, 요거는 자존심…"

영준은 창호가 내민 용지 옆에 분홍빛 형광펜으로 글자를 썼다. 그 광경을 물끄러미 바라보고 있는데 참 멋쩍었다. 그리고 이어 민정이 내민 용지를 읽으면서도 형광펜으로 글자를 적었다. 그리고 각자에게 돌려주면서 범주화해놓은 것들을 읽어보라고 했다. 영준이 표시해놓은 것은 의, 식, 주 한 글자씩이었다. 그 많은 내용들이 그 세 글자로 다 정리되었다.

"범주화해보니 전부 다 의식주에 관계된 내용이고, 다 나에게 불편한 것들이죠? 뭐 상대방이 독서를 안 하는 것에 대한 불만이나, 교양을 쌓는 것에 대한 것들이나…그런 것들은 없죠?"

창호와 민정은 딱히 할 말이 없었다. 처음 영준이 범주화를 시작했을 때 생겨나던 부끄러움이 자꾸 올라왔다. 이어서 영준이 간단한 설문지를 내밀며 O와 X로 표시해보라고 했다. 영준이 부부 상담을 해오면서 나름대로 만든 것이라고 했다. 제목도 나중에 설문작성을 다 하고 나니 맨 아래에 각주처럼 조그맣게 쓰여 있었다.

결혼에 대한 판타지 설문지

1. 결혼만 하면 곧바로 불행 끝, 행복 시작이다. ( )
2. 결혼하면 배우자가 내 부족한 면을 완벽하게 채워줄 것이다. ( )
3. 아침마다 남편(아내)의 모닝키스로 일어날 것이다. ( )
4. 남편은(아내는) 언제나 내가 하는 일에 yes해줄 것이다. ( )
5. 우리 부부는 돈이 없어도 행복할 것이다. ( )
6. 우리의 갈등은 심각하지 않을 것이다. ( )
7. 그(그녀)는 결혼하기 전이나 후나 똑같을 것이다. ( )
8. 결혼하면 왕(왕비)처럼 살 것이다. ( )
9. 이 남자(여자)가 나만(나하고) 바라볼 것이다(놀아줄 것이다). ( )
10. 남편(아내)은 평생 내 곁에서 천사일 것이다. ( )
11. 내가 더 잘해주면 그(녀)는 행복할 것이다. ( )
12. 휴일만 되면 즐거울 것이다. ( )
13. 결혼하면 늘 함께 식사 준비를 할 것이다. ( )
14. 우리의 결혼은 남다를 것이다. ( )
15. 우리는 피차 상대방을 행복하게 만들 것이다. ( )
16. 결혼은 둘이 만나 하나 되는 것이다. ( )

17. 그래도 언젠가는 내 배우자가 백마 탄 왕자(평강공주)가 될 것이다. ( )

18. 아내와 어머니(남편이 장모님과)가 친 가족처럼 지낼 것이다. ( )

19. 결혼해서 문제가 생길 땐 피차 힘들게 사는 것보다 서로를 위해 헤어지는 게 낫다. ( )

20. 결혼이란 완벽한 두 사람의 환상적 조합이어야 행복하다. ( )

21. 나이가 들면 부부갈등은 저절로 해결될 것이다. ( )

22. 우리의 자식들은 알아서 잘 클 것이다. ( )

23. 자식을 많이 낳으면 가족의 행복에 마이너스가 될 것이다. ( )

24. 모든 문제는 참고 견디기만 하면 해결될 것이다. ( )

25. 결혼은 모든 조건이 완벽하게 구비되었을 때 하는 것이다. ( )

점수 – 1문항에 4점, 총점 100점. 100점에 가까울수록 판타지를 많이 가지고 있는 사람.
– 〈결혼에 대한 판타지 설문지〉

창호가 72점, 민정이 80점이었다. 그 점수는 두 사람 다 결혼에 대한 판타지가 아주 높다는 것을 보여주고 있었다. 충격이었다. 영준은 예상했다는 듯 빙그레 웃었다.

"어때요? 결과를 보시니까?"

"충격인데요. 정말 제가 결혼에 대한 판타지가 이렇게 높았는지 미처 몰랐어요."

"신혼 초엔 대부분 그러니까 너무 결과에 연연하진 마셔요. 지난주에 이어 계속 충격을 많이 받고 있죠? 그만큼 우린 결혼에 대해 준비하지 않고 그냥 무의식적으로 결혼하고 산다는 뜻이겠지요."

"근데 선생님! 여자들은 남자들이 정말 헌신적일 때 결혼을 결심하거든요. 그럴 정도로 헌신하는 남자라면 평생을 맡겨도 좋을 것 같다는 판단이 서니까요. 그런데 결혼하고 나면 왜 다들 하나같이 돌변하는 건가요? 남자들은 다 사기꾼 같아요."

"그렇게 생각해요? 여자들 눈으로 볼 때는 그럴 수도 있죠. 하지만 모든 것을 다 줄 것 같은 남자야말로 정말 조심해야 해요."

"그런 남자가 더 좋은 것 아닌가요?"

"음. 우선 보기에는 그럴 수 있죠. 그런데 자기만 바라보던 남자가 결혼하면 바뀌는 것이 궁금하다고 했잖아요? 바뀐다는 표현도 맞고 또 집착모드로 바뀐다고 해도 맞을 겁니다."

"집착이라고요?"

"네 집착. 사랑과 집착은 완전히 다르거든요. 많은 여성들이 '집착'을 '사랑'으로 착각해요. 교제를 시작해서 여자의 모든 것이 궁금해 죽겠다는 남자들이 있어요. 시도 때도 없이 전화해서 안부를 묻고 이것저것 세심하게 잘 챙겨주지요. 그런 경험을 처음 해보는 여자는 '판타스틱'을 연발하게 될 거예요. 게다가 남자가 잘생기기까지 해봐요. 금상첨화지."

"전 솔직히 그런 남자이길 희망했어요. 근데 이 남자는 너무 게을러터졌어요. 자기밖에 몰라요. 시큰둥하고 무뚝뚝하고. 재미도 없고…."

"그런 남자가 좋은 남자랍니다. 지금은 못 받아들일 말이겠지만요. 아까 그런 남자들이 결혼하고 나면, 결혼까지 안 했더라도 관계가 깊어지면 여자에게 '집착' 모드가 됩니다. 자기 여자에게 모든 촉각이 곤두서 있어 다른 남자들의 관심을 받는 것을 견디지 못합니다."

"사랑하니까 그런 것 아닌가요?"

"아까 이야기했죠? 그건 사랑이 아니라 '집착'이라고요. 이런 남자와 결혼했다간 큰 코 다칩니다. '집착'이 도를 넘어서면 '편집성적 성격 장애자'가 됩니다. 겉으로 보면 아내를 정말 사랑하는 애처가로 통하지만 그 사람은 아내를 얻은 게 아니라 엄마를 얻은 것이죠. 그 말은 그 남자의 심리적 수준이 영아기에 머물러 있다는 뜻입니다. 이것을 '고착(fixation)'이라고 부른답니다."

"아~ 그런 말이 있어요?"

"그럼요. '고착'은 생물학적으로 어른이 되었는데 심리적으론 더 이상 성장하지 않고 자기 세계 속에 머물고 있는 것을 말합니다. 이 사람은 쌍방이 교류하는 사랑이 아니라 자기만의 방식으로 사랑을 합니다. 가끔은 이것이 엄청난 물량 공세를 퍼붓는 것으로 드러나서 여자들이 잘 속습니다. 이를 테면 장미꽃도 한두 송이나 한 다발 정도로 사지 않아요. 최소 100송이를 보냅니다. 365송이를 담은 초대형 바구니로 만들어 보낸 남자도 있더군요. 그 정도로 사랑한다는 겁니다. 그런 사람은 자기와 결혼해주지 않는다고 하는 여자 앞에서 죽어버리겠다고 도로 위에 누워버리는 것도 불사합니다."

"얼마나 사랑했으면 그럴까요?"

"사랑이 아니라니깐요. 자기가 원하는 여자가 아니면 죽어버리겠다는 남자는 정말 죽어버리게 내버려둬도 좋아요. 그런 부분에서 마음 아파 할 필요가 없답니다. 사랑은 상대방의 반응을 보면서 자기 행동을 결정해야 하거든요. 정말 여자를 사랑하면 그 마음을 사기 위해 최선의 노력을 하되 여자 쪽의 반응을 보면서 계속할지 아니면 포기하고 돌아설지를 선택하죠. 그런데 죽어버리겠다는 남자는 그런 걸 생각할 정도로 성숙되지 않았습니다. 혹, 조카들이 어릴 때 이러는 거 본 적이 있는지 생각해봐요. 엄마가 제때 젖 주지 않으면 목이 터져라 울어 목이 다 쉬어버린 아기, 나중에 엄마가 와서 젖을 물려도 먹지 않고 울기만 하거나 엄마의 젖꼭지를 깨물어버리는 아기, 아니면 밤새도록 잠투정하는 경우 말입니다. 그건 일종의 복수이자 '엄마가 나한테 한 짓이 뭔 줄 알아?' 하는 메시지를 보내는 것이죠. 그 정도 수준에서 고착되었다면 그 남자에게선 성숙된 남자다움이라곤 평생 보기 어려울 겁니다."

"그런데 만약, 결혼할 땐 몰랐는데 결혼하고 난 후에 그런 사람이라는 것을 알게 되었다면 그땐 어떻게 해야 하나요?"

"그 경우에도 그 남자를 바꾸어보겠다고 섣불리 덤비면 안 됩니다. 혼자 키우는 것은 절대 불가합니다. 반드시 전문가의 도움을 받아 고착의 정도를 파악한 후 단계적으로 접근해야 합니다. 그보다 더 염두에 둬야 하는 건 남편을 변화시키기 전에 자신부터 제대로 세우는 작업이 먼저라는 사실입니다. 전쟁을 하려면 상대나라의 전력도 파악해야 하고 내 나라의 전력도 점검해봐야 하니까요. 그 작업도 하지 않고 덤벼드는 어리석은 나라는 없겠죠? 결국 자신을 잘 세우는 일은 궁극적으론 배우자를 위한 작업입니다."

"아! 결혼. 어렵네요 어려워. 정말 이렇게까지 복잡한지 몰랐어요. 이럴 줄 알았으면 결혼 안 했을지도 몰라요. 아휴 확 깨네요. 확 깨!"

"확 깬다니 반갑네요. 결혼에 대한 판타지에 취해 몽롱하게 있다 깨는 것이니까 반가운 소리죠. 이왕 깬 거 정신 차려봅시다. 그나마 결혼했으니까 이런 고민도 하는 것이죠. 최근에 많은 청춘들이 결혼이 너무 두려워 아예 포기한다고 해요. 어쩌면 결혼은 차라리 철모르고 하는 게 낫습니다. 일종의 투자 개념이니까 투자 손실도 좀 더 어릴 때 해보는 것이 훨씬 낫겠죠?"

가해자는 피해자, 피해자는 가해자

잠시 휴식 시간을 갖기로 했다. 영준이 머그잔을 들고 커피를 채우러 나갔다. 창호는 자신 속에 있던 큰 성이 무너지는 것 같았다. 어딜 가도 똑똑하고 야무지다는 말을 들었는데, 제대로 반박하지 못한 경우는 처음이었다. 그렇다고 기분이 그렇게 나쁜 것은 아니었다. 지적당하는 것과는 조금 달랐다. 며칠 전 회사에서 부장이 업무적인 부분을 지적할 때는 '쥐뿔도 모르는 인간이! 당신이 뭘 알아?'라는 말이 목구멍까지 올라왔지만 이를 악물고 참았다. 영준과의 이야기에서는 화보다는 궁금증이 줄어들고 있어 마음 한편이 시원해졌다. 아마도 미지의 세계에 들어온 것처럼 결혼이라는 세계에 대한 탐험을 제대로 시작했기 때문이리라.

창호는 민정과 갈등을 겪으면서 몇 번이나 심각하게 이혼을 고민했었다. 정말, 결혼 후 민정과 갈등이 생길 때마다 도무지 해결의 실마리가 보이지 않아 얼마나 절망했는지 모른다. 어디 속 시원하게 물을 곳 없다는 것이 가장 힘겨웠다. 주변을 둘러보면 남들은 다 행복하게 잘 사는 것 같은데 자기만 인생의 패배자 된 것 같은 느낌이 들 땐 더 비참했다. 다른 사람은 몰라도 민정은 절대로 변할 것 같지 않았다. 막상 이혼을 하게 되면 가장 먼저 주변 사람들로부터 받게 될 '결혼에 실패했다'는 낙인이 두려웠다.

또 앞으로 다른 여자를 만나게 되더라도 살아갈 일에 대한 걱정이 앞섰다. 그러면서도 한편으로는 민정보다 더 예쁘고 똑똑하고, 더 야무지고 성격 좋은 여자를 만날 기대감도 생겼다. 회사에서도 동료 직원들로부터 '창호 씨 같은 남자와 사는 여자는 좋겠어요.'라는 말을 자주 듣고 있던 터였다. 다른 여자들은 여전히 나를 부러워하고 있고 좋은 남편의 모델쯤으로 생각하고 있는데, 다만 민정이만 모를 뿐이다. 그건 그녀가 너무 철이 없어서다. 아니면 나의 진면목을 제대로 알려고 시도조차 하지 않았기 때문이다. 그런 것도 발견하지 못하는 여자라면 빨리 헤어지는 것도 괜찮으니 이혼하겠다고 길길이 날 뛰는 민정이 도리어 고마웠다.

머그잔에 커피를 가득 채운 영준이 다시 들어왔다.
"이제부턴 부부란 결혼과 동시에 어쩔 수 없이 가해자가 되고 피해자가 된다는 부부관계의 법칙에 대해 이야기해봅시다."
"부부는 가해자임과 동시에 피해자라고요?"

이 내용은 영준과 세진 부부가 가정폭력 문제로 상담명령과 교육명령을 받은 대상자들에게 첫날 들려주는 강의 내용이다. 요즘은 가정폭력을 행사했다는 명백한 증거가 있을 때, 배우자나 다른 가족 구성원들이

결혼의 판타지 버리기 · 109

폭력 신고를 하면 경찰이 출동한다. 가정 문제라고 해서 그냥 덮어두진 않는다. 피해자의 신고를 접수하면 신고를 당한 사람은 법적인 제재를 받게 되는데 그것이 상담명령 40시간이나 수강명령 40시간 의무 이수다. 개인상담, 부부상담, 그리고 8주간의 과정과 1박 2일이나 전일의 부부캠프 프로그램에 참여하는 것으로 그 시간을 채울 수 있다. 영준과 세진 부부는 I시와 S시에 있는 모 단체의 프로그램 진행자다.

"어떤 면에선 가해자라는 딱지를 붙인 채 여기에서 수강명령을 이행하는 여러분이 오히려 더 큰 피해자일 수 있습니다. 법이란 신고한 사람 편에 서게 되어 있어 누가 먼저 신고하는가에 따라 가해자와 피해자가 구분됩니다. 법이 공정하려면 여러분을 피해자로 만든 배우자도 함께 와서 이 교육을 받아야 합니다."

그 말에 남자들의 공감하는 목소리가 한꺼번에 날아오기 시작한다.

"맞아요. 난 정말 억울해요. 솔직히 그동안 얼마나 참고 살았는지 몰라요. 집사람이 나한테 한 짓을 보면요, 전 정말 억울해요. 집사람이 저를 꼬집고 할퀴고 하는 것은 하나도 이야기 안 하고 성질난다고 쥐어박았더니 진단서 끊고 문 부순 것 사진 찍어 증거 자료를 만들어가지고 신고했더군요. 전 영문도 몰랐어요. 집사람도 나한테 가해했다고 했더니 경찰이 증거가 없다고 무시하더군요."

그쯤 되면 사람들의 태도는 완전히 달라져 의자를 당기고 바른 자세로 경청하기 시작한다. 부부란 결혼하는 순간부터 하나의 생명을 지닌 유기체라 어느 한쪽이 힘들면 다른 한쪽도 힘들게 되어 있다. 상대가 어떻게 하니 나도 어떻게 하겠다고 맞대응을 하는 것은 수학적 원리에선 맞지만 통합적 관점에선 정말 어리석은 행동이다. 배우자를 힘들게 하는 만큼 자신을 힘들게 하고 있는 것이다.

"일단 가해자가 되면 배우자로부터 원망을 듣고 주변 사람들로부터 눈총을 받습니다. 그것보다 더 큰 문제는 배우자로부터 와야 할 사랑, 따뜻함, 존경, 자발적 수고, 친밀감, 우정… 과 같은 것들이 하나도 오지 않게 된다는 겁니다. 사람은 관계적 동물이라 받을 걸 못 받으면 심리적 영양실조에 걸리게 되죠. 그러면 더 많은 짜증과 분노가 생겨나 또 다른 폭력을 불러오는 악순환으로 이어집니다. 결과적으론 겉으론 욕먹고 속으론 배고픈 사람이 되는 거죠. 그래서 가해자는 곧 피해자가 된다는 말입니다. 피해자는 줄 것을 주지 않음으로 자기도 모르게 가해자가 되는 셈이죠. 그래서 부부는 결혼과 동시에 가해자가 되고 피해자가 되고 맙니다."

영준이 가해자가 피해자가 되고 피해자가 가해자가 되는 관계 메커니즘에 대한 설명을 마치고 커피를 한 모금 마셨을 때 창호가 말했다.

"부부가 어쩔 수 없이 가해자가 되고 피해자가 된다면 둘이 합력해서 사는 길을 모색하는 수밖에 없겠네요?"

"예 맞습니다. 바로 그겁니다. 함께 사는 길을 모색하기 위해선 질문부터 바꿔야 됩니다. 배우자의 이해 못할 말이나 행동을 볼 때 '도대체 저 인간 왜 저럴까?'만 묻지 말고 거기서 한 차원 높여서 '왜 저 사람은 저럴 수밖에 없을까?'를 물어줘야 해요."

"아! 그렇군요. '왜 저럴 수밖에 없을까'부터 물으려면 내가 생각을 더 많이 해야 하는 거네요."

"하하. 빠르신데요? 그 정도 수준에 이르렀다면 피차 이해하려고 애쓰고 있으니 행복을 만들어내기 시작하겠지요?"

"그렇게 해서 행복을 만들라… 정말 가슴에 와 닿는 말씀입니다."

"결국 행복해서 결혼하는 것도 아니고 결혼하면 자동으로 행복한 것도 아닙니다. 부부의 존재 목적은 따로 있습니다. 즉 결혼에도 목적이 있다는 것이죠. 그럼 다음 시간엔 결혼의 목적에 대해서 이야기 나눠볼까요."

"결혼의 목적? 결혼이야 나이 들면 하는 거지 무슨 목적이 있나요?"

창호의 말에 영준은 대답 대신 미소를 보냈다. 창호와 민정은 '결혼의 목적'이란 말을 속으로 되뇌면서 상담실을 나왔다. 갈수록 묘해진다. 결혼은 결혼이지 무슨 목적이 따로 있다는 말인가? 필요에 의한 자연법칙이며, 생물학적 수컷과 암컷이 결합해서 종족을 보전하는 방식이고, 그렇게 모이다 보니 가족이 만들어지고 씨족이 만들어지고 부족에서 국가로 형성된 것 아니었던가?

창호는 오늘도 뭔가 한 대 맞은 느낌에 기분이 나빴다. 그동안 누구보다 똑똑한 사람이라고, 탁월한 사람이라고 자부하고 살았는데, '왜 그럴까?'만 생각했었지 '왜 저럴 수밖에 없을까?'라는 물음을 한 번도 해본 적은 없었다. 오늘도 상담자가 대놓고 '멍청이'라고 한 꼴이었다.

상담실을 뛰쳐 나간 어느 마스코트 아내

창호와 민정 부부를 만나는 중 영준과 세진은 결혼 1년차인 다른 부부를 상담했다. 그 상담은 오래 진행 못 되고 단회로 끝나고 말았다. 정말 돌려보낸 후에 뭐라고 해야 할지 한참이나 씁쓸한 생각이 들었던 상담이었다. 조금만 더 빨리 왔더라면 좋았을 것을, 조금만 더 열린 마음을 가지면 좋았을 것을… 늦은 감이 있었다. 아니, 늦은 감이 있긴 했어도 관계의 회복을 생각한다면야 얼마든 금방 회복될 수 있을 텐데, 그럴 대상이 아니었다. 아내가 심각한 '심리적 마스코트'였으니까.

두 사람이 상담실에 들어섰을 때 상담실 전체가 환해졌다. 남자는 영화배우같이 잘생긴 데다 키도 크고 인상도 좋아 금방 호감이 가는 사람이었고 여자도 시선을 확 끌었다. 메이커업도 수준급이어서 눈이 부실 만큼 예뻤다. 게다가 대기업 방송실 아나운서라 목소리도 맑고 고왔다. 이렇게 모든 조건을 가진 부부가 뭣 때문에 이혼을 결정하고 상담을 왔을까 싶은 생각이 들 정도였다. 이혼을 먼저 결정한 쪽은 아내라고 했다.

"어떤 부분이 힘들어 이혼을 결심하게 되었나요?"

세진이 묻자 젊은 여자는 싸늘하게 대답했다.

"이 사람을 만나면 더 이상 가슴이 안 뛰어요."

"무슨 말인가요?"

"처음 이 사람 만났을 때 정말 운명의 짝을 만났구나 싶었어요. 잘 생겼고 키도 크고 그리고 목소리도 좋고요. 경제적 능력까지 있으니 최고의 남편감이었죠. 드디어 나와 꼭 맞는 멋진 남자를 만났다는 확신에 차서 결혼을 결정했어요. 처음 두 달은 얼마나 행복했는지 몰라요. 제가 방송 계통의 일을 하느라 밤늦게 귀가할 때가 많은데 그럴 때마다 온 집안을 청소해놓고 기다릴 때도 있었고 또 서툴긴 하지만 밥을 준비해놓고 있을 때도 있었거든요."

남편은 무표정으로 여자의 말을 그냥 듣고 있었다.

"그런데 반년 정도 지나니 본색이 드러나는 거예요. 청소도 안 하고 밥도 안 해주고, 제가 들어오기도 전에 먼저 퍼질러 자고 있어요. 또 옷이든 양말이든 벗으면 아무렇게나 던져놓고 세탁기도 안 돌려요. 게다가 씻지도 않고 잠자리에 들 때도 있어요. 어떤 날은 그렇게 침대에 들어와서 관계를 요구하는데… 어휴 정말 불결해요 불결해!"

젊은 여자는 몸을 부르르 떨었다. 영준이 말했다.

"네 듣고 보니 힘들었겠네요. 그런데 그 정도는 누구나 겪는 일반적인 이야기 같은데요?"

그러자 젊은 여자는 태도를 싹 바꾸며 잔뜩 화가 난 듯 냉담한 어조로 영준과 세진 부부에게 쏘아붙였다.

"여기도 똑같아. 똑같아. 다들 그러니까 그렇게 알고 살아라. 뭐 이런 식이죠? 상담은 아픔을 가지고 온 사람들의 마음을 공감해주는 것 아닌가요? 솔직히 어른들은 그런 말을 해도 상담자들은 뭔가 다를 줄 알았어요. 특히 선생님같이 방송에도 나오는 유명한 분은 다를 줄 알았어요. 그런데 똑같네요. 실망이에요. 내가 오자고 한 게 잘못이지."

말을 끝낸 여자가 "상담료는 온라인으로 처리할게요." 하고는 자리에서 일어나 자기 남편을 향해 "뭐해? 빨리 안 나와?"라며 문을 쾅 닫고 나가버렸다. 남자는 따라 나서야 할지 남아서 이야기를 계속해야 할지 잠시 머뭇거리더니 고개를 가로저으며 절망한 듯 따라나갔다. 너무 짧게 끝나버린 허탈한 상담이었다.

"다른 곳과 별 다른 차이가 없어서 실망하셨군요. 그런데 다른 데서도 똑같은 이야기를 했다면 그건 생각해볼 부분 아닐까요?"라고 말해주고 싶었지만 이미 쌩 하니 나가버린 후였다. 아마 그녀는 속으로 '천한 것들이 나를 뭘로 보고 말이야!'라고 외치고 있을 것이다. 최근 부쩍 늘어나고 있는 현상이기도 하다. 탁월한 외모에 능력까지 갖춘 실력자들인데도 관계하는 법에 관한 한 젬병이다. 가족치료의 관점에서는 '심리적 마스코트', 즉 '똑똑한 멍청이'다. 일본에서는 '사춘기증후군'이라는 말로 설명한다. 남과 다르다는 허세, 자기 우월감으로 가득 찬 사람을 지칭하는 말이다.

이혼에 대한 생각은 세진도 안 해본 건 아니지만 상담실을 뛰쳐나간 여자와 달랐다. 그 여자는 모든 문제의 원인을 남편에게 뒤집어씌우는 존재였지만 세진은 자신을 원망하는 '희생양'으로 신혼기를 보냈다. 결혼 잘못했다는 느낌과 한 남자의 일생을 가로막은 것 같은 두려움에 밤낮으로 울었다. 그래도 그 세월을 견뎌왔기에 오늘이 있는 건 틀림없다. 정신분석학에서 '고통을 참아내는 능력'이란 말을 들었을 때 스스로에게 감사했던 적이 있다. 결국 문제란 고통을 참아내면서 반드시 '직면'해야 넘어서는 것이라고 이제는 자신 있게 말할 수 있다. 상담실을 뛰쳐나간 그녀가 냉정한 이성적 판단과 고통이나 아픔을 견뎌내는 법을 배우면서 직면을 통해 그 문제를 뛰어넘기를 기도할 뿐이었다. 아니면 차라리 자신이 그 부부에게 맞지 않는 상담자이길 기도했다. 오히려 다른 곳에라도 가서 문제를 해결받을 수 있다면야 그야말로 바라는 바다. 그러면서도 마음 한쪽에서 올라오는 말이 있었다.

'도대체 니들이 결혼이 뭔지 알아? 알려고나 해봤어?'

부부란 결혼과 동시에 가해자가 되고 피해자가 된다는 설명은 놀라웠다. 의지와는 상관없이 결혼과 동시에 만들어지는 부부관계의 메커니즘에서 벗어나는 유일한 방법은 함께 사는 법을 찾아야 한다는 것이었다. 남자와 여자가 좋아서, 서로 사랑해서 결혼하는 것이라고 단순하게 생각했었는데, 부부가 된다는 것이 운명 공동체가 된다는 것을 의미하는 큰 비밀이 숨어 있는 줄 몰랐다.

영준이 보내온 결혼의 비밀 3은 동주공제同舟共濟였다.

결혼의 비밀 ③

동주공제(同舟共濟)

■ **동주공제(同舟共濟)** 같은 배를 타고 함께 (강을) 건너다. 어려움 속에서 일심협력하다. 고락을 함께함. 처지가 다른 사람들끼리도 서로 협력해야 한다는 뜻.

부부가 되는 순간, 배우자를 비난하는 것은 곧 자기를 죽이는 어리석은 행위가 된다. 그것이야말로 자승자박(自繩自縛)의 어리석은 행동이다. 부부는 같은 배를 타고 강을 건너는 관계. 처지가 다른 사람들끼리도 서로 협력하는데 하물며 부부랴. 부부가 서로 힘을 합하여 인생길을 헤쳐나가는 것이 행복!

■ **자승자박(自繩自縛)** 제 줄로 제 몸을 옭아 묶는다는 뜻으로, 자신이 한 말과 행동으로 말미암아 자신이 구속되어 괴로움을 당하게 됨을 이르는 말.

편지 ③

부부는
운명 공동체

네가 남편(아내)을 죽이면 너도 죽어

사막을 도보로 횡단한 여행자에게 사람들이 인터뷰를 했어. "사막을 횡단하는 동안 가장 힘든 것이 무엇이었습니까?"라고 말이야. 사람들은 이미 몇 가지 예상 답안을 가지고 있었어. 작열하는 태양, 밤이 되면 영하로 떨어지는 날씨, 전갈이나 뱀 같은 해충, 무섭게 몰아치는 모래바람, 방향 감각을 잃을 가능성, 지독한 외로움과 같은 것들이었지. 그런데 정작 그는 "저를 가장 힘들게 했던 것은 신발 구석에 들어 있는 작은 모래 알갱이였습니다."라고 답했어.

결혼도 마찬가지야. 부부가 대개 큰 문제 가지고 싸우지 않아. 아주 작은 일, 남들에게 말하기 부끄러운 지극히 사소한 일로 싸워. 특히 결혼 2~3년 전후가 되면 정점에 오르게 되고 그 상태로 평생을 가기도 해. 아주 사소한 문제에서 비롯된 사소한 말싸움이 급기야는 감정싸움으로 번져 소리를 지르고 물건을 던지기까지 하고, 심할 경우 폭력 상황으로 이어지기도 해. 처음에는 결혼 초 기선잡기 싸움에 불과하더라도 자칫 자존심까지 건드리게 되면 그땐 정말 심각한 결과를 초래해. 싸울 때 싸우더라도 예의는 지켜야 하는 거지.

2007년도에 김요완이 쓴 연세대 박사논문 〈이혼소송 중인 부부의 부부관계 와해과정 연구〉를 보면 이혼을 결정하고 실행하는 가장 큰 요인이 자존심의 상실이었어. 본인들도 이혼할 만큼의 큰 문제가 아니란 것을 다 알고 있었어. 그럼에도 불구하고 이혼까지 이르게 된 건 싸우는 과정에서 상대방이 자신의 자존심을 무참히 짓밟은 것 때문이었어. 제대로 부부싸움 하는 법을 몰랐단 것이지. 즉 부부 사이의 문제란 건 신발 구석에 있는 작은 모래알에 불과한데 문제인 모래알을 빼내기보다 싸구려 신발이라며 버렸다고나 할까? 사실, 관계가 깨질 때처럼 인간의 본성을 적나라하게 보여주는 경우는 없다고 봐. 그럴지라도 예의를 지켜야할 때가 바로 그때야. 아무리 화가 나도 지킬 것은 지켜야 해. 우리나라 사람들이 욱하는 성질 때문에 자기도 모르게 상대방의 자존심을 긁어대는 말을 거침없이 해. 그것이 누적되면 부정적인 감정이 눈덩이처럼 불어나는 거야. 다 소통 문제라고 여길 수밖에 없지. 실제로 '비에나래'라는 결혼정보업체가 2013년 5월에 미혼 남녀 529명을 대상으로 한 설문조사에서 결혼을 망설이는 이유가 '배우자와 조화롭게 잘 살 수 있을지에 대한 두려움'(남 58.4%, 여 61.0%)이 1위였다는 사실을 보면 알 수 있지.

부부란 둘이 만나 하나 되는 게 아니라 하나 된 둘이 만나는 거야. 굳이 비유하자면 머리가 둘 달린 샴쌍둥이 같다고나 할까? 머리가 둘이니 각자의 생각이 있겠지? 그런데 서로를 미워하면 곤란해지는 거야. 한쪽이 다른 한쪽을 미워해서 독약을 먹이면 어떻게 될까? 그쪽만 죽어? 아니지. 결과적으로 자기를 죽게 만드는 거야. 양희은 씨의 〈작은 연못〉이란 노래는 그런 부부관계를 설명해주고 있어.

깊은 산 오솔길 옆 자그마한 연못엔

지금은 더러운 물만 고이고 아무것도 살지 않지만

먼 옛날 이 연못엔 예쁜 붕어 두 마리 살고 있었다고 전해지지요

깊은 산 작은 연못 어느 맑은 여름날 연못 속에 붕어 두 마리

서로 싸워 한 마리는 물 위에 떠오르고 그 놈 살이 썩어 들어가

물도 따라 썩어 들어가 연못 속에선 아무것도 살 수 없게 되었죠

참 서글프지? 부부란 말이야. 상대방을 미워하면 결국 자기를 죽이는 묘한 관계야. 그래서 연애와 결혼은 엄격히 달라. 진짜 현명한 부부는 자기가 살기 위해 배우자를 사랑해. 니코스 카잔차키스Nikos Kazantzakis의 《희랍인 조르바》에는 "자신을 구하는 유일한 길은 남을 구하고자 애쓰는 것이다."라는 멋진 표현이 있어. 결혼의 비밀을 아는 사람의 표현이야.

결혼도 충성이 필요해

"충성!" 어때? 이 말 들으면 군기 바짝 든 이등병이나 이제 막 입대

한 훈련병이 생각나지? 군인의 군기는 이 목소리만 들어도 바로 판별돼. 공익요원이 하는 '충성!'과 해병대나 특전사 요원이 하는 충성!이 다르게 들리겠지? 근데 말이야, 결혼에도 충성이 필요해. 그것도 절대적인 충성을 해야 할 때가 있어.

군생활과 결혼생활은 비슷한 면이 꽤 많아. 군대에 가려면 입소하기 전 머리를 깎지. 머리를 깎는다는 것은 이젠 더 이상 민간인이 아니라 군인으로 살아야 하니까 지금까지 살아왔던 삶의 방식을 정리하는 의식이야. 마찬가지로 결혼식에 입장하는 신랑신부는 이전까지 살아왔던 모든 방식은 버리고 새로운 방식, 그러니까 자기가 자라온 원 가정에서의 모든 가치관을 일단 뒤로하고 새로운 가정을 만드는 데 필요한 새로운 가치관을 설정해야 해. 결혼 후엔 때로 이를 악물고라도 버티며 사랑해야 해. 마치 훈련을 받을 때 이를 악물고 버텨내는 것처럼 말이야.

군에 입대하면 장교든 사병이든, 하다못해 군 면제를 받는 사람도 예외 없이 최소 기본훈련은 마쳐야 해. 신병교육 과정이지. 나는 강원도 철원 백골부대에서 6주간 신병교육을 받았었지. 한겨울에 입대해 1월 내내 눈 덮인 연병장에서 훈련을 받느라 맨 땅을 본 적이 없었어. 신병훈련 과정의 첫 순서는 제식훈련이야. 앞으로 갓! 우향우! 좌향좌! 이런 것들이지. 줄 맞추기와 정리정돈 생활화, 경례하기 등 군인으로서 기본 중의 기본을 배워. 그런 과정을 마치고 나면 그다음부터 군인으로서 능력을 갖기 위한 사격술, 화생방, 각개전투, 행군… 등등 모든 것을 배우게 돼. 이론 교육도 만만치 않게 받아. 공부도 꽤 해야 해. 암기해야 할 것도 많아.

구두시험도 있어서 암기할 것 못하면 진하게 얼차려를 받기도 해. 정신이 번쩍 들지. 시키는 것은 일단 하고 보는 게 가장 편한 방법이야. 암기해야 할 것도 빨리 집중해서 외우고 나면 그다음부턴 편해.

결혼도 마찬가지야. 결혼 후 일정기간 동안 적응하는 시간이 필요해. 배워야 할 과목들이 많아. 가장 기본은 부부가 남남이라는 전제 아래 피차 예의를 갖추는 것으로, 제식훈련에 해당되지. 그다음에 갈등이 생겼을 때 피하는 방법, 상대방이 화학무기로 공격할 땐 방독면을 써야 하고, 궁극적으로 이기기 위해선 사격을 잘 해야겠지? 감정을 받아주면서도 논리적으로 분명하게 표현해 다툼이 생겼을 때 우위를 점령하는 방법이지. 부부싸움도 싸움이라서 싸움이 발발했다면 반드시 이겨야 해. 그런데 부부싸움은 한쪽이 지고 한쪽이 이기는 win-lose가 아니라 둘 다 이기는 win-win이어야 해. 부부싸움도 의사소통의 일종이라서 싸움을 하는 과정을 통해 서로를 깊이 알아가게 되어 있어. 이것이 부부관계의 비밀이야. 싸우면서 더 깊어지는 묘한 관계지.

군복무기간이 2년 조금 넘는다고 한다면 결혼생활도 그 기간만큼 가장 힘들고 갈등도 많고 위험요소도 많다고 봐야 하지.《결혼, 3년 안에 다 싸워라》라는 책도 나왔을 정도야. 그 시기가 '힘겨루기'에 해당되거든. 그러나 그 기간에 갈등만 하며 시간을 보낸다면 그야말로 어리석은 사람이야. 군생활 하면서 그저 시간 가기만을 기다리는 것이 어리석은 짓인 것처럼 말야. 군대도 사람이 있는 곳이라 인간관계가 중요하고 자기가 어떻게 하는가에 따라 행복과 불행이 결정돼. 군대가 늘 훈련, 교육, 작업만 있다면 얼마나 힘들겠어? 그 속에서도 나름의 문화가 있어 재미있는 일도 많고 웃을 일도 많아. 새로운 것을 배울 기회이기도 해. 군대가 아니면 못 배웠을 것도 많지. 게다가 자기 보직을 충실히 수행하면 여가도 생겨. 난 행정병이었기 때문에 타자학원 강사였던 선임병에게 상고생들이 쓰던 정식 교본으로 타자를 배웠어. 두고두고 고마운 부분이야. 덕분에 독수리 타법도 면했고 꽤 빠른 속도를 자랑하지.

내 후임병 중에 참 괜찮은 사람이 있었어. 붙임성도 좋고 얼마나 부지런한지 요령도 안 피우고 성실해. 그러니 간부들에게서도 같은 사병들 사이에서도 인기가 높았어. 졸병 시절에 그 친구를 갈구는 선임자들은 하나도 없을 정도였으니까. 늘 싱글벙글 웃고, 뭘 시키면 즉각 행동으로 옮기고 눈치가 빨라 다음 일을 준비하는 친구였어. 디테일에 강했던 거야. 결국 본인 능력도 인정받았을 뿐 아니라 그 친구에게 군대는 혐오자극 가득한 곳이 아니라 선호자극이 가득한 곳이었던 것이지.

결혼도 마찬가지야. 디테일을 보지 못하는 사람일수록 불행해. 어떻게 보면 게을러 터져서 불행하다고 해도 과언 아니지. 행복이란 창조해 내는 기술이지 어느 날 입으로 뚝 떨어지는 홍시가 아니거든. 판타지에 사로잡힌 인간은 아무런 수고도 하지 않고 배당금을 잔뜩 받기를 기대하는 도둑놈 심보가 가득해. 어떻게 심지도 않고 거두기를 희망할까? 그런데 솔직히 결혼에 관한 한 대부분 사람들이 그래. 결혼도 투자가 필요해. 기다리는 것도 필요하고 말이야.

최근에 둘째 형이 귀농을 했어. 사과농사를 지으려고 계획 중인데 사과나무를 심고 나면 최소한 5년 정도는 지속적으로 투자만 하는 상황이 래. 열매를 맺으려면 그 정도의 시간이 지나야 첫 수확을 할 수 있대. 어린 사과나무 묘목을 심자마자 열매를 기대한다면 정신 나간 인간이라고 욕하지 않을까? 결혼도 똑같아.

군의 생명은 충성이야. 충성이란 말은 '忠'이란 말과 '誠'이란 말이 합해진 용어야. '忠'이란 한자는 가운데 '中'에 마음 '心' 두 글자의 조합이고, '誠'도 말씀 '言'과 이룰 '成'의 조합으로 말이 이뤄지는 것을 말해. 충성이란 자신의 생각은 내려놓고 오로지 명령대로만 시행하겠다는 서약이야. 결혼도 똑같이 충성이 필요해. 결혼식장은 부모님과 가족들 앞에서, 또 많은 증인들 앞에서 배우자에게 충성을 맹세하는 곳이야. 결혼한 남자는 아내에게 충성하고 여자는 남편에게 충성해야 해. 충성하지 않고 행복하겠다는 발상을 하는 놈은 정말 진한 얼차려가 필요하겠지? 그러니 너도 오늘 군에 입대했다 생각하고 행복한 결혼생활을 위해 충성을 외쳐봐. "충성!"

chapter

결혼의 목적

"행복하기 때문에 결혼한다… 그 말도 가장 많이 세뇌된 부분이에요. 행복은 결혼의 본래 목적에 따라 살 때 자동적으로 따라오는 부산물이지요. 그러니까 행복을 추구하는 사람치고 행복한 사람은 없다는 말이 되고 결혼의 목적을 추구하는 사람이 행복하게 산다는 말이 되죠."

4
결혼의 목적

결혼은 즐기기 위해 하는 것

10번의 만남을 시작하고 오히려 궁금증만 더 늘고 괜히 더 복잡해지고 있다. 미처 몰랐던 것을 하나씩 둘씩 깨달아간다고는 하지만 솔직히 바보가 되어가는 느낌이다. 오늘도 어느 부분을 당하게 될까 불안하다. 영준 세진 부부와 이야기를 하다 보면 결혼에 대해서만큼은 아는 것이 하나도 없는 사람이 되고 말았다. 그때마다 고대 희랍의 철학자 소크라스테스Socrates의 말이 생각났다. "네가 알긴 뭘 알어!"

그래도 세 번째 방문은 여유가 조금 생기긴 한 것 같았다. 마침 상담실에서도 영준과 세진 두 사람이 커피를 마시면서 기분 좋게 웃고 있었다.

"두 분 뭐 좋은 일 있으셨나요? 기분 좋아 보여요."

그 말에 영준이 말을 받았다.

"그래요? 그렇게 보이나요? 실은 두 사람 만나기 전에 볼링 한 게임

치고 왔어요. 누군가 상담을 펑크 낼 때가 있는데 그럴 땐 볼링장으로 달려가요. 마침 시립 체육관이 걸어서 10분 거리에 있어 얼마나 좋은지 몰라요. 그러면 기분이 한결 좋아지죠. 운동도 하고 산책도 하고 머리도 식히고 기분전환도 하고 말이죠. 원래 볼링은 중세 유럽에서 성직자들이 고안한 놀이라죠?"

"그런가요? 전 전혀 몰랐는데요."

"옛날에 성직자들이 '사탄을 쳐부수자'라는 구호를 걸고, 줄 세워놓은 핀을 사탄으로 여기며 넘어뜨렸다는군요. 근거가 있는지 없는지는 믿거나 말거나입니다만."

"네. 그럴듯하네요. 그럼, 혹시 두 분도 저희같이 말 안 듣는 내담자들을 생각하면서 볼링공을 던지는 건 아닌가요?"

"이크! 들켰네요. 하하."

한바탕 웃고 나니 서먹한 마음, 불편한 마음이 사라졌다. 차를 마시고 상담실로 들어가 자리를 잡고는 이야기를 시작했다.

"오늘은 결혼의 목적에 대해 이야기할 차례죠? 결혼이란 것이 지구상 모든 종족에게서 볼 수 있는 보편적 현상인데, 사람들은 도대체 왜 결혼할까요?"

"종족 보존을 위해서요. 결혼을 안 하면 인간이란 종족이 망할 것 아닙니까? 짐승들도 자기 종족 보존을 위해서 짝짓기하는 것처럼 인간도 짝짓기를 통해서 종족을 보존해야 하죠."

창호가 먼저 대답을 하자, 민정이 창호를 보고 입을 삐죽이면서 말했다.

"아휴, 아무튼 남자들은… 다 짐승이야 정말! 종족 보존이라니… 그럼 여자는 종족을 이어주는 씨받이인가요? 전, 행복하려고 결혼하는 거라고 생각해요."

"음… 행복하기 위해서 결혼한다는 바로 그 말이 지구상 최대의 거짓말입니다. 우리가 앞에서 다뤘던 결혼의 판타지에 해당되죠. 그런데도 대부분의 사람들이 그 거짓말을 진짜라고 믿고 있죠. 아니면 거짓말일지라도 본인에겐 해당 안 된다고 억지로 합리화하고 있을 뿐입니다. 결혼과 동시에 '불행 끝 행복 시작'이라는 믿음을 저버리지 못하는 한 그 사람은 평생 불행의 늪에서 헤어나지 못합니다. 결혼은 엄연한 현실이요. 피 터지는 싸움터와 같거든요. 거듭 강조하지만 결혼은 절대로 행복하려고 하는 거 아닙니다."

"그럼, 행복하기 때문에요." 민정이 급히 말을 바꾸었다.

영준이 빙긋이 웃으며 고개를 가로저었다.

"아닌가요? 결혼은 행복하기 때문에 하는 거 맞는데… 그러면 또 결혼의 판타지라고 하실 거죠?"

민정이 세진 쪽을 쳐다보았다. 같은 여자로서 동의해주기를 바랐다. 그러나 세진은 빙긋이 웃으며 고개를 옆으로 가로저으며 말했다.

"행복하기 때문에 결혼한다… 그 말도 가장 많이 세뇌된 부분이에요. 행복은 결혼의 본래 목적에 따라 살 때 자동적으로 따라오는 부산물이지요. 그러니까 행복을 추구하는 사람치고 행복한 사람은 없다는 말이 되고 결혼의 목적을 추구하는 사람이 행복하게 산다는 말이 되죠."

"그럼… 둘이 만나 하나 되는 거요. 하나는 외로워 둘이랍니다. 그런 시구처럼 하나만 있으면 외로우니까 둘이 만나 하나로 사는 것 아닐까요?"

민정의 말이 끝나기가 무섭게 영준이 말을 받았다.

"흔히들 그렇게 생각하지요. 둘이 만나 하나 되는 것이야말로 결혼의 진정한 목적 아니냐고 말이죠. 청춘 남녀들이야 커플된 가장 큰 의미를 둘이 하나 된 것에 두겠죠. 그러니까 그건 연애지 결혼이 아닙니다. 결혼과 연애는 근본적으로 다릅니다."

"충격인데요? 둘이 만나 하나 되는 것도 아니고 행복하기 위해서도, 행복한 것을 유지하기 위해서도 아니고⋯ 어려워요. 둘이 만나 하나 되지도 않을 결혼, 행복하지 않는 결혼을 왜 할까요? 그럼 결혼의 진짜 목적을 알기만 하면 행복해질 수 있다는 말인가요?"

"그럼요. 결혼의 목적을 알기만 하면 자동 행복이죠. 어떤 면에서 《어린왕자》의 저자 생떽쥐페리나 《예언자》의 저자 칼릴 지브란은 결혼의 원리를 정확하게 알았던 것 아닐까 싶어요. 그분들은 부부란 적당한 거리를 두어야 한다는 관계법칙, 즉 '사랑'보다 '예의'를 우선해야 한다고 강조하죠."

"그럼, 그분들이 말하는 결혼의 목적이 뭔가요?"

"그분들의 말은 '결혼의 원리'고요. 목적은 그 위에 세워지는 겁니다. 결혼의 목적에 대한 해답을 각 나라의 신화에서 살펴보면 어떨까요? 각 나라의 건국신화, 전설, 민담 같은 것을 보면 그 나라가 시작되는 시점에 시조에 해당하는 남자와 여자가 등장을 하죠. 우리나라도 환웅이란 남자가 나중에 호랑이와 곰 중에 우직하게 참고 견딘 여자(웅녀)와 결혼하죠. 음, 성경 창세기를 예로 한번 들어보죠. 그러니까 하나님이 태초의 인간을 남자로 만드셨고 그 남자를 위해서 여자를 만들었다고 되어 있습니다. 그들의 생물학적 나이가 얼마나 되었을까요?"

"글쎄요? 열여덟? 스물?" 창호와 민정이 서로를 번갈아 보았다.

"그럼 스무 살 전후 플러스마이너스 두 살 정도로 잡아봅시다. 중요한 것은 이 두 사람이 완전한 성인 남녀였다는 점입니다. 즉, 결혼해서 성교를 하면 아이를 가질 수 있는 준비가 완료된 상태였다는 뜻이죠. 그리고 둘의 관계는 정말 사랑하는 관계인 데다 합법적인 부부입니다. 게다가 사는 곳이 유토피아입니다. 모든 것이 완벽하게 갖춰진 곳이죠. 그렇다면 먹는 것, 입는 것, 자는 것도 해결되었고, 해코지할 짐승도 없고, 보는 사람이 아무도 없는 상황에 합법적 부부인 두 청춘남녀가 뭘 했을까요?"

민정이 대답을 못하고 있을 때 창호가 자신 없는 목소리로 천천히 말했다.

"사랑을 나눴겠죠?"

"맞아요. 그런데 그 장면을 보신 하나님이 보시기에 좋았다고 표현되어 있답니다. 이것을 심리학자들은 정서적 전염효과라고 해요. 행복하게 사는 모습, 웃는 사람들, 기분 좋은 사람들을 보면 나도 덩달아 기분이 좋아지고, 반대로 불행하게 사는 사람들, 인상 찡그린 사람들, 침울해진 사람을 보면 나도 그렇게 된다는 것이죠. 그렇게 보면 부부가 불행하게 사는 건 여러 사람에게 민폐를 끼치는 행위입니다. 반대로 부부가 행복하게 살면 여러 사람을 행복하게 하는 결과가 됩니다. 그렇다면 유토피

아를 만드신 창조주가 거기에 인간을 처음부터 부부로 두셨다는 말은 결혼 역시 창조주의 계획이었고 행복하게 사는 모습을 보고 싶어 하셨다는 것이죠. 행복이란 원래부터 예정되어 있었다는 겁니다."

"그렇게 말씀하시면 너무 종교적인 해석 아닌가요?"

"관점에 따라선 그렇게 볼 수도 있겠지만, 이 원리를 조금만 넓게 보면 누구에게나 통하는 보편진리지 종교인들에게만 적용할 수 있는 건 아닙니다. 자, 이쯤 해서 정리해볼까요? 그렇다면 결혼은 왜 하는 것일까요?"

"… …."

창호와 민정이 머뭇거리며 대답을 못하고 있을 때 영준이 말했다.

"너무 심플한 대답이라 정답이 아니란 생각? 그렇다면, 두 사람이 먹고사는 문제가 다 해결되어서 직장생활 같은 거 하지 않아도 평생 먹고사는 데 지장 없다고 합시다. 그럼 뭐하시겠어요?"

"그럼 여행하고 싶어요. 국내 말고 해외여행. 전 정말 알래스카나 북유럽으로 가고 싶어요. 밤하늘의 오로라를 꼭 직접 보고 싶거든요."

"정말요? 그럼 조금 전 했던 그 말에서 결혼의 목적을 이야기해보세요. 힌트라면 여행 가서선 뭘 하실 건가요?"

"여행가면 당연히 잘 먹고, 잘 자고, 잘 놀아야죠? 아! 그럼 결혼의 목적이 그런 건가요?"

"정확히 맞췄어요. 결혼의 목적은 노는 것 맞아요. 그것도 잘 노는 것이랍니다. 행복이란 잘 노는 부부에게 자동으로 따라오는 부산물이고요."

"와! 결혼의 목적이 잘 노는 거, 엔조이 하는 거라고는 정말 상상도 못 해봤는걸요? 그 말대로라면 결혼이란 정말 신 나고 재미있다는 말씀이네요."

"그렇지요. 정말 신 나고 재미있지요. 사는 게 힘들다는 건 재미없게 사는 게 힘들단 말이지. 재미만 있어봐요. 가는 시간이 아깝지."

"결혼이 재미를 즐기기 위해서라면 그건 너무 노골적이지 않나요? 전 결혼이란 말 들으면 그냥 어깨가 무거운 짐으로 짓눌러지는 느낌이 먼저 드는데요."

창호가 그 말을 먼저 받았다. 민정도 그 말에 가세했다.

"맞아요. 결혼 후 생각나는 거라곤 뼈 빠지게 일만 잔뜩 한 거예요. 시댁 갈 일도 많고, 무슨 놈의 가족 행사가 그렇게 많은지… 정말 개인적인 시간 가질 여유가 없었다니까요. 그런 점에서 전 늘 억울해요. 아무리 생각해도 저보단 창호 씨 잘못이 크다고 생각해요. 노력을 안 해요. 저만 죽자사자 일하는 것 같고요."

"그 점에는 저도 솔직히 억울해요. 저도 나름 열심히 집안일 해준다고 하고 있어요. 친구들은 저보고 천연기념물이라고 해요. 그렇게 잘 하는데도 내가 뭘 그렇게 잘못했는지 조목조목 따지고 들면 정말 화가 나요. 어떨 땐 하도 심하게 추궁하고 소리까지 질러대는 게 싫어서 무조건 내가 잘못했다는 식으로 나갈 때가 많아요."

"만약 두 분 말씀처럼 결혼생활에 해야 할 의무만 있고 쾌락이 없으면 무슨 재미로 살까요? 《나니아 연대기》를 쓴 C.S 루이스는 '쾌락은 하나님의 발명품이지 악마의 것이 아니다. 즐거움이 우리의 감정을 자극할 때, 영광의 한 줄기 광선이 된다. 그것을 경배의 통로로 만들라. 부부의 즐거움을 거룩한 경배의 통로로 바꿔라.' 라고 했어요. 이처럼 쾌락은 반드시 있어야 해요. 흔히 쾌락이라 그러면 신혼부부가 서로 사랑의 표현으로 섹스를 즐기는 장면을 연상하기 쉽죠? 맞아요. 그건 기본 중의 기본이지요. 놀이의 영역은 3가지 차원이 있죠. 몸과 몸이 노는 것을 성性이라고 해요. 섹스죠. 신혼기의 특권이라고 하죠. 그리고 마음과 마음의 놀이가 정서적 교류이고요. 결혼 연차가 올라가고 나이가 들어갈수록 부부는 서로 잘 통하는 친구 같은 관계가 되지요. 세 번째, 영과 영의 놀이입니다. 인간은 절대 밥만으로 살 수 있는 존재가 아니거든요. 밥 외에 존재의 의미가 있어야 합니다. 어떻게 보면 현대인들이 불행하게 사는 이유 중 한 가지가 존재의 의미를 상실했기 때문일 거예요."

"그 말씀은 저도 동감이에요. 분명히 우리가 물질적인 부분은 풍성한데 정신적인 부분은 약한 것 같아요. 저희가 겪고 있는 부부 문제도 그렇게 큰 것이 아니라는 생각이 들 때도 있지만 뭘 어떻게 해야 할지 막막하거든요. 누가 알려주는 사람도 없고…."

"그런가요? 요즘 젊은이들의 공통 특징일 거예요. 방향성의 상실… 그런데 방향을 찾아가는 작업은 스스로 고뇌하고 아파하면서 찾아가야 할 거예요. 그렇게 의미를 찾아야 진짜 행복이죠."

"그때쯤 되면 부부 사이에 아무 문제가 없나요?"

"문제가 없는 것이 아니라 문제가 더 이상 문제로 남지 않는 것이 더 중요하죠."

문제는 놀이의 부족일 뿐

"그런데 궁금한 것이 있어요. 문제란 말이 나와서 말인데요. 정말 선생님 부부는 두 분 다 상담을 하시는 분이시라 부부 사이에 아무런 문제가 없으신가요?"

"아닙니다. 저희 부부도 문제가 많이 있어요. 하지만 요즘은 문제로 느껴지지가 않습니다. 그러니 문제 해결을 위해서 바둥댈 필요가 없지요. 또 억지로 행복하기 위해 뭔가를 하려고 애쓰지는 않아요. 행복이란 게 억지로 찾거나 추구하는 게 아니란 것을 알고 있으니까요. 우리도 이런 생각을 하게 된 건 그렇게 오래되지 않았어요. 신혼 땐 정말 많이 싸웠지요."

"두 분은 전혀 싸울 분들 같지 않으신데요?"

"그래요? 저흰 두 사람 다 처녀 총각 시절에 누구나 부러워하는 대상이었어요. 전 전형적인 '교회 오빠'였지요. 늘 기타치고 노래하는 사람, 친절하고 자상한 사람, 성격도 무던하고 유머감각까지 있는 사람… 이 사람도 현모양처감에다 성격이 차분하고 침착해서 무게중심이 잘 잡힌 사람이라 어떤 남자든 결혼만 하면 행복하게 해줄 그런 여자로 인식되었어요. 환상조합인 줄 알았죠. 그런데 막상 결혼하고 보니 정말 현실은 장난 아니더군요. 사사건건 부딪치기 시작하는데 정말 그땐 힘들었어요. 정말이지 그땐 터져 나오는 분노 때문에 저 자신도 놀랐습니다. 당사자인 나도 그랬으니 당하는 사람은 오죽했겠어요?"

영준이 미소를 띠며 세진을 바라보자 세진이 알아들었다는 듯 말을 이었다.

"전 그때 정말 죽고 싶은 생각뿐이었어요. 힘든 것도 힘든 것이지만 어디에 말할 수 없다는 것이 가장 절망스러웠어요. 부모님은 물론이고 교회 사람들에게도 말할 수 없었지요. 그러니 더 답답할 밖에요. 지금에 와서야 힘들었다고 말할 수 있지만 그땐 죽고 싶을 만큼 정말 힘들었어요. 지금 민정 씨가 어떤 마음일지 전 충분히 알아요. 표정만 봐도 그 느낌이 전해지니까요."

정말 그때는 부부의 문제를 밖에 말한다는 것 자체를 생각하기 어려운 시절이었다. '절대 말해선 안 된다'는 무언의 규칙을 무의식적으로 따르고 있었던 것이다. 그 아득한 절망감을 다시 한 번 떠올리며 영준이 말을 이었다.

"그런 과정을 거치는 동안 저는 사람에 대해 공부해야겠다는 결심이 섰고 과감히 상경해서 상담학으로 석사, 박사 과정을 다 마쳤습니다. 나이 들어 하는 공부라 정말 재미있었습니다. 중·고등학교 때 석사, 박사 과정 공부하듯 했으면 SKY대 입학하고도 남았을 겁니다. 공부하면서 가장 좋았던 것은 배우는 족족 바로 써먹을 수 있다는 점이었죠. 상담이나 강연 요청도 많아지기 시작했어요. 또 공부하는 만큼 저 자신을 알게 되면서부터 아내를 대할 때의 분노도 스스로 느낄 만큼 줄어들었어요. 그러니 자연히 관계의 폭도 넓어지게 되었고요. 저만 이 좋은 공부를 할 수 없다는 생각에 아내도 공부를 시켰습니다. 그 덕분에 아내도 지금 함께 상담사로 일하고 있지요."

창호와 민정은 상담을 전공한 사람도 여전히 문제를 가지고 있다는 사실에 적잖이 안심이 되긴 했지만 '부부간의 문제는 죽을 때까지 해결할 수 없다는 것일까?' 하는 궁금증도 생겼다. 또 부부전문가는 자신들의 부부 문제를 어떻게 보고 있는지 궁금했다. 이에 창호가 영준에게 물었다.

"상담을 공부하신 분의 입장에서 볼 때 저희 부부의 문제점은 무엇인가요?"

창호의 말에 민정도 영준을 처다보았다. 대답을 기다리고 있었다. 영준은 잠시 침묵을 지키더니 입가에 부드러운 미소를 띠면서 말했다.

"두 사람은 특별히 큰 문제는 없는 것 같습니다."

"네? 별다른 큰 문제도 없는데 왜 우린 이렇게 이혼까지 생각할 정도로 심각할까요?"

"그것이 바로 오늘 결혼의 목적을 알려드리는 이유입니다. 부부 사이에 생겨나는 문제란 대부분 놀이의 결핍이라 볼 수 있습니다. 부부가 잘 노는 관계로 전환되면 문제는 자동으로 해결되지요. 원래 인간은 근원적으로 놀고 싶은 존재입니다. 한국의 청소년들 자살률이 높은 이유는 놀 기회를 박탈당해 생긴 스트레스 때문이라고 해도 과언이 아니죠. 잘 놀아야 몸과 마음이 다 튼튼해질 텐데 놀지 못하니 체격은 좋은데 체력은 형편없고 마음도 약해 빠져서 조금만 힘든 일을 만나면 포기하거나 심하면 삶까지 포기해버리죠. 부모들이 그토록 원하는 '자기주도 학습'은 공부에 자발성이 합해진 개념이죠. 자발성은 놀이와 만날 때 최고가 되거든요. 근데 부모들도 노는 법을 몰라요. 왜냐면 결혼의 목적이 잘 노는 데 있다는 것을 알아야 부부끼리도 잘 놀고 자식들과도 잘 놀 텐데 그걸 몰랐거든요. 어때요? 부모님과 놀이라는 말이 연결되나요?"

"아니요. 고개가 옆으로 흔들어지네요."

"논다는 말은 서로 잘 어울린다는 말이 전제가 되어 있죠. 잘 노는 사람은 타인의 마음을 잘 헤아릴 줄 알고 또 상대방의 말귀를 잘 알아들을 뿐 아니라 자기표현을 정확하게 합니다. 또 놀이는 상상력이 풍부할수록 재미있는데 잘 노는 사람은 앞으로 일어날 상황을 예측하고 이전의 놀이에서 뭐가 부족했는지 압니다. 일종의 자기성찰인 셈이죠. 결국 잘 노는 사람이 행복을 만들어낸다고 말할 수 있는 것이죠."

"놀이… 참 의외네요."

"다만 놀이라는 것이 단지 우리가 생각하는 차원의 놀이와는 다르다는 것이죠. 자, 다시 설명드립니다. 놀이에는 3가지 차원이 있다고 했지요?"

결혼한 부부의 3가지 놀이

"첫째, 몸과 몸이 노는 것이 성(sex)입니다. 1차적으로는 종족보존을 위한 수단이면서 부부간의 쾌락과 친밀감 증진을 위한 합법적 도구예요. 그러니 제대로 배워야겠죠?"

"섹스도 배워야 한다구요? 그런 건 결혼하면서 자연스럽게 알게 되는 것 아닌가요?"

"자연스럽게 아는 것은 종족보존의 본능이죠. 그러나 서로의 쾌락과 친밀감을 위한 도구라면 공부를 통해서 제대로 알아야겠죠? 우선, 생물학적으로 남자와 여자가 필요해요. 달라야 상대적이죠. 성기 구조도 돌출된 남자와 매입된 여자가 다르고 성교를 위한 준비도 완전히 다릅니다. 1~2분이면 출동 준비가 끝나는 남자에 비해 여자는 10분 내지 20분의 준비시간이 필요하죠. 상대적으로 누가 기다려줘야 할까요?"

"남자요."

창호가 씩씩하게 대답했고 민정은 창호를 보며 고개를 끄덕였다.

"맞아요. 남편이 비록 모든 준비가 완료되었다 하더라도 아내가 자기를 받아들일 준비가 되기까지 기다려줘야 합니다. 사랑의 언어와 애무가 필요한 전희(fore play)라고 하죠. 아내 입장에선 한껏 달아오른 남편이 자신의 욕구를 참아가면서 아내를 위해 기다려주는 것이 정말 고맙지요. 이미 정서적 오르가슴을 느끼게 됩니다. 여자는 그렇게 정서적 오르가슴을 먼저 느껴야 몸을 열고 육체적 오르가슴을 느끼고 남자는 육체적 오르가슴을 느껴야 정서적 오르가슴을 느끼게 되죠."

"와! 벌써부터 복잡해지는데요?"

창호가 고개를 흔들며 말했다. 창호의 고갯짓에 아랑곳하지 않고 영준은 진지하게 설명을 이었다.

"대부분의 남자들이 성에 대한 정보를 수집하는 통로가 그렇게 건강하지 않다는 점도 염두에 두어야 해요. 지극히 당연하게 배웠어야 할 영역임에도 불구하고 어른들은 가르쳐야 한다는 생각 자체를 하지 않았어요. 그저 나이 들면 자연스레 알게 되는 본능 정도로 여겼지요. 보통 남자들은 그런 부분에 먼저 눈뜬(?) 친구들의 영웅담을 통해 성을 이해하게 되는데 그것들은 대개 부풀려진 내용이라 신빙성이 없어요. 아니면 예전엔 《선데이 서울》,《플레이보이》 같은 잡지, 요즘은 인터넷을 통해

음란동영상을 접하기도 하지요. 그것들은 부부간의 건강한 성이 아니라 변태적인 성이에요. 부부의 성은 단지 생물학적인 차원의 결합을 넘어서는 거룩한 일이면서 동시에 최고의 레크리에이션입니다."

영준의 진지한 설명에 창호와 민정도 함께 진지해졌다.

"사람의 성은 동물과 달라요. 사람은 '성교性交', 즉 성을 통해 교제한다는 의미를 갖지만 짐승에게는 '교미交尾'라는 말을 사용합니다. 여기서 꼬리 미尾 자를 사용하는 것은 짐승들에겐 암컷들이 엎드리고 수컷들이 뒤에 서게 되는 후배위가 가장 많기 때문입니다. 암컷들이 몸을 열 때는 종족보존을 위해 발정 났을 때 뿐입니다. 그 외의 기간엔 수컷들이 아무리 덤벼들어도 반응하지 않아요. 멋모르고 덤벼들던 수컷들이 목숨까지 잃는 경우들은 동물의 세계에서 얼마든지 볼 수 있는 자연현상이죠. '성교性交'라는 말의 영어는 'intercourse'라고 해요. 이 말은 'communication between individuals'로 부부간 아주 깊은 차원의 교제요, 영혼과 영혼의 만남을 뜻해요. 결국 사람의 성이란 단순히 종족 보존의 차원을 넘어 인격과 인격의 만남이요, 진정한 섬김이 바탕이 된 행위이며, 이를 통해 친밀감을 형성하고 유지하는 기능을 한다는 뜻입니다."

"성교라는 말의 영어가 'intercourse'라는 건 처음 알았네요. 오히려 이해가 쉬워요."

"인간의 성교가 짐승의 교미와 사뭇 다른 점은 인간은 얼굴과 얼굴을 마주보고 사랑을 나눈다는 데 있어요. 이 체위는 인간들의 가장 보편적인 형태로써 여성이 아래쪽에, 남성이 위쪽에서 얼굴을 마주 보고 사랑을 나누는 모양으로 우리말로는 '정상체위'라고 하죠. 그런데 정상체위의 영어번역을 보면 'missionary position'이라고 하는데, 선교사들이 선교지 원주민들의 짐승 같은 성생활 패턴을 보고 남성 우위의 체위사용을 권장했다는 해석이 있어요. 저는 그보다 사람은 얼굴과 얼굴을 마주 보고 상호존중의 원칙 위에서 사랑을 나누라고 선교사들이 가르쳤다고 해석합니다."

"선교사들이 별걸 다 가르쳤군요."

"그렇게 생각하나요? 그런데 성경에 보면 장가든 남자는 1년 동안 징집을 면제받았다는 내용도 있는데 그 이유가 바로 아내를 즐겁게 해주기 위한 것이라면요?"

"성경에 그런 내용이 있어요?"

"그럼요. '아내를 맞은 새신랑을 군대에 내보내서는 안 되고 어떤 의무도 그에게 지워서는 안 된다. 그는 한 해 동안 자유롭게 집에 있으면서 결혼한 아내를 기쁘게 해주어야 한다.' (표준새번역, 신 24:5) 이렇게 되어 있어요. 그러니 부부간에 성이 얼마나 중요한지 알겠죠?"

"정말 그러네요. 성이 거룩하다고까지 해야겠는걸요? 그런데요, 세월이 많이 지나 부부가 나이가 들면 섹스 횟수가 급격하게 줄게 될 텐데 그렇게 되면 친밀감도 줄어드는 것 아닌가요?"

"오! 좋은 질문입니다. 나이가 들면 어떻게 될까 궁금하군요? 나이가 들면서 섹스 능력이 떨어지게 되면 대신 접촉(touch)을 통해서 그 부분을 채웁니다. 고등동물일수록 접촉을 많이 해요. 영장류들이 그룹을 짓고 서열을 정하고 털 고르기를 해주면서 상호친밀감을 다진다는 것은 두 사람도 아는 사실이죠? 또 섹스를 통한 친밀감도 있지만 정서적 교류와 영적인 교류를 통해서 얼마든지 친밀감을 유지할 수 있답니다."

"가장 기본적인 것이 성적 친밀감이란 뜻이군요."

"그렇죠. 한 번 더 강조하면 성은 생물학적 쾌락의 차원을 넘어 인격과 인격의 만남이라는 깊은 전제 위에서 더 큰 쾌락을 누릴 수 있어요. 그러기 위해선 전문가를 통해서 제대로 배워야 하죠. 그래야 평생 사는 동안 피차 최고의 쾌락을 누리며 살게 됩니다."

창호는 먼저 결혼한 친구들을 부러워했던 적이 있었다. 그 이유 중의 한 가지가 마음껏 섹스할 수 있다는 점이었다. 아직도 결혼 안 한 친구들 중에는 창호를 보고 그 부분을 부러워하는 녀석들이 있다. 막상 결혼하고 보니 그것이 차지하는 비중이 그렇게 높지 않다는 것과 또 거기에 따른 부대적인 준비과정이 아주 많다는 것을 알게 되었다. 여자의 몸이 남자와 다르다는 영준의 설명을 들은 후 민정이 불평했던 것 몇 가지도 이해가 되었다.

"그래도 부부간에 섹스만이 전부라는 느낌은 그다지 유쾌하진 않네요."

민정이 말했다.

"물론 그렇지요. 친밀한 관계를 유지하는 부부들에겐 섹스 문제가 그렇게 크게 부각되진 않습니다. 반대로 문제가 많은 부부들에겐 아주 심각하게 드러나지요. 그래서 두 번째 단계의 놀이와 세 번째 단계의 놀이가 필요한 겁니다."

"계속 설명해주세요."

"두 번째 단계의 놀이는 마음과 마음이 노는 것, 정서적 교류입니다. 남자들이 섹스에 더 비중을 둔다면 여성은 정서적 친밀감에 더 큰 비중을 둡니다. '남자는 섹스를 위해서 관계를 참아내고, 여자는 관계를 위해서 섹스를 참아낸다.'라는 표현을 보면 알 수 있죠. 최근 우리나라는 여성들의 권력이 급격히 강해지면서 정서적 교류에 대한 요구도 높아지고 있죠. 더구나 우리나라의 경제 수준도 이제 절대 가난을 벗어난 상태이기 때문에 사람들은 물질적인 것보다 정서적 친밀감에 대한 열망이 커졌습니다. 결혼의 안정성(stability)보다 결혼만족도(satisfaction)를 추구하는 쪽으로 바뀌었어요."

"요즘 여자들이 사나워진 것도 그런 이유 때문인가요?"

창호가 말하자 민정이 창호를 노려보면서 한마디 하려다 영준이 말하려는 것을 보고 말문을 닫았다.

"어느 정도는 그렇습니다. 우리나라의 이혼율이 세계적이라는 건 알죠? 다행스럽게도 최근 몇 년 이혼율은 줄었지만 결혼 20년 이상의 이혼율은 오히려 증가했어요. 그 주체가 여성들이죠. 억압당하고 살아온 여성들의 '더 이상 참지 않겠다.'는 의사 표현이며 '이혼 후 다른 인생을 살겠다.'는 의지 표현입니다. 그게 가능해진 것은, 진시황도 누리지 못했던 수명연장의 꿈이 현실이 되어 중년기가 아주 길어졌기 때문입니다. 이렇게 되면 남자와 여자 중 누가 더 힘들까요?"

"상대적으로 남자들이죠 뭐."

창호가 퉁명스레 대답했다.

"맞아요. 옛날 남자들은 그저 처자식 굶기지 않는 일, 즉 '생존'만 책임지면 그것으로 충분했었죠. 그런데 어느 때부터인가 '사람이 밥만 먹고 사냐?'라고 나오니 황당하죠. 게다가 경제활동을 해서 돈까지 벌어오는 아내가 하는 요구라면 더더욱 할 말이 없죠. 다만 문제는 남자들이 친밀감을 어떻게 만드는지 모른다는 겁니다. 남자들이 집으로 들어오지 못하고 밖에서 머뭇거리는 것도 이런 이유 때문일 거예요. 대한민국 남자들은 '귀가기피증'에 걸려 있다고 하죠. 집에 와봤자 아이들과도 못 놀아주고 아내하고도 못 놀아주는 어중간한 존재거든요. 친밀감에 대한 요구는 더 커질 것을 알고 있음에도 가르쳐주는 사람이 없어 배울 수가 없다는 게 더 큰 문제죠."

"남자들이 불쌍하네요."

"물론 그렇긴 한데요. 생각을 조금만 바꾸면 오히려 남자들에게도 반가운 소식이죠. 친밀해지는 법을 배우는 일은 가족을 위한 일임과 동시에 자기 스스로를 위한 것이 되거든요. 그것이 놀이처럼 쉽고 재미있다면 굳이 회피할 이유는 없겠죠. 그렇게 자신의 인생을 즐길 수 있는 자발적 능력을 갖게 되면 덩달아 온 가족이 다 행복합니다. 재미있게 사는 법은 억지로라도 배워야 해요. 슈베르트 머리로 유명한 명지대 김정운 교수는 《노는 만큼 성공한다》에서 한국사회의 가장 근본적인 문제의 원인이 '사는 게 재미없는 남자들' 때문이며, 온갖 사회정의를 부르짖는 구호 뒤에 숨겨진 적개심, 분노, 공격성의 실체도 사실은 '재미없는 삶에 대한 불안'이라고 말하고 있어요."

"그럼 어떻게 배울 수 있죠?"

"사람을 좋아하면 됩니다. 2013년 10월 한국을 다녀간 캘리포니아

주립대학의 심리학과 소냐 류보머스키 Sonja Lyubomirsky 교수는 한국인의 행복증진방안이 인간관계를 돈독히 하는 것이라고 했어요."

"인간관계를 돈독히 하는 방법은요?"

"time together 하는 법을 배우면 됩니다. 그 시간은 반드시 fun time 이어야 하고요. 그때 필요한 게 엔터테인먼트 entertainment 입니다. 이미 우리 주변엔 엔터테인먼트가 다 들어 있습니다. 교육은 에듀테인먼트 edutainment, 스포츠는 스포테인먼트 spotainment 라고 부르지요. 아마 미래사회로 갈수록 어떤 영역이든 예술과 재미라는 요소가 필수조건이 될 거예요. 요즘 노래방엔 온갖 악기들이 구비되어 있어요. 기계에 입력된 반주에 맞춰 노래하는 것에서 자신이 직접 악기를 연주하면서 노래하는 문화로 바뀌고 있다는 것이겠죠? 그런 면에서 본다면 지구에 태어나서 악기 하나 못 다루다 죽는다면 얼마나 한심한 일일까요? 창호 씨와 민정 씨는 다루는 악기가 있나요?"

"전 기타 조금 할 줄 알아요."

"저는 피아노랑 바이올린을 배웠어요. 어릴 땐 정말 싫었는데 그래도 가끔씩 잘 배웠다는 생각은 들어요."

창호와 민정이 각각 대답했다.

"혹 두 사람이 각자 다루는 악기를 가지고 연주를 하거나 노래를 불렀던 경험은 있나요?"

생각해보니 데이트 할 때 몇 번 그렇게 해본 적이 있었다. 또 남들 앞에서 몇 번 노래를 불렀던 적이 있었는데 결혼 후엔 한 번도 없었다. 결혼하고 나면 함께 연주하고 노래하는 것을 상상하기도 했었는데 정작 결혼 후엔 한 번도 안 했다는 것에 두 사람 다 내심 놀랐다.

"그럼 나이 들어 죽을 때까지 그렇게 잘 놀면 되나요? 아이들이 태어나면요? 아이들하고도 눈높이를 맞춰주면 되는 것이겠죠?"

창호가 말했다.

"맞습니다. 다만 거기에 한 가지 더 추가해야지요. 바로 세 번째 단계의 놀이, 영과 영의 놀이인 삶의 의미와 가치가 설정되어야 합니다."

"영과 영이 놀이라. 다분히 종교적인 냄새가 나는데요?"

"맞습니다. 영靈이라는 말에서 종교적인 냄새를 배제할 순 없지요. 그러나 단순히 종교적 차원만을 지칭하는 것은 아닙니다. 여기서 영적인 존재란 사람은 결코 밥만 먹고 사는 존재가 아니라 밥 이외에 그 무엇이 있어야 행복하다는 의미랍니다. 그것이 바로 삶의 의미, 존재의 이유라고 할 수 있죠. 종교성이라도 해도 좋아요. 왜냐하면 데이비드 호킨스 David Hawkins라는 사람이 《Homo Spiritus》라는 책을 통해서 현대인들은 존재의 근원을 찾는 영적 신인류라고 말했거든요. 즉 사람은 존재의 의미가 있어야만 살맛을 느낀다는 뜻이겠죠. 그런 면에서 보면 최근 영혼의 감기, 아니 영혼의 암이라고 불러야 하는 우울증은 삶의 이유를 상실한 데서 오는 현상입니다."

"우울증이 삶의 이유를 상실한 데서 오는 것이라면, 삶의 이유만 찾는다면 우울증은 가볍게 치료할 수 있겠네요?"

"그럼요. 프로작이 필요한 게 아니라 플라톤이 필요하다는 말이 바로 그 뜻이죠. 프로작은 우울증 치료제입니다. 다만 존재의 이유 찾기가 그렇게 쉽지는 않다는 겁니다."

"왜죠?"

"존재의 이유는 오히려 삶의 역설적인 부분에서 더 많이 찾을 수 있는 것인 데 반해 이성적 과학교육 중심인 학교 교육만 받은 사람은 잘 찾기 어려울 수도 있어요."

"혹 앞에서 말씀하셨던 똑똑한 멍청이라는 표현과 같은 맥락인가요?"

"하하. 네. 맞을 수도 있어요. 이 단계의 놀이는 역설적 관계의 놀이라고 해요. 최근에 행복심리학자들이 연구한 행복한 사람의 특징 중 한 가지가 바로 이타적인 사람이었어요. 혼자 움켜쥐는 사람보다 나누는 사람이 더 행복하다는 뜻이지요. 진짜 행복한 부부는 자신의 needs에 초점을 두는 것이 아니라 상대방의 needs에 초점을 두고 살고 섬김(service)을 실천하는 사람들입니다."

"그것을 부부관계로 쉽게 설명해주신다면요?"

"배우자가 나의 필요충분조건이 아니라 내가 부족한 배우자의 필요충분조건이 되어주기를 자발적으로 선택하는 것이지요. 이 단계는 남들이 뭐라 하든 스스로 삶의 의미를 만들어갈 수 있는 수준입니다. '삶의 의미는 발견하는 것이 아니라 만들어가는 것이다.' 《어린왕자》의 저자 생떽쥐페리의 말이에요. 멋지죠?"

"삶의 의미는 어떻게 만들 수 있나요?"

"그건 다분히 수직적 개념이라 이해하기 조금 어려울 거예요."

"수직적 개념요?"

창호와 민정이 서로를 보며 고개를 갸우뚱거렸다.

"아까 종교적 냄새가 난다 그랬잖아요? 원래 종교는 신에 대한 헌신,

즉 수직적 차원입니다. 내가 내 삶을 바치는데 내가 도리어 더 행복하다면요? 배우자가 내 필요충분조건이 아니라 나의 존재 이유가 배우자를 위한 필요충분조건이 되는 것을 기쁘게 여기는 것이겠죠?"

"내가 낮아지기를 선택하는 것이군요."

"맞아요. 그렇게 할 수 있는 수직적 차원의 힘을 내적 자신감이라고 해요. 내적 자신감이 가득찬 사람은 외적 자신감도 가질 수 있어요. 그런 면에서 보자면 전 세계 노벨상의 30% 이상을 차지하는 유대인 민족은 종교 교육을 통해 내적 자신감을 먼저 세운 후에 일반 교육을 통해 외적 자신감을 가지게 하는 교육을 합니다. 그것을 통해 사회에서도 성공하고 가정도 행복한 사람을 만듭니다."

"두 마리 토끼를 다 잡게 하는 교육이군요."

창호와 민정이 동시에 대답했다.

"그렇죠. 어떤 면에선 세 마리 토끼를 다 잡게 하는 것이죠. 유대인들의 천재교육 비법이 종교 교육에 있듯 행복한 가정도 종교 교육에 있지요. 수직적 교육은 그래서 중요합니다."

"유대인들이 노벨상을 많이 받는 건 머리가 좋아서가 아닌가요?"

"머리 좋기로야 한국 사람이 1등이죠. 한국 사람들의 아이큐가 평균 106인데 유대인은 94밖에 안 돼요."

"그럼 공부를 많이 해서 그렇겠죠."

"아닙니다. 정통파 유대인들 학교에선 오전 내내 토라만 가르칩니다. 그 비중이 80%예요."

"세상에! 그럼 공부는 언제 합니까?"

"오후에 20% 정도로 합니다. 그럼에도 불구하고 노벨상을 타고 미국 사회의 주류를 형성하는 걸 보면 대단하죠? 그것이 수직교육의 힘입니다. 거기에 비해 한국 학생들은 휴일도 없이 공부하는, 그래서 전 세계에서 공부를 가장 많이 하는 나라죠. 그런데 여전히 노벨상은 평화상 외에는 없는 이상한 나라죠."

"수직교육과 노벨상의 상관관계라…." 창호가 혼잣말을 되뇌었다.

"유대인의 탈무드에는 결혼의 목적을 가족의 번성과 부양에 두고 있어요. 남성은 신앙 가문을 전수하고 여성은 자녀를 생산하고, 남편과 자녀들이 수직교육, 즉 율법을 잘 이어받을 수 있도록 돕는 일을 하죠. 그래서 그들에겐 자녀의 출산이 곧 복으로 인식됩니다. 스물두 살 정도면 결혼을 해서 보통 10~15명의 자녀를 낳는다고 해요."

"으아! 짐승!" 민정이 비명을 질렀다.

"거기에 한 가지 더 있어요. 유대인의 탈무드에는 결혼이란 여섯 가지의 요소로 성립되는데 그중 하나가 애정이고 나머지 다섯 가지가 신념이라고 되어 있어요. 그 신념이란 것이 바로 종교적 신념을 말하는 겁니다. 그러니까 인간은 아무리 수평적 요소가 풍성해도 수직 차원의 삶의 의미가 없으면 진정한 행복을 누릴 수 없다는 뜻이 되죠. 민정 씨가 반사적으로 아이 출산을 많이 한다는 말에 짐승이라고 소리쳤잖아요? 그 차원은 합리성으로 보는 관점입니다. 여성이 애 낳는 기계냐고 항변하는 소리들이죠. 그런데 그 유대인 여성들이 그것을 인생 최고의 기쁨으로 느낀다면요?"

만남을 마무리할 때 쯤 되어 창호와 민정은 내일부터 부부가 함께 운동을 하라는 숙제를 받았다. 황당했다. 갈등 때문에 힘들어 죽겠는데 운동을 하라니…. 지금 당장 부부갈등 문제를 다뤄야 될 텐데, 쓸 데 없이 웬 운동을 하라고 하는 것일까? 그것도 빨리 걷기를 하루에 30분씩 하란다. 지루하기 짝이 없는 그 단순한 운동을 말이다.

운동이 좋다는 것쯤이야 알고 있긴 하지만 실행으로 옮기긴 쉽지 않았다. 신혼 초엔 아침에 30분 일찍 일어나 부부가 함께 운동하자고 선택한 종목이 배드민턴이었다. 아침 일찍 일어나 공원에서 배드민턴을 30분 정도 치고 나면 적당히 몸도 풀리고 아침밥도 맛있었다. 그런데 며칠 하고 보니 싱거워서 못할 운동이었다. 민정의 실력이 시원찮아서 가는 공은 있는데 돌아오는 공이 제대로 없으니 하면 할수록 볼 보이 역할만 하고 있는 것도 은근히 짜증이 났고 그런 창호의 시큰둥한 모습을 보는 민정도 더할 의욕이 나지 않았다. 그런 며칠이 지난 후 민정이 이럴 거라면 하지 말자 했고 그것은 곧 암묵적 동의로 처리되어 지금껏 배드민턴 채는 먼지만 뒤집어쓰고 있을 뿐이다. 시작할 때는 배드민턴 라켓에 셔틀콕은 기본이고 커플 티까지 구입했는데 지금은 신발장 안쪽에 고이 모셔져 있고 커플 티는 집에서 그냥 편하게 입는 옷으로 전락하고 말았다.

"부부관계와 운동이 무슨 상관이 있죠?"

"저는 운동 마니아는 아니지만 남들에게 욕먹을 정도의 실력은 아닙니다. 그런데 운동선수들을 잘 보면 뭔가 이상한 점들을 발견할 때가 있어요. 훈련 과정 중에 달리기가 가장 많다는 거예요. 축구선수들은 거의 매일 평균 10킬로미터 정도를 뛴다고 해요. 뛰는 게 기본이 되어 있어야

드리블도 하고 수비도 하죠. 축구는 뛰는 운동이니 그렇다 치고 수영선수나 사격이나 양궁선수에게 매일 뛰는 훈련시키는 건 어떻게 생각하세요? 그렇게 뛸 시간에 총 한 번 더 쏘게 하고 활시위 한 번 더 당기게 하는 것이 중요할 텐데 말이죠."

"운동선수의 기본인 체력을 기르기 위한 것이겠죠."

창호가 말을 받았다.

"그렇죠. 달리기는 모든 운동의 가장 기본이죠. 부부관계에서 달리기라면 뭐가 될까요?"

"부부관계의 달리기라…."

"달리기는 체력유지의 기본이라 조금만 등한시하면 금방 문제가 드러납니다. 부부관계의 달리기는 상대방을 받아들이는 공간을 확보하고 참고 견디는 법을 배우고 익히라는 뜻입니다. 매일 달리기하듯 매일 참고 견디는 것을 해야 한다는 뜻입니다."

"그러니까 선생님께서 저희 보고 운동을 하라 하신 것은 신체적 체력만이 아니라 심리적 체력도 함께 기르라는 뜻이었군요."

"네. 맞습니다. 역시 이해가 빠르네요."

상담을 마치고 돌아온 다음 날부터 다시 배드민턴을 시작했다. 안내해주시는 대로 성실히 따라가야 할 의무가 있었으니 실행에 옮겼다. 아침 공기가 꽤나 상쾌했다. 쌀랑하긴 했지만 그래도 봄바람이라 조금만 운동하고 나면 땀이 났다. 적당히 땀을 내고 집에 와 샤워하고 간단히 아침식사를 하고 출근하니 하루가 길게 느껴졌다. 창호도 볼 보이 한다며 짜증내지 않았다. 그리고 출근할 때 혼자 콧노래를 불렀다.

영준으로부터 결혼의 비밀 4가 날아왔다. 결혼의 비밀 4는 상호유희 相互遊戲였다.

결혼의 비밀 4

상호유희(相互遊戲)

- **상호(相互)** '피차가 서로'의 뜻.
- **유희(遊戲, 柳僖)** 1) 즐겁게 놀며 장난함. 2) 즐겁게 놀며 장난하다.

결혼은 남자와 여자의 '다름'을 즐기는 것. 부부간에는 신체·정서·영의 모든 일이 놀이다. 놀이는 즐거움을 제공하기 때문에 자발적이다. 따라서 결혼은 자발적 즐거움이 가득한 경험의 세계이기에 결혼한 사람만이 엔조이할 기회가 있다.

편지 4

잘 놀려면
체력부터 다져

행복의 기본은 건강이야

행복하고 싶니? 그럼 몸을 많이 움직여. 운동이든 노동이든 몸을 많이 움직이는 건 건강에 아주 좋아. 건강한 신체에 건강한 정신이 깃든다는 건 알지? 건강한 신체에 건강한 부부관계가 성립된다는 것도 기억해. 신체건강, 정서건강, 영적건강 다 중요한데 그중 가장 기초가 신체건강이야. 놀이를 위해 몸을 움직이면 베스트!! 일단 놀면 기분이 좋아져. 뇌 활성 유도인자(BDNF, Brain-derived neurotrophic factor)가 분비되거든. 또 노래를 부르는 것도 좋고 누군가에게 친절을 베푸는 것도 좋아. 이 모든 것이 다 몸을 움직여야 한다는 점을 염두에 둬. 그렇게 기분 좋은 상태를 행복이라고 말해. 노벨 경제학상을 받은 프린스턴대학교의 다니엘 카네만 Daniel Kahneman 교수는 자신의 책 《Thinking, Fast and Slow, 한국에선 '생각에 관한 생각'으로 번역됨》에서 "행복은 하루 중 기분 좋은 시간이 얼마나 되는

결혼의 목적 · 153

가?"에 의해 결정된다고 말했어. 그렇게 기분을 좋게 하는 것은 스스로 생각을 바꾸는 것이지, 그것도 의미 있는 것으로 바꿀 수 있다면 이미 행복을 창조해내는 사람인 거야.

요즘 부쩍 '우울'에 대한 상담 요청이 많아졌어. 그분들의 특징 중 한 가지는 어떤 것도 흥미 있어 하지 않는다는 거야. 어린 시절을 탐사해보면 재미있게 놀았던 적이 별로 없는 경우가 대부분이지. 잘 놀지 못하는 사람일수록 우울증에 잘 걸린다고 볼 수 있어. 따라서 결혼 후 잘 놀지 못하면 당사자들은 물론 아이들까지 우울증에 걸리게 할 확률이 높아져. 행복한 집에서 자란 아이들이 행복하게 사는 법을 안다는 건 당연한 이치지? 뭐가 재미있고 즐거운지 경험을 통해 아는 사람만이 그 재미와 즐거움을 적극적으로 추구하게 되어 있는 법이야. 재미있게 놀려면 노는 것도 배워야 하고 동시에 튼튼한 체력이 바탕이 되어야 해. 원래 아이들은 노는 동안엔 절대로 지치는 법이 없어.

너 혹시 요즘 들어 부쩍 나온 배를 물끄러미 내려다보며 지방흡입술 같은 거 고려하고 있는 건 아냐? 결혼한 남자는 적당히 살이 올라야 며느리가 시댁에서 욕먹지 않는다며 아내를 위해 살찌운다는 궁색한 변명을 늘어놓을 생각은 아니지? 운동해. 운동해서 체력이 좋아지면 군살이 빠지고 근육이 생기면서 자신감이 더해지고 그에 따라 여유가 생기고 편안해져. 거기에 나이가 조금 더 들면 둥글둥글해지게 되지. 둥글게 된다는 건 좋아. 둥근 것은 어디에서나 구를 수 있어. 구르는 공은 항상 둥글게 되어 있어. 원만圓滿하다는 말이 둥글 '원圓'에 가득 찰 '만滿', 둥글둥글

한 것이 가득 차 있다는 뜻이야. 체력이 좋아져야 원만한 관계를 만들게 돼. 결혼 연차가 20년 정도 되니 정말 그 말뜻을 충분히 알게 되더라. 우리 부부도 피차를 향해 원만해진 것이 보인다고 말할 정도는 되었어. 문제가 무엇이든 일단 문제가 발생될 땐 급하게 서둘지 말고 원인부터 차분히 생각하고 그다음에 내가 무엇을 할지 생각해서 하나씩 실행에 옮겨. 물론 피드백을 해가면서 말이야. 그동안 살면서 느낀 것 한 가지는 혹여 잘못 낀 단추라면 그것을 알게 된 시점에서 다시 풀어 끼우는 게 가장 빠르다는 것이야. 그런 수고와 불편을 감내할 생각은 않고 이미 잘못된 것만 후회하고 원망해본들 소용없다는 거지.

그리고 정신건강을 위해서 얼마나 독서하니? 일 년 내내 책 한 권 보지 않고 행복하겠다는 인간은 정신이 번쩍 들게 좀 맞아야 해. 그런 인간이 추구하는 건 행복이 아니라 안락이니까 말이야. "배부른 돼지가 되느니 배고픈 소크라테스가 되겠다."는 말 따위를 미친 소리로 듣는 인간들이야. 난 초등학교 때 선생님께서 나를 신설된 도서관의 도서위원으로 만들어 주신 것이 그렇게 고마울 수가 없어. 시골학교에 처음 생긴 도서관이었는데 도서관에 내 마음대로 들어가서 보고 싶은 책을 실컷 볼 수 있었거든. 중학교 때도 시골 학교라 도서관이 빈약한 데다 직접 책을 고르는 것이 아니라 책 제목을 써 내면 서고 안에 있는 도서위원이 책을 찾아 주는 식이었는데 나는 워낙 책을 많이 보니까 사서 선생님이 도서위원이 아닌 나에게도 서고 안에 가서 직접 골라갈 수 있는 특권을 주셨어. 덕분에 원하는 책을 마음껏 볼 수 있었지. 그래서 내가 지금 정도 살아갈 수 있는 것은 독서의 힘이야. 지금도 다른 것은 몰라도 책만큼은 손에서 떼지 않으려고 해. e-book의 편리함과 저렴한 가격의 매력에 휴대용 단말기를 구입할까 싶을 때도 있지만 책은 내가 직접 낙서까지 하며 읽어야 제맛이야.

그리고 영성도 중요해. 때론 불편한 곳으로 여행도 떠나봐. 요즘 사람들이 행복하지 못한 건 너무 잘 먹고 너무 편리한 생활에 푹 젖어서 야성을 잃어버렸기 때문이야. 그럴 때일수록 불편하고 힘겨운 봉사활동도 하고 둘레길, 올레길도 걸어봐. 요즘 부쩍 부상하고 있는 도보여행은 말 그대로 불편하게, 조용히, 고독하게 가야 해. 그러면서 인생의 의미를 새롭게 찾아내거나 새기는 거야. 우리나라 인문학자 정진홍 씨는 산티아고 순례길 900킬로미터를 홀로 걸으며 떠오른 생각들을 기록으로 담은 《마지막 한 걸음은 혼자서 가야 한다》라는 책을 냈지. 자기가 산티아고 길을 걸었던 것은 삶의 이유와 야성을 새롭게 하기 위한 것이라며.

결혼은 원석으로 다이아몬드를 만드는 일이야

네 남편에 대한 심각 점수를 매겨볼까? 문제의 크기가 100점이라면 적어도 90점 이상은 될 것 같지? 물론 네가 보는 주관적 관점에선 그 점수인데 객관적 기준으로 할 때 기껏 20점 미만이라면 어떻게 할래?

도대체 네 남편은 뭐가 문제야? 기본적으로 회사생활 충실해 꼬박꼬박 급여 통장에 돈 들어오게 하잖아? 1년을 통틀어 단 하루도 결근 안하는 성실남이야. 가끔 남편이 아침에 일어나 회사 가기 싫다고 할 때가 짜증난다고 했지? 그런데 그 말을 네가 진심으로 받으면 어떡해? 그건 불평이 아니라 푸념이야. 감정적으로 가기 싫다는 말이지 의지적으로 안 가겠다는 소리가 아니야. 그럴 때 마음만 받아주면 아무 일 없다는 듯이 그냥 출근해. 그건 이미 습관이 되어 있는 자동 시스템이라 가지 말라 해도 가게 되어 있어. 그런데 넌 남편의 그런 푸념을 받아주기는 고사하고 본인이 더 스트레스 받는다고 '불평'을 늘어놨어. 그런 푸념도 못하고 사는 남편은 얼마나 속 터지겠냐? 남편이 회사생활 하는 건 뭐 쉬운 거니? 거기선 스트레스 안 받을까? 거기서 받는 스트레스는 너보다 훨씬 더 크다는 걸 알기나 해? 남자들 직장생활 결코 쉽게 하는 거 아니야. 직장은 생존 전쟁터란 말이야. 전쟁터로 나가는 사람 심정을 생각해봐. 그럼 이해될 거야.

게다가 네 남편은 주방일도 잘 도와준다며? 휴일이면 설거지를 도맡아 한다는데 뭐가 불만이야? 아! 지난번 네가 몸살로 아파 누웠는데 자상하게 와서 어디가 아프냐고 물어주지 않았다고 섭섭했다는 말 했었지. 꿈 깨! 남자들은 자기 마누라 아플 때 성질머리 발동하지 공감모드로 전환하지 않아. 남편이 그 정도 공감능력을 가지려면 적어도 결혼 연차가 20년 이상은 지나야 할걸? 그 정도 지나면 진심으로 그렇게 해주거나 또 진심이 아니더라도 적어도 그럴 때 아내에게 어디가 아프냐고 따뜻하게 물어줘야 한다는 것 정도는 알아. 그러면 넌 또 남편이 진심으로 대하지 않는다고 불평하겠지? 꿈 깨! 정말 꿈 좀 깼으면 좋겠어. 그건 네 희망사항이고 네가 짜놓은 시나리오일 뿐이야. 너는 그저 남편이 그렇게 해오는 행동 자체만으로도 감사하면 돼. 어떻게 진심까지 요구할 수가 있니? 너는 그럼 매일매일 남편을 진심으로 대하니? 가끔 남편이 짜증나는 부탁을 할 때 해 주면서도 퉁명스레 반응할 때 없어? 그럴 때 남편이 진심으로 대하지 않는다고 짜증내면 넌 정말 더 황당해 할걸?

넌 자랄 때 상처가 많았다고 했지? 그래 맞아. 상담을 통해서 네가 얼마나 많은 상처 속에 자랐는지 나도 충분히 알아. 그 까닭에 너의 자존감이 턱없이 약하고 자신을 폄하하는 습관을 가지게 되었다는 것도 말이야. 그런데 너의 상처에 남편이 원인 제공자였어? 남편이 도리어 피해자라는 생각 안 해봤니? 남편도 숨 막혀 죽을 지경이라는 것 몰라? 너같이 자존감 낮은 아내를 만나서 뒤치다꺼리 하느라 정작 자신은 먹을 것 제대로 못 먹고 입을 것 제대로 못 입고, 맨날 울고 짜고 징징대는 마누라 건사하느라 지쳐 있어. 늘 열심히 해주어도 밑 빠진 독에 물 붓기라 아무런 소용이 없을 때의 허탈감을 네가 알기나 해?

내가 상담자로서 평가해본 네 남편은 정말 괜찮은 사람이었어. 그 정도 남편이면 적어도 기본기는 다 갖춰진 사람이야. 정말 개떡 같은 남편, 기준치 미달의 남편, 생물학적 인간(짐승)하고 사는 여자들이 어떻게 사는지 본 적 있니? 그 수많은 여자들이 네 남편 정도의 남자와 하루라도 살아보기를 그렇게 기도하고 있다는 거 알아? 네 남편 정도라면 하늘처럼 떠받들고 살아도 아무 미련 없을 거야. 그런데 너는 정작 그 남편이 수준 미달에 형편없는 인간이라며 욕을 하고 살지. 그 여자들의 눈에 너는 복이 너무 많아 주체 못하는 여자의 웃기는 지랄발광으로밖에 보이지 않아.

서양 상인들이 남아프리카에 처음 들어갔을 때였어. 상인들이 마을에 들어가 보니 동네 아이들이 아주 빛나는 돌을 가지고 구슬치기를 하며 놀고 있는 거야. 그저 산에 가면 구할 수 있는 돌이었지. 상인들은 다음 날 사탕을 잔뜩 가지고 와서 아이들에게 주면서 그 구슬과 바꾸자고 했어. 아이들은 난생처음 보는 사탕의 단맛에 환장했고 어른들도 예외는 아니었지. 빛나는 구슬만 가지고 오면 사탕을 주겠다고 했더니 너도 나도 그렇게들 한 거야. 그들은 그 환상적인 맛에 행복했지. 그 빛나는 구슬은 바로 다이아몬드였던 거야.

아무렇게나 굴러다니는 돌멩이라도 아는 사람의 눈에는 엄청난 가치를 지닌 보석으로 보이게 되어 있어. 만약 네 사랑스러운 아이들이 다이아몬드를 알사탕 몇 개에 팔아먹었다면 길길이 날뛰고 난리를 피웠을걸? 얼마나 억울해하고 아까워했을까? 너의 결혼생활도 마찬가지야. 네 남편이 다이아몬드인 줄도 모르고 너는 알량한 사탕 몇 개와 바꿔치기하고 싶어 한단 말이야. 어떤 여자들은 네 남편 같은 원석을 구하려고 혈안이 되어 있어. 심지어 다른 여자에게서 뺏어오는 독한 여자들도 있어. 왜냐면 조금만 다듬으면 엄청난 부가가치를 창출해낸다는 것을 알거든. 네 주변에 보이는 꽤 괜찮아 보이는 남자들은 어떤 여자가 피눈물을 통해 모난 부분을 깎아내고 칭찬과 격려를 통해 광택을 낸 남자들이야. 그 세공법이 비록 힘들고 어렵긴 하지만 제대로 배우기만 하면 다이아몬드를 얻어낼 텐데 그 정도 수고쯤은 할 수 있지? 그러니 이혼이니 뭐니 헛소리 그만하고 세공법이나 배우러 오는 거 어때?

chapter 5

결혼의 4계절과 U자형 곡선

민정과 명선은 새벽녘까지 이야기를 나누었다. 민정은 차마 명선 앞에서 자신이 이혼을 결심하고 있다는 것을 말할 수 없었다. 그녀의 이야기는 정말 소설 몇 권을 써야 할 내용이었다. 친구가 아니라 환갑을 넘긴 여자랑 이야기하고 있다는 느낌이 들 정도였다.

5
결혼의 4계절과 U자형 곡선

결혼에도 4계절이 있다구요?

상담실로 가는 길은 완전한 봄빛이었다. 도로 양쪽으로 개나리가 흐드러지게 피고 산엔 진달래가 피어 온 산을 붉게 물들였다.

오는 길에 민정이 감탄사를 몇 번이나 연발했다. 민정의 감탄사를 들으니 창호는 안심이 되었다. 그러고 보니 최근에 크게 싸운 일이 별로 없었다. 싸울 일이 생겼는데도 싸움까지 연결되진 않았다.

"오늘 날씨 좋죠? 이젠 완전한 봄이에요."

"네. 오는 길에 보니 개나리랑 진달래가 아주 만개했더군요. 얼마나 예쁘던지 오는 내내 감탄사를 연발했어요."

"감탄사를 연발할 만하죠. 아마 봄을 대표하는 색깔이 개나리의 노란색과 진달래의 분홍일 거예요. 그죠? 말이 나왔으니 말인데, 혹 결혼에도 4계절이 있다는 거 들어본 적 있나요? 아울러 결혼의 U자형 곡선이라는 것도 들어본 적 있는지요?"

"아니요, 처음 듣습니다. 저희가 여기 와서 처음 듣는 것들이 한두 가지가 아닙니다. 뭐에 대해서 들어보셨냐고 묻지 않으셔도 될 것 같습니다. 요즘 결혼에 관한 한 정말 무식했다는 것을 피부로 느끼고 있습니다."

"저도 그래요."

창호가 먼저 말을 했고 민정도 덧붙여 말했다.

"결혼에도 4계절이 있습니다. 봄은 낭만적 사랑(romantic love)의 단계라고 합니다. 피차의 눈에 콩깍지가 씌는 시기를 말합니다. 배우자 만남의 비밀도 여기에 들어가죠. 수많은 남자와 여자가 어떻게 결혼대상자를 선택할까요? 거기에는 무의식적 이유가 들어 있어요. 배우자 선택엔 아주 짧은 시간이 걸린다고 하죠. 한눈에 반했다, 운명의 짝인 줄 알았다는 표현처럼 한순간에 사랑에 빠집니다. 그때는 신체적으로 도파민이나 PEA라는 호르몬이 분비되어서 눈엔 핑크빛 필터가 끼워지게 되고 상대방의 결점 같은 건 안 보이고 뭐든 좋기만 한 완벽한 대상으로 보이죠. 그때쯤의 결혼은 '우리 사랑 이대로 영원히'를 외치게 됩니다. 물론, 결혼하고 살다 보면 그 '완벽'이 '완전히 벽'이란 걸 깨닫게 되지만요."

그다음 말을 세진이 이었다.

"그래도 이 사랑의 단계가 얼마나 중요한지 몰라요. 상담을 하다 보면 이런 낭만적 사랑의 단계를 충분히 가진 부부가 '다시 사랑하기'의 단계로 들어갈 가능성이 더 높죠. '과거엔 그렇게 좋았는데 우리가 어쩌다 이렇게 앙숙이 되었을까?'를 생각하면서 서로 사랑을 주고받는 관계로 돌아갑니다. 그리고 낭만적 사랑은 죽을 때까지 유지해야 하죠."

그러자 민정이 말했다.

"그럼, 저희는 낭만적 사랑의 단계인가요?"

"아니오. 안타깝게도 지금 두 분은 여름인 '힘겨루기(power struggle)' 단계입니다. 좋게 말해 힘겨루기지 실은 상대방을 내 목적에 맞도록 개조하려고 코피 터지게 싸우는 시기입니다. 이때쯤 되면 상대방의 부족함, 결점이 본격적으로 보이기 시작하죠. 처음엔 배우자의 결점이 엄청나게 많다는 것에 경악하고, 그다음엔 절대로 바뀌려고 하지 않는 상대의 태도에 분노하고, 그다음엔 팔 걷어붙이고 직접 뜯어고치려 시도하죠. 그러나 그럴수록 오히려 나만 힘들고 상대방은 변하기는커녕 점점 더 독해지고 고집스러워진다는 게 문제입니다. 이 시기가 되면 '결혼 잘못했다', '배우자를 잘못 골랐다', '이럴 줄 몰랐다', '내 인생 끝장났다'와 같은 패배감에 젖어들게 되죠."

창호가 작은 목소리로 말했다.

"듣고 보니 딱 저희 이야기네요."

그러자 민정이 영준과 세진을 보면서 물었다.

"두 분도 이런 과정을 거치신 건가요?"

"당연하죠."

영준과 세진이 동시에 대답했다. 그러면서 네 사람의 시선이 동시에 마주쳤다.

"전, 결혼하고 3~5년 사이 죽는 줄 알았어요. 저희 둘 다 내향성 성격이라 외부에서 볼 때는 절대 싸우지 않는 완벽한 부부였죠. 친가나 처가에서 둘이 싸우고 있다는 것을 아무도 몰랐으니까요. 피차 엄청난 갈등을 겪으면서도 겉으로 표현하지 않는 방식, 즉 억압(pression)으로 버티다 한계에 다다랐을 때 메가톤급 분노로 폭발되더군요."

"분노? 선생님 인상을 보면 분노할 거라고 상상이 잘 안 되는데요?"

"그렇게들 말하죠. 저 스스로도 그랬으니까요. 저는 제가 정말 온유한 성품의 소유자인 줄 알았어요. 심지어 군대생활에서 선임자들로부터 억울한 얼차려를 받을 때도 그렇게 분노가 일어나진 않았어요. 오히려 동기들이 '저 인간 사회에서 만나면 정말 죽여버릴 거야.'라고 이를 갈 때도 '군대라는 곳이 다 그렇지 뭘 그러냐!' 라고 말할 정도였답니다. 전 제 마음이 넓고 온유할 줄로 착각해서 나한테 시집오는 여자는 정말 행운녀일 거라 생각했지요. 그런데 막상 결혼해서 살다 보니 맞지 않는 구석이 너무 많은 거 있죠. 분노가 생겨도 초기엔 잘 참았죠. 그런데 어느 날엔 제가 정신을 못 차릴 정도로 분노를 폭발시켰어요. 요즘 같았으면 아내가 가정폭력으로 신고했을 테고 그럼 전 바로 수강명령이나 상담명령을 받았을 거예요."

옆에 있던 세진이 웃으면서 말했다.

"내가 신고 안 한 걸 다행으로 알아요. 요즘은 그런 제도라도 있으니까 다행이죠. 며칠 전에도 가정폭력 행위자들을 대상으로 하는 집단 상담을 진행하고 오던 길에 서로 이야기 나눴어요. 만약 요즘 같은 신고 제도가 그때도 있었으면 우리 부부도 그 수강명령을 이행했을지도 모른다면서요. 이 양반이 인상은 좋아 보이는데 화가 나면 정말 무섭거든요. 옛날 일은 정말 생각하고 싶지도 않아요. 이 양반이 글쎄, 제 생활습관을 고치라고 A4 넉 장을 들이미는 거 있죠. 정말 기가 막혔어요. 내가 정말

이 사람에게 부족한 여자구나 하는 생각도 들었고 그저 죽고 싶다는 생각만 올라오는데, 네 살 세 살 연년생 아이들 두고 죽을 생각하니 그것도 못하겠고… 정말 아득했어요."

"그 A4 용지 넉 장에 쓰인 내용들은 일종의 최후 통첩장이었죠. 고치지 않으면 정말 이혼이라도 하고 싶었어요."

영준이 말을 받았다. 그러자 민정이 궁금한 듯 물었다.

"그 내용이 무엇이었나요?"

"전체 내용은 솔직히 기억도 안 나요. 첫 항목이 '남편보다 부지런할지니라'였답니다. 십계명에 근거해서 굵은 글씨로 열 가지 항목을 적고 세부실천 사항을 깨알같이 적었더군요. '아침에 화장기 없는 얼굴을 남편에게 보이는 것은 죄악이다, 아침에 일찍 일어나는 여인은 집안을 세우지만 늦게 일어나는 여인은 집안을 망친다, 집이 가난한 것은 여자가 게을러서 그렇다, 남편에게 보여주는 얼굴은 맨날 자는 얼굴인가?, 일찍 일어나 앞치마 곱게 입고 콧노래 부르며 아침 준비하는 모습을 보고 싶다' 뭐 이런 것들이었어요. 완전 조선시대 여자를 기대하는 것 같았어요. 기가 막히기도 하고 한편에선 '내가 이 남자에게 이렇게 형편없는 존재였나?' 하는 생각도 자꾸만 올라왔어요."

"그래서 어떻게 하셨나요? 요구에 응답하셨나요?"

"민정 씨 같으면 응답하시겠어요?"

"어휴, 저 같으면 대판 싸웠을 것 같아요. 아님 제가 집을 나갈 것 같아요."

"전, 그럴 용기도 없었어요. 그저 하염없이 울 도리밖에 없더군요. 그러면서 이런 기도를 했어요. '하나님, 차라리 나를 데려가세요.' 라고요. 도저히 살 수 있을 거란 희망이 없었거든요. 이혼이나 별거는 상상도 못 하겠고 또 내가 불의의 사고로 죽는 건 너무 끔찍하고 아이들에게도 심각한 상처를 남길 것 같고 말이죠."

"그 이후론 어떻게 되었어요?"

민정은 궁금해졌다. 그러자 영준이 미소를 띠면서 대답했다.

"아무리 내가 못된 남편이라지만 죽어달란 소리까진 아니고, 방법이야 어찌되었건 잘해보자, 피차 개선하자는 의미인데 아내가 죽겠다고 나오니까 뭐가 뭔지 하나도 모르겠더라고요. 그러면서 한편에선 '내가 사람에 대해서 너무 모르는구나. 어쩌면 내가 알고 있는 결혼에 대한 생각, 남자와 여자에 대한 생각 같은 것들이 엉터리일지도 몰라. 그렇다면 사람에 대한 공부를 해야겠구나.' 라는 생각이 들었어요. 찾아보니 그런 쪽의 책이 꽤 많았어요. 한 달 치 월급으로 책을 구입해서 읽는데, 읽을 때마다 재미있기도 하고 신기하기도 하고 부끄럽기도 하고 뜨끔뜨끔하기도 했어요. 제가 궁금했던 모든 문제에 대한 해답들이 거기에 다 있더군요. 정말 이해 못 할 아내의 행동이 여자로서 지극히 정상이라는 것도 알게 되었고, 또 내가 아내로부터 지적받았던 행동들도 남자로서 지극히 정상이란 걸 알게 되었답니다. 책을 읽으면 읽을수록 매력을 느끼고 아예 그런 쪽으로 공부를 하고 싶었어요. 때마침 한국에도 상담대학원이 개설되기 시작한 시점이라 과감히 공부하러 상경을 했죠."

"우와~ 엄청 모험이셨을 텐데 아내 쪽에서 반대하지 않으셨나요?"

민정이 세진을 보면서 물었다.

"전 내심 기뻤어요. 저도 답답하긴 매한가지였으니 사놓은 책을 함께 읽었어요. 조금 전에 남편이 말한 것처럼 궁금했던 모든 것들이 다 있더 군요. 민정 씨가 저희한테 오면 올수록 결혼에 대해서 무지했다는 것을 느꼈다고 했잖아요? 저도 정말 그런 마음이었어요. 상경하고 나서 남편이 본격적으로 공부하면서 더 많이 바뀌었지요. 그런 모습에 저도 공부해야겠다고 결심했고 그 덕분에 부부가 함께 상담을 하게 되었답니다."

"부부관계에도 공부가 필요하다는 말씀이네요."

창호가 말했다. 그러자 영준이 웃으며 말을 받았다.

"역시 탁월한 두뇌의 소유자 맞네요. 부부관계에도 공부가 필요하죠. 그래야 가을인 '자각(self awareness)' 단계로 올라갈 수 있지요. 바로 이 시점이 결혼의 U자형 곡선 회귀점입니다. 나락으로 떨어지던 힘을 선회해서 다시 올라간다는 뜻이죠."

"나락으로 떨어진다는 건 어떤 의미인가요?"

"바로 지금까지 두 분의 모습과 같죠. 이혼을 결심하고 이별여행까지 했었잖아요? 생각했던 결혼과 너무 달라서 절망의 나락으로 떨어지는 것을 말합니다. 물론, 아직 두 분은 결혼 연차가 짧아서 제대로 떨어진 것도 아니지만요."

"아니, 그럼 이 상태에서 더 힘들어진다는 말인가요?"

"안타깝게도 그렇습니다. 그렇지만 자각의 단계가 되면서부터 상황은 달라집니다. 자각이란 자신들의 현주소를 깨닫는 과정이지요. 문제가 있다면 그냥 인정하고 상대방을 바꾸려는 시도 자체를 내려놓습니다. 그러나 이 단계에 이르는 부부는 턱없이 적어요. 창호 씨, 민정 씨 생각에 얼마나 많은 부부들이 '힘겨루기' 단계에서 '자각'의 단계로 넘어오지 못하고 죽을까요? 예상 프로테이지를 말해보세요."

창호와 민정은 서로 눈을 맞춘 뒤 창호는 50%라고 하고 민정은 70% 정도라고 말했다. 영준이 고개를 끄덕였다.

"두 분이 말한 것보다 수치가 더 높습니다. 음… 95%라고 하면 놀라겠죠?"

"헐!"

두 사람이 순간적으로 말을 뱉었다. 그리고는 놀란 표정으로 되물었다.

"너무 수치가 높은 것 아닐까요? 근데 누가 그런 통계를 만들죠?"

"'이마고 치료(IMAGO couple therapy)'의 창시자 하빌 핸드릭스Harville Hendrix의 말입니다. 2012년 10월에 한국을 다녀간 미국 사람인데 방송에서 한 번 다뤘던 적이 있어요. 결혼한 부부들이 행복의 '행' 자도 모른 채 운명이니 팔자니 십자가니 그러면서 막연히 살다 죽는다는 것을 직접 목격한 사람이죠."

"그러면 나머지 5%의 부부는 어떤 차이를 가진 분들인가요?"

"그게 바로 '자각'입니다. 자신들의 현주소를 정확하게 안다는 것이죠. 그리고 자각이라는 말은 상대방을 바꾸려는 일체의 시도를 포기하는 것을 말합니다. 그렇다고 체념과는 다릅니다. 자각의 단계는 지금 현재 자신들의 관계 상황을 냉정하게 파악하고, 그것을 있는 그대로 받아들이면서 그런 관계가 되기까지 자신들에게 영향을 미쳤던 상황들을 분석하는 것이죠. 거기엔 '내가 왜 이 사람과 만났을까'를 묻는 배우자 선택의 무의식적 비밀, 어린 시절 부모님과의 관계에서 형성된 이마고, 또 두 사람의 친밀감을 방해하는 탈출구 등이죠. 그다음에 부부대화법을 통해서 마음과 마음이 통하도록 합니다. '힘겨루기' 까지의 결혼을 '무의식적 결혼', 자각 이후의 결혼을 '의식적 결혼' 이라고 해요. U자형 곡선이란 낭만적 사랑의 단계랑 힘겨루기 단계의 무의식 결혼인 왼쪽편과 맨 아래 회귀점인 '자각' 그 후로부터 의식적 결혼, 즉 노력을 동반하는 결혼관계로 전환하는 것을 말합니다. 결국 행복이란 대가를 지불하고 꾸준히 노력을 동반해서 얻는 삶의 기술이에요."

"아, 그래서 저희더러 결혼과 행복에 대해 세뇌되었다고 말씀하셨던 거였고요?"

"네. 이젠 충분히 이해가 되죠? 그런 단계를 지나야 인생에서 가장 아름다운 황혼기를 맞이하게 되죠. 게다가 요즘은 길어진 중년기, '서드에이지' 시대랍니다. 가장 원숙한 인생의 정점에서 30~40년 길게는 40~50년을 산다고 생각해보서요. 얼마나 좋을지… 두 사람이 아직 결혼 연차가 1년도 안 된 시점에서 이런 만남을 통해 결혼의 비밀을 알게 된 건 천상의 비밀을 알게 된 것과 같아요."

"그럼 선생님 부부는 천기누설시킨 죄를 받는 거 아닙니까?"

"그것이 죄라면 그런 죄값은 얼마든지 받아도 좋습니다. 하하."

한바탕 상담실에 웃음이 터졌다. 그 웃음은 죽을 것 같았던 시간들이 그렇게 죽을 정도의 내용은 아니란 뜻이며 두 사람 다 심각한 문제의 소유자, 어쩌면 결혼의 결격 사유를 가진 사람들이란 딱지를 떼도 좋다는 웃음이었다. 또한, 앞으로 관계를 어떻게 만들어갈지에 대한 희망의 웃음이었다. 상담실을 나오는 발걸음이 한결 가벼웠다. 다음 모임 때 부부 대화법을 다루자는 영준의 말에 '이젠 좀 통하는 방법을 배울 수 있구나.' 하는 기대감도 생겼다.

창호, 이혼한 친구 봉수를 만나다

창호는 결혼의 4계절에 대한 이야기와 U자형 곡선에 대해 듣고 난 다음부턴 마음이 꽤 홀가분해졌다. 그리고 신기하게도 다른 부부들의 모습이 보이기 시작했다. '선무당이 사람 잡는다.'는 말을 늘 되뇌어 보지만 다른 부부의 문제가 눈에 보이는 건 틀림없는 사실이었다.

그런 시점에 창호는 봉수의 연락을 받았다. 친구들 사이에서 동갑내기 여자를 만나 결혼하고 아이 돌잔치도 가장 먼저 했던 친구였다. 봉수의 아내 명선은 민정과 여고 동창생이었고 민정을 창호에게 소개시켜준 사람이었다. 남편의 친구 창호를 눈여겨보았던 명선이 민정과의 만남을 주선했고 결혼으로 이어졌다.

봉수는 거리에 나가면 사람들이 외국인인 양 착각할 외모를 가졌다. 훤칠한 키와 굳게 다문 큰 입술이 아주 남성스럽게 생겼다. 게다가 목소리도 적당히 굵어 말을 할 때면 주변 사람들이 반사적으로 고개를 돌려 쳐다볼 정도였다.

몇 개월 만에 보는 봉수의 모습은 그런 이미지와는 전혀 달랐다. 시커먼 얼굴에 보랏빛 입술, 헝클어진 머리와 잔뜩 피곤에 절은 모습은 어린 시절 본 영락없는 봉수의 아버지 모습이었다.

"엄마. 꼴이 왜 이래? 너 노숙하냐?"

봉수는 그 말에 대답도 하지 않고 소주병 뚜껑을 따고 연거푸 세 잔을 마셨다. 그리고 창호에게 술을 건네며 체념한 듯 말했다.

"나 이혼했다."

오히려 창호가 더 놀랐다. 봉수를 만나면 혹시라도 이혼하게 될 자신의 상황을 이야기할 참이었다. 창호보다 앞서 결혼한 선배니 동의해주거나 아니면 뜯어말려주기라도 하기를 바랐다. 그런데 녀석이 먼저 선수를 쳤다.

"완전히 정리된 지 열 달 지났다."

"아들 하나 있었잖아. 아들은 어쩌고?"

창호는 순간적으로 친구의 안부보다 친구의 아들이 어찌 되었는지를 묻는 자기를 보며 놀랐다.

"자기 엄마에게로 보냈지. 그게 조건이었어. 재산을 다 주는 대신 아이 양육비 청구하지 않기로 했어. 만사가 귀찮다. 사는 거 재미도 없고."

"그래? 조금 당황스럽다. 근데 아들 녀석 보고 싶지 않아?"

"가끔 보고 싶단 생각이 들긴 하는데 솔직히 그렇게 애틋하게 보고 싶다는 생각은 안 들어. 나라는 인간은 애비 될 자격도 없는가봐. 어떨 땐 까마득하게 잊고 지내. 나한테 아들이 있었는지조차 가물가물해. 꼭 남의 일만 같아. 솔직히 드라마 같은 데서 아들 그리워하는 다른 남자들 보면 오히려 그게 신기하고 이상해."

"그래? 난 솔직히 이해되는 부분은 아닌 것 같다. 그나저나 그럼 요즘 어떻게 지내고 있어?"

"그냥 회사 기숙사에서 생활하고 있어."

"그건 그렇고 왜 이혼했어? 명선 씨 성격 좋아 보이던데… 난, 처음 너희 집들이 갔을 때 내내 웃고 있는 네 색시 보고 내심 부러웠었다야. 그렇게 밝아 보이는 여자와 왜 이혼을 했는지 이해가 안 가."

"성격이 좋아? 쳇 너 눈이 삐었냐? 하긴, 남들 앞에선 언제나 그렇게 잘 웃는 여자였지. 나도 처음엔 그게 좋아서 이런 여자면 결혼해도 좋겠다는 생각을 했던 적이 있었지. 그런데 살아보니까 그 여자 성격 정말 장난 아니더라. 난 솔직히 살면서 그렇게 무서운 여자 처음 봤다."

"뭐? 명선 씨가 무서웠다? 네가 여자를 무서워 해? 네가?"

이해 못 할 소리였다. 남자 중의 남자, 터프가이 중의 터프가이인 봉수가 마누라를 무섭다고 표현하며 고개를 옆으로 절래 흔들고 있다. 다른 친구들이라면 몰라도 봉수만큼은 자기 여자를 확 휘어잡을 만한 인물이라고 다들 생각하고 있었다. 오히려 친구들은 그 녀석의 가부장적 사고 때문에 마누라가 스트레스받지 않을까를 걱정할 정도였다.

"여자가 얼마나 독한지… 얼마나 잔소리가 심한지, 내가 하는 모든 말과 행동마다 잔소리를 해대. 뭐라고 말할 때 내가 반응을 안 하면 목소리가 자꾸 커져. 어느 날은 거의 발작 수준으로 소리를 지르더니 아파트에서 뛰어내리겠다며 악다구니 쓰고 덤벼들더라고. 자라면서 그런 모습 본 적이 없는 내가 정말 그땐 뭘 어떻게 해야 할지, 당황인지 황당인지 헷갈리더라. 눈빛엔 얼마나 살기가 가득하던지 소름이 쫙 끼치더군. 단순한 위협이 아니었어. 정말 뛰어내릴 기세였어."

"그렇게 할 사람 같진 않던데 뭔가 이유가 있었겠지."

"그렇게 할 사람 같진 않던데? 그래! 옆에서 볼 땐 다들 칭찬하는 사람이니까. 내가 이 여자랑 정말 못살겠다 싶었던 건 그 일이 있고 난 며칠 후였어. 낮은 목소리로 할 이야기 있다고 조용히 부르더라. 그런데 거기엔 뭐가 있었는 줄 알아? 바로 시퍼런 식칼이었어. 그리곤 이렇게 살 바엔 뭐 하러 살겠냐며 아주 차분한 목소리로 자기를 죽여달래. 지난번엔 자기가 죽겠다고 길길이 날뛰더니 이젠 나보고 자기를 죽여달래. 차라리 악다구니 쓰며 소리 지를 때가 낫지 목소리 깔고 그렇게 말하는데 얼마나 소름이 끼치던지… 이렇게 살다간 어느 날 나도 모르게 자는 동안 이 여자가 등에 칼 꽂을지 모른다는 생각까지 들어 정말 몸서리가 쳐지더라. 그때 나는 '이 여자가 정신이상자구나' 라고 직감했지."

"정말? 아무리 생각해도 잘 연결이 안 된다. 다 네가 지어낸 이야기 같아."

창호는 그렇게 말해주고 있는 자신이 놀라웠다. 아내 민정이 "무슨 일이 있을 때 뭔가 이유가 있겠지"를 생각해줘야 하는 것 아니냐며 자신에게 따지듯 말했던 적이 한두 번이 아니었다. 창호를 대하던 민정이 가슴을 두드리며 답답해 죽겠다는 표현을 수없이 했었다. 자기 코가 석 자나 빠진 놈이 남의 코 빠진 거 지적하고 있는 거 같아 쓴웃음이 나왔다. 또 친구 이야기를 들으면서 상담자 같은 태도를 가지고 있는 자신을 보니 우습기도 하고 한심하기도 하고, 또 뭔가 해결사가 된 듯 우쭐해지는 느낌도 있었다.

"이유? 글쎄… 난 총각 때 하던 것하고 똑같이 생활했을 뿐이야. 연수원 안이니 출퇴근 시간이 따로 정해진 것 아니니까 교육이 없는 날엔 늦잠을 자기도 하고, 또 온종일 씻지 않고 지내기도 했었지. 그런데, 그런 것에 질겁해. 늦잠잔다고 잔소리하고, 씻지 않는다고 잔소리하고 밥 먹을 때 소리낸다고 잔소리하고 주방일이나 청소 같은 거 안 한다고 잔소리하고, 또 도와주려고 뭘 하면 제대로 안 했다고 꾸중하고… 뭘 해도 잘 하는 건 하나도 없고 죄다 꾸중이야. 내가 무슨 어린애 된 기분이더라니까. 솔직히 난 자랄 때 설거지 같은 거 한 번도 안 해봤거든. 우리 어머니가 들었으면 기절했을걸? 그래도 결혼하면 그런 거 해줘야 한다는 것쯤은 알기에 나도 하려고 무던히 애를 썼어."

창호는 또 가슴이 뜨끔했다. 이 말도 최근에 민정으로부터 들었던 잔소리였다. 이상하게 결혼하고 난 후부터 만사가 귀찮아졌다. 휴일이 되면 몸이 침대에 들러붙었는지 지구의 중력이 세졌는지 몸을 일으켜 세우기도 어려웠다. 결혼 후 아내의 목소리가 자꾸만 커지고 시도 때도 없이 잔소리만 해대는 지 이해하기 어려웠다. 좀 쉬려고만 하면 맨날 퍼질러 잔다고 잔소리해서 어떨 땐 그런 소리 듣기 싫어 아예 차에서 이삼십 분씩 자고 집에 들어갈 때도 있었다.

"그럼 앞으로 어떻게 할 생각이야?"

재혼을 염두에 두고 물은 말이었다. 앞길이 창창한 젊은이가 평생을 그렇게 살 순 없는 일이었다. 또 선택의 실수가 있어 그런 아픔을 겪었다면 제대로 된 선택을 통해서 행복하게 살아야 했다.

"난, 결혼 덧정 없다."

봉수는 체념한 듯 한마디 하고는 또 소주잔을 비워냈다. 그리고는 안 주로 나온 돼지껍데기가 짜다며 짜증을 냈다.

"결혼 덧정 없다는 말은 평생 혼자 살 거란 말이냐?"

창호는 이 물음 앞에 자신이 없었다. 민정과의 이혼을 생각하면서 이혼 후 혼자 살아갈 생각을 안 해본 것도 아니었다. 그건 너무 끔찍했다. 이혼남이라는 딱지 붙는 것 정도는 감수한다 하더라도 무슨 덜떨어진 인간처럼 취급받는 것도 싫었고 만나는 사람들, 특히 부모님을 비롯한 일가친척들로부터 재혼에 관한 물음과 권유로 스트레스받는 것도 싫었다. 녀석도 어쩌면 그럴 것이다. 그런데 녀석의 대답은 의외였다.

"난 결혼 같은 거 어울리지 않는 놈일지 몰라. 자신 없어. 아들 녀석 태어났을 때 아빠가 되었다는 기쁨보단, 뭔가 숨을 확 조여오는 느낌을 받았어. 솔직히 난 그때 '이 놈의 자식을 어떻게 먹여 살려야 하나'를 먼저 생각했어. 웃음이 나오더라. 처량하기도 했고, 또 한 명을 더 낳을 생각을 하니 고개를 흔들게 되더라. 게다가 마누라까지 먹여 살려야 하잖아?"

"야, 명선 씬 맞벌이했잖아. 같이 버는데 뭘?"

"그래도 그게 아니다. 솔직히 급여 받을 때마다 자존심 상하긴 하더라. 내 일은 일정한 금액이 아니거든. 교육이 많고 적음에 따라 차등 지급되는 거니까 월마다 달라. 그리고 전문가들처럼 고액이면서 금액의 차이가 나는 거라면 문제 아니겠지만…이 돈 가지고 먹고살겠나 싶은 생각이 들 때도 많았어."

"그렇게 맞춰가며 사는 거 아닐까?"

"근데 난 그런 게 싫어. 숨 막혀. 난 원래부터 자유로운 영혼이었어.

누구한테 간섭받는 거 딱 질색이었고. 그런데 결혼과 동시에 구속되는 느낌은 정말 답답해 죽겠더라. 다시 혼자가 되고 보니 얼마나 편한지 몰라. 잔소리하는 사람도 없고, 하고 싶은 거 다 할 수 있고…."

"근데 말이야. 결혼엔 U자형 곡선이라는 게 있대. 결혼하게 되면 그 순간부터 나락으로 떨어지는데 그 회귀점을 돌아야 행복하게 된다는 이론이야."

창호는 영준으로부터 들었던 결혼의 U자형 곡선을 설명했다. 그런 것을 전혀 알지 못하는 봉수가 안타까웠다.

"자식! 네가 결혼 전문가냐? 난 생각 없다. 너나 자알 살아라. 나도 이혼 접수할 때 법원에서 중재위원인가 뭔가 하는 사람한테 상담 몇 번 받은 적 있다. 결혼이란 게 피차에게 책임지기로 서약하고 자기의 권리를 일부 포기하는 것부터 해야 한다더라. 아무리 좋아하던 것도 혼자만이 아니기 때문에 그렇다나? 난 그게 너무 부담스러워. 고등학교 때부터 집 떠나서 혼자 살아온 나한테는 누군가와 같이 있는 거 자체가 너무 불편해. 솔직히 애 태어나고 더 귀찮아졌는데 혼자된 지금 이대로가 좋아. 난 결혼 같은 거 안 하련다. 너나 열심히 살아라."

봉수는 끝까지 들을 생각도 하지 않고 체념한 듯 화제를 돌려버렸다. 정작 포기해야 할 것들은 포기 안 하고 엉뚱한 것을 포기하는 녀석을 보면서 '포기한다고 해서 모든 것을 잃는 것은 아니잖아. 포기하면 얻을 수 있는 것도 있잖아. 결혼 관계를 포기하지 않았기 때문에 얻을 수 있는 것이 더 많지 않을까?'라고 말해주고 싶었는데 차마 입이 떨어지지 않았다. 그 말은 자신에게 들려줄 말이었으니까.

봉수와 헤어지고 돌아오던 길에 창호는 봉수의 말이 진심이 아니라 스스로를 위로하기 위해서, 자신이 초라하게 보이는 것이 싫어 궁색한 변명을 늘어놓는 것이라고 생각했다. 그런 생각을 하면 할수록 누군가가 자신을 향해 '그건 네 얘기 아니야?'라고 하는 것 같았다.

하늘을 올려다보니 반달이었다. 차가운 달빛 반쪽이 머리끝에서 발끝까지 나를 스캔하고 있었다. 지구라는 별에서 일어나는 모든 로맨스의 현장과 결혼한 부부들이 어떻게 살아가는지를 지켜보았던 달이다. 저 달은 나에게 뭐라고 말할까? 녀석이 말했던 자유라는 것이 도대체 뭘까? 자유라는 것은 자기 마음대로 행동하는 것을 의미하는 것은 아닐 거라는 정도는 나도 이제 안다. 녀석의 자유는 단지 혼란한 자기 마음을 정돈하지 않겠다는 게으름에 불과한 거야. 결국 공간을 만드는 것은 청소를 해야 하는 것처럼 마음이 진짜 자유를 얻으려면 자기 내부를 정리하고 새로운 질서를 세워야 하지. 십자가 없이는 부활도 없는 법이니까. 봉수에게 차마 그런 말을 할 수는 없었다. 지금은 내 코가 석 자나 빠진 상황이니까. 그래도 삶의 어떤 부분이 정돈되기만 하면 미처 알지 못했던 신기하고 놀라운 삶이 주어질 것이라는 기대만큼은 마음속에 깊이 담아두고 있었다.

민정, 이혼한 친구 명선을 만나다

민정은 이혼이란 생각만으로 지내왔던 지난날을 노트에 정리해보았다. 몇 개월을 오로지 그 생각만으로 지내왔다. 영준 세진 부부를 만나면서 그 생각이 많이 사라지고 있긴 했지만 한편으론 지금처럼 지내왔던 시간이 또다시 반복되진 않을까 걱정스러웠다. 한참이나 글을 쓰고 나니 바람도 쐬고 싶고 누구라도 만나 수다를 떨고 싶었다. 하릴없이 휴대폰을 만지작거리다 카카오톡 친구 정리를 시작했다. 민정이 알지도 못하는 사람들이 친구신청을 한다며 이름을 올려놓고 있었고 업체광고도 몇 개나 있었다. 친구로 맺어진 사람이 오백 명 가까이 되었다. 그 이름 몇 개는 정리할 필요가 있겠다 싶어 주소록을 여니 첫 화면에서 강명선이란 이름을 발견했다.

명선은 민정보다 2년 앞서 결혼했다. 신랑 친구인 창호를 소개시켜 준 장본인인데 최근 몇 달, 아니 1년 가까이 연락이 없었다. 민정이 몇 번 카카오톡 메시지를 보내도 답신이 없었다. 그래도 혹시나 해서 메시지를 보냈더니 즉각 답신이 날아왔다. 휴직 중이고 낮엔 아이를 어린이집에 보내기 때문에 만날 여유가 있다며 만나자고 했다.

약속 장소에 나타난 명선은 청바지에 밝은 갈색 단발머리였다. 생기발랄한 움직임과 함박웃음은 고등학교 때의 모습 그대로였다. 성격이 좋아 주변엔 늘 사람들이 많았던 친구였다.

"잘 지냈어? 결혼생활은 어때?"

민정이 결혼생활을 물은 것은 자신이 지금 이혼을 생각하고 있으니 먼저 결혼한 친구에게 푸념을 늘어놓고 싶은 마음에서였다.

"결혼생활? 실은… 나, 이혼했어."

오히려 놀란 것은 민정이었다. 이혼 사실을 태연하게 말하고 있는 것도 놀랄 일이었고 아이 엄마가 자기보다 더 미스 같은 옷차림과 표정을 하고 마주 앉아 있는 것도 놀랄 일이었다.

"이혼한 지 10개월 정도 되었어. 참 내 인생도 기구하지. 편할 날이 없네. 지난 시간이 어떻게 흘러갔는지도 모르겠다야. 내가 결혼을 했던 가? 하는 생각까지 들어. 그러다 아이를 볼 때면 이혼했다는 게 실감 나."

민정은 무슨 말을 해야 할지 몰랐다. 자신의 처지를 하소연하러 온 입장이긴 한데 나보다 더 큰 아픔을 가진 친구를 만나 대면하고 있으니 섣불리 말을 꺼내기가 어려웠다. 명선이 말을 계속 이었다.

"정말 잘 살고 싶은 마음이 간절했는데, 그놈의 운명이 나를 그냥 두질 않네. 대학 졸업하고 조그마한 중소기업에 취직했었어. 큰 회산 아니었지만 그래도 내가 독립할 수 있었던 기회였으니까 정말 기분 좋았지. 워낙 박봉이라 저축까진 힘들었어. 게다가 몸이 급작스럽게 안 좋아져서 병원에 가봤더니 갑상선 암이란 거야. 정말 큰 충격이었어. TV를 통해 어려서 죽음을 맞이하게 된 사람을 본 적은 있었지만 나도 예외일 수 없다는 것을 그때 실감했지."

민정은 그제야 명선의 목에 3센티미터 정도의 흉터가 있는 것을 보았다. 그런데 명선은 억지로 그 부분을 가리려 애쓰는 것 같지는 않았다.

"수술 후 삶을 대하는 느낌이 다르더라. 시간이 값지다는 것이 피부로 와 닿았어. 이전엔 그저 주어진 대로만 사는 것이라 생각했는데 짧은 인생 그렇게 살다 가긴 싫었어. 그때 나는 뭔가 큰 성공을 하고 싶다는 생각도 들고 죽기 전에 남들 다하는 결혼도 하고 단란한 가정도 만들고 알콩달콩 행복하게 살면서 사회적으로도 인정받고 능력 있는 멋진 여자가 되고 싶었어. 그래서 안정적인 직장을 갖고 싶어 그길로 퇴사하고 6개월 공부해 공무원 시험에 합격했지. 내 인생에 그때처럼 악바리로 공부했던 적은 없었어. 내가 생각해도 대단해 정말. 줄어드는 통장 잔고를 보고 있노라니 공부를 안 할 수가 없더라."

결혼하고 싶다는 생각은 1년 전쯤 민정도 그랬다. 명선처럼 먼저 결혼한 친구들이 많아지면서 모임에 가보면 거리감이 느껴졌었다. 애기 엄마가 된 친구들끼리는 육아관련 이야기만 늘어놓았고, 남편 잘 만난 친구들은 남편이 뭘 어떻게 해주었다는 등 시어머니가 출산 축하 선물로 세단을 뽑아주었다는 등 자랑과 허세들이었다. 그런 이야기를 들을 땐 자랄 때 다들 비슷한 환경에서 비슷하게 커왔는데 지금의 자신이 갑자기 초라해지고 어딘가 덜 떨어진 느낌까지 들었다. 그러던 차에 창호라는 남자가 나를 좋아한다며 적극적으로 달라붙었다. 그렇게까지 나를 좋아해주는 남자라면 인생을 맡겨도 괜찮을 거라는 생각에 결혼을 결심했었다.

"그러고 나니 결혼한 친구들처럼 살고 싶더라. 근데 남자가 있어야 말이지. 딴 친구들은 쉽게 연애하고 결혼도 좋은 조건의 남자들과 잘만 하는 거 같아 보였어. 난 연애엔 취미도 없는지 따라붙는 남자도 없고 아님 내가 좋아서 밤잠 못 자는 그런 남자도 못 만나봤고… 그렇게 되니 괜히 마음이 조급해지더라. 결혼의 조건보다는 그저 탈출하고 싶다는 생각이 들 때쯤 드디어 사건이 터진 거지."

민정은 갑자기 어떤 남자가 나타나 좋다고 달라붙는 일이 생겼다는 이야기를 기대하고 있었다. 아니면 근무하는 곳의 동료 직원들과 MT라고 간 자리에서 부적절한 관계(?)가 만들어져 결혼할 수밖에 없는 그런 상황이 생겼다는 가상의 시나리오를 쓰고 있었다.

"아버지가 갑자기 아프시고 위독하시게 되었어. 자식들 결혼하는 거 하나도 못 보고 돌아가시게 되었다며 다른 자식은 몰라도 장녀만큼은 결혼시키고 돌아가시게 해야 한다는 집안 어른들의 말이 오갔고 나는 졸지에 맞선 자리에 불려나가는 처지가 된 거야. 막상 나가고 보니 당사자들 의견보다 어른들끼리 의기투합이 되어 이미 결혼한 사이처럼 분위기가 만들어졌어. 또 어른들이 좋다는 사람이니 믿어도 좋겠다는 생각이 들었어. 솔직히 나는 그때 선택의 여지가 없었던 거야. 더구나 첫 대면할 때 그 남자, 얼마나 커 보이던지 갑자기 신뢰감이 확 생기더라. 참 지금 생각하면 그때 콩깍지가 씌었는지 아니면 귀신에 씌었는지 모르겠지만 말이야. '이 남자라면 그동안 혼자 힘들게 견뎌온 삶의 무게를 내려놓아도 되겠다'는 생각이 들면서 그 남자가 정말 따듯하고 자상해 보이더라. 너도 알지. 울 신랑 외모 보면 배우 같은 거."

민정은 이혼을 했다며 '울 신랑'이라고 말하는 명선의 말이 귀에 거슬렸다. 입에 밴 듯한 말이었다. 그래도 자신의 이야기를 거침없이 할 수 있는 그 당당함이 못내 부러웠다.

"아이고 그러고 보니. 내 이야기만 했네. 넌 어때? 신혼 재미 좋아?"

"나? 나 지금…."

말끝을 흐리는 중인데 명선이 걸려온 전화를 받더니 황급히 짐을 챙겼다. 아이가 어린이집에서 집으로 돌아올 시각이라는 것이었다. 어린이집에 맡기기 시작한 지 채 한 달이 안 되어 이 시기는 오후 3시 이전에 귀가 조치를 한다는 것이었다. 한 달이 지나 아이의 적응 상태를 보고 6시까지 있을 여부를 결정한다고 했다. 명선도 아이가 어떻게 적응하는지를 보면서 복직 여부를 결정하겠다고 했다.

"미안. 모처럼 만나 할 말도 많았을 텐데 내가 주제넘게 내 얘기만 한 것 같아. 특별한 일 없으면 우리 집으로 가서 저녁 먹고 가. 아예 자고 가도 되고. 나중에 내가 직장 복직하면 그러고 싶어도 못할 테니까 말이야."

명선이 민정의 손목을 끌었다. 솔직히 민정은 오늘 집에 안 들어가고 싶었다. 그렇게 해서라도 지금 단단히 화가 난 상태라는 것을 창호에게 알려주고 싶었다. 일단 명선을 따라나섰다. 명선의 집은 방 두 개에 주방이 딸린 오래된 아파트였다. 화려하진 않아도 살림도구가 잘 정돈되어 있어 은근히 부럽기도 하고 부끄럽기도 했다. 정리정돈 잘 하고 싶어도 그게 생각보다 어려웠다. 집에서 생전 안 하던 것을 결혼해서 하려니 어렵기도 했고 무슨 일이 그렇게 많은지 나중에 아이까지 출산하면 어떻게 할지 겁도 덜컥 났었다.

민정과 명선은 새벽녘까지 이야기를 나누었다. 민정은 차마 명선 앞에서 자신이 이혼을 결심하고 있다는 것을 말할 수 없었다. 그녀의 이야기는 정말 소설 몇 권을 써야 할 내용이었다. 친구가 아니라 환갑을 넘긴 여자랑 이야기하고 있다는 느낌이 들 정도였다.

명선이 밤새 토해낸 그동안 살아온 이야기다.

처음 부모님의 주선으로 남편을 만났을 때 훤칠한 키에 뚜렷한 이목구비가 남자다웠다. 얘기를 나눠보니 유머감각도 뛰어나고 배려심도 깊어 보였다. 그런 그의 모습을 부모님이 더 좋아하셨고 내일 당장이라도 결혼시키자는 분위기로 이어졌다. 위독하신 아버지께 결혼한 모습을 보여드리고 하루라도 빨리 품에 손주라도 안겨드리는 것이 효도일 것이라는 생각까지 더해지니 더 미룰 이유도 없었다.

　몇 번의 데이트를 해보니 친절한 면이 많았다. 마음에선 '이 사람과 맺어지려고 다른 사람과 연결되지 않았구나…' 라고 할 정도였다. 내친 김에 결혼관까지 제시했다. 출산을 하더라도 사회생활을 계속할 것이며 그렇게 되면 남편 될 사람도 자기 의무를 다해서 아내를 지지하고 도움을 줘야 할 것이며 집안일에 대한 역할 분담을 확실하게 해주기를 바란다고 했다. 그 자리에서 딱 부러지게 반대의견을 제시하진 않았으니 충분히 수용할 것이라고 믿었다.

　결혼 날짜를 잡고 그 남자의 오피스텔을 보러 갔다. 오랫동안 혼자서 생활했다는데 어떻게 살고 있는지 궁금했다. 어쩐지 공개하기를 꺼려 하는 눈치였는데 아내 될 사람의 당연한 권리라며 고집을 피워 들어갔다. 집안에 들어선 순간 경악하고 말았다. 얼마나 더럽고 지저분한지 절로 입이 벌어지고 어지럽게 늘어진 살림도구에 앞이 캄캄했다. 혼자 사는 집이라는데 발 디딜 틈이 없을 정도였다. 싱크대엔 말라비틀어진 과일 껍질 같은 것들이 널려 있고 개수대에는 음식 찌꺼기가 그릇에 말라붙은 채로 잔뜩 쌓여 있었다. 바닥을 밟는 족족 모래가 자박자박 밟혔다. 그는 뒤통수를 긁으며 고양이를 키워서 그랬다고 했다. 방 한쪽 빨래건조대에는 다 마른 옷이 먼지를 뒤집어쓰고 있었고 언제 깔았는지 모르는 이불은 여기저기 엉켜 있었다. 일 년 내내 이불을 펴놓고 사는 것 같았다. 처음으로 사람 사는 곳이 이렇게까지 지저분할 수도 있다는 것을 알았다. 창고인지 집인지 구분이 어려웠다. 갑자기 아득한 절망감이 올라왔다.

나도 모르게 긴 한숨을 쉬었는데 그런 내 마음을 읽었는지 그는 결혼하면 깨끗하게 정리정돈 잘하며 살고 싶다고 얼버무렸다.

그 말을 믿을 수밖에 없었다. 아니 억지로라도 믿어야 했다. 청첩장도 돌렸고 이젠 돌이킬 수 없는 시점에까지 와 있었다. 그동안 데이트 하면서 보여준 매너로 볼 때 결혼하고 나면 가장으로서의 책임감에 그렇게 해줄 수 있으리라는 실낱 같은 희망을 걸었다. 안에서 새는 쪽박이 밖에서도 샌다는 것을 모르는 나는 참 바보 멍청이였다.

그래도 결혼 초기엔 괜찮았다. 맞벌이라 시간이 자유롭지는 못했지만 함께 있으면 즐거운 시간을 보냈다. 갓 시작한 살림이라 내가 이것저것 정돈을 하며 되었고 함께 있는 시간엔 서로 손톱과 발톱을 다듬어주기도 하고 귀지도 파주며 깔깔대는 낭만도 있었다. 잠잘 땐 팔베개도 해주었다. 먼저 퇴근한 사람이 집안청소를 해놓으면 뒤에 퇴근하는 사람이 맛있는 음식을 사 와서 함께 먹기도 했던 터라 행복이 그런 것이라고 생각했다. 그 핑크빛 안경 덕분에 만나는 모든 사람들이 좋아 보였고 스트레스받을 만한 업무환경도 즐거움으로 극복할 수 있었다. 거기에 기다리던 아기까지 갖게 되었을 때는 세상을 다 가진 것 같았다.

그 짧은 행복의 시간이 지나고 나니 곧바로 지옥이었다. 출근해서 일하는 자체가 버거워졌고 퇴근하고 집에만 오면 녹초가 되어 아무것도 못할 정도로 지쳤다. 임신까지 한 상태에서 계속되는 입덧으로 힘들어졌다. 그래도 아이까지 가진 아내를 둔 남편이라면 지금껏 잘 해준 것 이상으로 더욱 잘 해줄 것이라 생각했다. 그런데 그의 태도는 도리어 이상했다. 가정보다는 일로 도피하는 듯해 서운한 마음이 자꾸만 커졌다. 집에 들어올 땐 자기가 더 지친 기색을 보이며 침대에 널브러지기 일쑤였다.

 그러던 중 우리 집을 잠시 다녀가셨던 친정아버지께서 갑자기 돌아가셨다. 하늘이 무너진다는 말을 실감했다. 아버지가 돌아가신 후 슬픔에 겨워 무력증에 빠졌다. 뱃속 아기를 생각해서 먹어야 하는데 먹을 수도 잘 수도 없었고 울다 지쳐 잠이 들었다. 아버지의 고단했던 인생을 생각하면 불쌍한 마음이 밀려와 가슴이 찢어졌다. 아버지를 쉽게 보내드릴 수 없었다. 삶의 의욕마저 상실되었다. 무엇을 먹어도 맛이 없고 어떤 일도 즐겁지가 않았다.

 건드리기만 해도 넘어질 것 같은 시기에 남편은 저만치 멀어지고 있었다. 몸과 맘이 한꺼번에 힘드니 남편에게 기대어 의지하고픈 마음, 위로받고픈 마음은 커지는데 그의 태도는 무심한 방관자의 위치에 서 있었다. 나라는 사람은 아예 안중에도 없는 것 같았다. 소원해지기 시작한 남편과의 벽은 친정아버지의 죽음 이후 더 높아져만 갔다. 출퇴근이 자유로운 직업인 남편은 평일에도 쉬는 날이 더러 있었는데 그런 날이면 온종일 뭘 했는지 집 안은 돼지우리를 방불케 했다. 뱀 허물 벗듯 옷을 벗었고 식탁 위엔 음식찌꺼기가 말라붙어 있었고 방바닥엔 빵 봉지가 돌아다니고 걷기만 하면 발에 빵 부스러기가 밟혔다. 작은방은 쌓아놓은 옷으로 태산을 이루었다. 언제부터인가 욕실청소, 방청소, 밥하고 설거지, 쓰레기 청소까지 모든 집안일은 전적으로 내 몫이 되어 있었다.

 그가 온종일 집에서 놀고 있을 때도 나는 퇴근하자마자 급히 저녁준비를 하고 밥상을 차렸다. 계속 컴퓨터 화면만 쳐다보고 있는 그에게 밥 먹으라고 재촉하면 식탁에 나와선 아무런 말도 없이 밥 먹고 밥숟가락

놓자마자 내가 숟가락을 놓기도 전에 다시 컴퓨터가 있는 작은방으로 갔다. 몇 마디 말을 걸어도 시큰둥하게 응답하고 잔뜩 귀찮다는 표정을 짓다 자꾸 물으면 화를 내거나 밖으로 나가버렸다.

처음엔 정중하게 도움을 요청했다. 아버지로 인해 힘겨운 마음과 임신으로 인해 힘든 몸이니 도와달라고 했다. 그러나 그는 알겠다는 말만 하고 행동으론 옮기지 않았다. 앞으로 아기가 태어나면 맞벌이하면서 집안일과 육아까지 혼자 감당하긴 너무 벅찬 일이겠기에 역할분담을 명확히 하고 남편이 역할을 제대로 할 수 있도록 길들여야겠다는 생각까지 했다.

규칙적인 내 생활 패턴에 비해 남편은 너무 불규칙했다. 다음 날 아침 일찍 5~6시에 출근해야 하는 날도 새벽 2시가 넘도록 잠을 안 자고 거실에서 부산을 떨었다. TV를 틀어놓은 데다 냉장고 문 여닫는 소리가 안방까지 들리니 깊은 잠을 잘 수가 없었다. 결혼 전 우려했던 부분들이 현실에 그대로 드러났다. 그 남자는 규칙적으로 생활하는 나를 닮고 싶다며 결혼하면 그렇게 할 거라고 철석같이 약속했었다. "그때 진심이었냐?"를 물었더니 말만 그렇게 했지 내가 잠들고 나면 자기는 늘 하던 식으로 살 계산을 했다고 답했다. 그러면서 남긴 그 사람의 말 한마디에 배신감으로 치가 떨렸고 기가 막혀 말문이 막히고 온몸에서 힘이 다 풀어졌다. "잡은 물고기에게 떡밥 주는 거 봤어?"

답답하고 억울했다. 결혼 전으로 모든 것을 되돌리고 싶었다. 남편의 모든 언행은 나를 무시하는 이중인격자처럼 느껴졌다. 밖에서야 좋은 성격에 유머감각까지 있는 남자로 비춰지니 집에서의 행동은 아무도 몰랐다. 심지어 그렇게 좋은 남편하고 결혼한 것이 부럽다고까지 말하는 이도 있었다. 결혼 전 그 남자의 오피스텔에서 느꼈던 그 불길함이 눈앞의 현실로 똑똑히 보이고 있었지만 방법이 없어 더 답답했다. 시집간 다른 친구들은 다들 잘 사는 것 같고 나만 불행하게 사는 것 같아 불쌍하기도 하고 부끄럽기도 했다. 어디 하소연할 곳도 없었거니와 있다 해도 자존심이 상해 말하기도 어려웠다. 친정에도 도움을 요청할 순 없었다. 친정엄마를 비롯한 온 식구가 다들 아버지 잃은 슬픔만으로도 벅찬 시간들을 보내고 있을 때였다. 이대로 한평생을 살아갈 생각을 하니 한숨만 나왔고 내 인생이 통째로 쓰레기통에 버려진 것 같았다. 만삭의 몸으로 종일 일을 하고 퇴근해서 집에 오면 임신부종으로 인해 다리가 퉁퉁 부은 상태였음에도 저녁밥을 준비했다. 남편은 평소처럼 자기 밥 다 먹으면 컴퓨터 있는 방으로 쏙 들어가버렸다. 그럴 때마다 서러움의 눈물이 강을 이뤘다.

이렇게는 살 수 없다는 생각에 짐을 싸서 집을 나왔다. 나왔지만 막상 갈 곳이 없었다. 공원 벤치에 앉아 실컷 울었다. 사람들이 처다보는데도 멈출 수가 없었다. 두 시간쯤 지나니 자기 마누라가 없어진 것을 알았는지 전화가 왔다. 안 받았다. 한참을 울었더니 부른 배가 잔뜩 땡땡해진 상태라 더 힘겨웠다. 그 몸으론 어디 갈 수도 없어 다시 집에 들어갔다. 어딜 갔다 왔냐는 말에 대꾸도 하지 않았다. 더 이상 말하고 싶지가 않았다. 곧 아기도 태어날 텐데 일과 육아에 가사까지 혼자 감당할 생각, 평생 이렇게 살 생각을 하면 아득하기만 했다.

한번은 "도대체 결혼은 왜 했으며, 여기가 하숙집이냐, 그저 왕처럼 보살핌 받으면서 본인 하고 싶은 것만 하고 살 거라면 부모님이랑 살지 결혼은 왜 해서 가정을 꾸렸냐? 난 당신 엄마가 아니라 아내다!"라고 따졌다. 그렇게라도 하면 무슨 말이든 할 줄 알았다. 그러나 그는 아무런 말도 하지 않고 컴퓨터 앞으로 갔다.

그렇게 답답하고 속 터져 죽을 것만 같은 마음으로 지내던 어느 날 아기는 태어났다. 예상했던 대로 육아와 집안일은 모두 내 몫이었고 아기가 태어나니 각오했던 것보다 몇 배 더 힘들었다. 게다가 아기는 잔병치레가 잦았고 나도 출산과정에서 악화된 허리디스크 때문에 많이 아팠다. 남편의 어떤 도움도 못 받으니 세상에 혼자 남겨진 기분이 들어 밤새 울기도 많이 울었다. 맞벌이하다 홑벌이가 되니 경제적으로도 어려워졌다. 남편은 프리랜서로 바쁜 만큼 수입이 올라가는데 출산 후 남편은 일로 매일 바쁘게 보냈음에도 월급은 항상 똑같은 금액을 갖다주었다. 이해가 안 됐다. 물었더니 납득이 안 되는 말들로 대충 얼버무렸다. 이젠 의심하는 마음까지 생겼다. 남편의 태도를 보면서 내가 결혼한 걸 후회하는 것처럼 남편도 그런 것 같은 느낌이 전해졌다. 경제적으로 힘들어지니 어떤 방법이든 생각해야 했다. 현재 우리 집 가계상황을 남편에게 얘기하면서 내가 휴직하는 것보다는 아기를 어린이집에 맡기고 맞벌이하는 게 좋지 않겠냐는 말에 남편은 본인은 어떻든 상관없으니 나보고 알아서 결정하라고 했다. 매번 이런 식이었다. 본인이 결정하기 애매하거나 불편할 때는 나보고 다 알아서 하라고 했다. 복직 후 남편과의 관계는 극도로 나빠졌다. 복직하면 남편이 조금은 달라지겠지 했던 내 생각은 완전 착각이었다. 아침부터 전쟁이었다. 하루 종일 종종거리며 정신없이 살고 있는 나에 비해 남편은 참 편안해 보였다. 내 표정이 밝지 않으니 남편 마음은 불편했겠지만 몸은 편해 보였다. 새벽 늦게까지 컴퓨터하고 오전에 늘어지게 자고 늦게 출근해서 밤에 퇴근했다. 일이 없을 때도 집안일이라곤 온종일 아무것도 안 하고 내가 퇴근해 밥상 차려줄 때를 기다리고만 있었다.

　더 이해할 수 없었던 일은 자기를 쏙 빼닮은 아들을 전혀 예뻐하지 않는다는 사실이었다. 애정표현 같은 건 고사하고 남의 자식 대하듯 했다. 남편과 함께 산 시간이 길지도 않았지만 하루하루 같이 살수록 더 이해가 안 가는 행동만 늘어갔다. 짧은 신혼의 달콤했던 시간이 있었나 싶기도 했다. 이미 마음으로는 부부가 아니었다. 한 공간에 있을 뿐이지 정서적 별거가 시작된 지는 오래였다. 가끔 너무 답답하고 억울한 마음이 치솟을 때면 차라리 이렇게 사느니 이혼했으면 좋겠다는 말을 몇 번 했을 때도 남편은 무반응으로 일관했다. 남편의 무시하는 그런 태도가 더욱 기분 나쁘고 화가 났다.

　어느 날 육체적으로 정신적으로 한계에 도달했을 때 그동안 억압해 두었던 나의 분노가 그만 폭발하고 말았다. 처음에 대화로 시작을 했다가 묵묵부답으로 나오니 감정이 격해져 나는 아파트 꼭대기에서 아이와 함께 뛰어내리겠다고 협박까지 해보았다. 솔직히 정말 그 당시에는 죽고 싶었다. 자기 아버지에게 사랑 못 받는 아이도 함께 데리고 죽고 싶었다. 그 일이 첫 부부싸움이자 마지막 부부싸움이었다. 그 이전엔 그냥 내가 참았으니 싸움이 성립되지 않았다. 부부싸움이라도 하면 속이 좀 시원해질 줄 알았는데 서로 같은 언어로 다른 말을 하고 있으니 시간이 갈수록 숨은 더 막히고 분노는 더 치밀어 올랐다. 며칠 뒤, 소리 지르지 않으려고 이를 악물고 참고 있다가 남편의 똑같은 태도에 나도 모르게 주방으로 가서 식칼을 들고 와 남편 앞에 내려놓으면서 차분하고 침착하게 말했다. "이렇게 살 거라면 차라리 나를 죽여라." 제정신이 아니었다. 정신 차리고 보니 남편은 집을 나가고 없었고 아이는 안방에 잠들어 있다. 나는 넋이 나간 채 거실에 앉아 내가 한 행동에 대해 자책하고 백번도 더 후회했지만 돌이킬 수는 없었다.

이야기를 나누는 동안 명선과 민정은 함께 울었다. 명선만큼은 아닐지라도 민정이 충분히 이해하고 남을 이야기였다. 그 느낌이 어떤 것인지 충분히 알고 있었다. 명선처럼 아파트에서 뛰어내릴 생각까진 아니었지만 이렇게 살 바에 이혼이 낫겠다는 생각은 수없이 했던 터였다.

"네 얘기를 들으니 얼마나 그동안 힘들었을까 싶어. 네 남편 이야기 들어보니 우리 남편하고 똑같은 점이 너무 많다야. 어쩜 남자들은 그렇게 하나같이 자기밖에 모를까? 마누라 속을 뒤집어놓고는 밥 먹으라고 부른다고 와서 밥만 딸랑 먹고 또 들어가냐? 마누라가 무슨 식모냐? 그럴 바엔 뭐 하러 결혼했어?"

"누가 아니래?"

상담실에서 부부싸움의 소재 가운데 꼭 등장하는 것이 밥 문제다. 밥에 대한 불만은 남자들, 밥을 해줘야 하는 것에 대한 불만은 여자들이 훨씬 더 많다. 남자가 마누라가 해주는 아침밥을 기대하는 건 이상한 게 아니다. 그건 오랫동안 남자들의 무의식 속에 각인된 바람이다. 수렵과 농경시대의 남자들은 일을 위해 따뜻한 밥을 든든히 먹고 나가야 했다.

불과 얼마 전까지, 그러니까 우리 부모님 세대들과 그 이전 분들은 당연히 그랬던 시대였다. 그런 까닭에 시어른들 관점에서 며느리가 아침밥을 해주는가 안 해주는가가 좋은 며느리와 나쁜 며느리의 기준점이 되기도 한다.

그런데 최근 맞벌이를 하는 가정이 늘어나면서 전통적인 개념으로는 설명하기가 어려워졌다. 농경사회에선 남자의 근력이 가장 주가 되고 여자는 부가기능을 주로 맡았다. 쟁기로 밭을 일구는 것, 벼를 심고 베고 탈곡하는 큰 일은 남자들의 몫이 되고, 탈곡마당에 남은 곡식을 정리하고 흩어진 콩알을 한 알이라도 더 줍고 키를 들고 곡식을 까불고 말리는 그런 부가적인 일이 여자들 몫이었다. 그러나 복잡한 현대사회는 결코 그렇게 단순하게 구분할 순 없다. 역할을 적절하게 조율해서 나눠야 한다. 그래야 산다. 역할 조율을 하는 것이 문제는 아니다. 그 역할도 피차의 합의하에 만들어져야지 일방적인 요구나 의무사항이 되면 불편해진다.

만약, 아내가 남편보다 더 전문직이고 또 일찍 출근해야 한다면 남편이 주부 역할을 맡아 '따뜻한 밥'을 해줄 수도 있다. 그건 능력을 가진 사람이 받을 당연한 권리다. 따뜻한 밥 하는 거 그렇게 어렵지 않다. 전기밥솥에 씻은 쌀을 넣고 물 부은 다음 버튼만 누르면 된다. 그것도 아니면 '햇반' 같은 즉석 식품까지 있는 세상이다. 남편이 아내를 위해서 따뜻한 밥을 준비하면 남편 자신도 따뜻한 밥을 먹게 된다. 그런 점에도 억울해할 필요 없다. 요즘 남자들 중엔 그런 부분에서 불평을 제시했다간 마누라에게 뼈도 못 추리게 맞는 사람도 있다고 한다. 페미니스트가 아니더라도 그것을 불공평하다고 생각하는 여자들이 많다. 아니 남자들 입장에서 생각해봐도 일방적인 것은 불공평이다. 말 그대로 전업주부라면 아침밥부터 모든 살림을 하는 게 당연하다고 하겠지만 직장생활을 하고 있다면 상황은 달라진다.

명선의 긴 이야기를 들은 민정은 궁금증이 생겼다. 명선의 얼굴이 맘고생을 많이 한 사람의 얼굴이라기엔 너무도 맑고 환했다.

"그런데 궁금한 게 있어. 지금 네 얼굴을 보면 네가 정말 그렇게 힘든 시간을 보냈다는 게 안 믿어져. 이걸 뭘로 설명해줄래? 도대체 어떻게 된 거야?"

"호호. 그렇게 보이니? 목마른 놈이 우물 판다고, 인터넷을 뒤져보다 몇몇 상담센터에 온라인 상담을 올려봤는데 오는 대답이 피상적이었고 또 막상 찾아간대도 문제 해결된다는 보장이 불분명하니 주저하게 되더라. 급한 대로 인터넷 서점에서 부부관련 책 몇 권을 사서 읽어봤는데 그것도 별 도움이 안되는 내용이라 실망이었어. 그러다 우연히 들른 서점에서 《남편사용설명서》라는 웃기는 제목에 끌려 목차와 몇 페이지를 읽었는데 그 자리에서 남자에 대한 궁금증이 몇 개나 풀리더라. 구입 후 집에 와서 밤새워 읽고, 다음 날 출판사를 통해 저자 연락처를 받고 그분을 찾아갔지."

"아하~ 그랬구나!"

민정은 '실은 나도 요즘 상담받는 중이야'라고 말하려다 그냥 미소만 보내고 말았다. 그리고 자신의 하소연보다 명선이 어떤 과정을 통해서 이렇게 밝은 표정을 가질 수 있는지가 더 궁금했기에 계속 시선을 명선에게 고정시켰다. 그런 마음을 알았는지 명선은 계속 말을 이었다.

"그래도 처음 몇 번은 남편과 함께 갔었어. 그때 상담 선생님이 사용하신 프로그램이 〈이마고 부부관계치료〉였어. 그런데 그 상담은 제대로 시행되지 못했어. 남편이 나한테 그랬던 것처럼 상담실에서도 묵묵부답으로만 일관했어. 그러자 선생님도 그냥 부부대화법, 남자와 여자의 차이, 배우자 선택의 무의식적 비밀, 어린 시절의 상처다루기, 부부가 함께 해야 할 공통의 노력들… 등등 여러 가지를 교육하다시피 해주었지. 그나마 남편도 듣다가 고개를 끄덕이기도 하고 자기 입장을 나름 설명하기도 하더라."

"그럼, 부부관계가 회복되었을 가능성이 있었네?"

"그랬지. 그런데 문제는 그 인간이 어느 날 갑자기 어디론가 사라지고 연락이 안 되는 거야. 한 3개월 가까이 그렇게 지내다 어느 날 나타나서는 이혼을 요구하더라. 자기는 오로지 이혼하는 것만 목적이래."

"아니, 부부 프로그램에도 갔었다며?"

"그게 더 기가 막히지. 부부관계를 풀어보려고 간 게 아니라 나중에 이혼 문제로 법정 소송하게 되면 불리한 일 당하지 않으려고 간 것이래. 적어도 자기는 관계회복을 위해 부부상담 자리에도 가는 노력을 했다는 것이지. 나 참 기가 막혀서 정말!"

"세상에! 정말 그랬겠다. 상담자가 설득해보지 않았을까?"

"말도 마. 상담 선생님이 일대일로 면담을 했는데 이혼하겠다는 의지로만 가득하더래. 결국 그렇게 정리될 수밖에 없었어. 나도 복직을 해야 하고 아이를 키우려면 법적인 도움도 받아야 하는데 그러려면 한부모가

정이라는 것이 증명되어야 나라의 지원도 받을 수 있었어. 최종 이혼결정을 그렇게 하게 된 거지."

"그 이후론 일체 연락 없는 거야?"

"응. 일체… 자기 자식 보고 싶다고 연락 올 줄 알았는데, 아님 면접교섭권이라도 요구해올 줄 알았는데 그런 것도 전혀 없어. 아이 생일 때가 되면 내가 일부러 아이 사진을 보내보기도 했는데… 반응 없어. 무심한 인간 같으니…."

"그럼 홀로 몇 개월을 지내온 건데 그동안 어떻게 살았어?"

"부부 상담은 비록 중간에서 끝났지만 나는 계속 상담 선생님과 연결되어서 공부를 했어. 지원그룹 모임에도 가고 독서모임도 하고 읽으라고 하는 책도 열심히 읽었어. 그 덕분에 지금은 우리 부부의 문제가 무엇이었는지 충분히 알아. 아마 미리 알았더라면 이혼 같은 건 안 했을 거야. 남편에 대한 궁금증이 풀어지더라. 그 남자는 자존감이 너무 바닥인 남자였어. 남편의 가족 탐사를 해보니 남편이 그런 행동을 할 수밖에 없었다는 것이 이해되더라. 그리고 자신감이 없는 그 마음은 남편이 내적으론 아주 어리고 연약하다는 증거라는 것도 알게 되었고 말이야. 그 공부할 때 처음으로 남편이 불쌍하다는 생각이 들면서 따뜻하게 감싸주지 못했던 게 미안해지더라. 그런 연약한 남자 눈에 아파트에서 뛰어내린다는 마누라, 식칼을 들고 와 죽여달라고 말하는 여자가 어떻게 보였을까? 나도 참 심했다는 반성이 들었는데 이미 지나간 기차요, 엎질러진 물이었지. 내가 그렇게 분노가 났던 것의 뿌리는 내가 성장한 가정에서 만들어진 완벽주의 때문이었어. 어릴 때부터 늘 그랬어야 했으니까. 언제나 어른처럼 행동하기를 요구받았어. 덕분에 어딜 가나 야무지다는 칭찬은 들었지만 정작 아이처럼 사는 법을 못 배웠던 거야. 상담 선생님 표현으로 '너무 일찍 어른이 된 아이'였던 거지. 그렇게 성장했으니 결혼 후엔 당연히 남편에게 그 완벽을 요구한 것이지. 남편 입장에서 생각해보니 집이 아무리 돼지우리 같았어도 전혀 불편하지 않았을 거야. 자기는 하나도 안 불편한 부분을 끊임없이 지적하는 아내를 만났으니 덧정 없었을 거야. 더구나 자신감까지 부족한 데다 겁이 많으니 큰 소리 한번 제대로 못 치고 도망가버린 것이지."

"지금도 그 센터에 가?"

"응. 지금도 지원그룹 모임엔 자주 가. 정이 많이 들었어. 가족들에게서도 느껴보지 못했던 경험을 이 모임에서 해. 이 그룹에서는 판단하거나 손가락질하는 사람들이 아무도 없어. 물론 다들 힘겨운 사람들이라 서로 보는 것만으로도 힘이 되기도 해. 또 묘한 건 나만 힘든 게 아니라 다른 사람도 힘들게 사는구나… 싶은 마음이 들 땐 힘이 나기도 하더라. 인간의 마음이란 참 못된 구석이 있는 것 같아."

민정은 딱히 뭐라 할 말이 없었다. 자신에게도 그런 못된 구석이 있다는 걸 알고 있는데 명선처럼 당당하게 밝히고 싶진 않았다. 그럴 용기도 없었다. 명선이 내심 많이 부러웠다. 그때 자고 있던 아이가 잠꼬대를 하더니 울기 시작했다. 그러자 명선은 벌떡 일어나 "엄마 여기 있지." 라며 아이의 가슴을 토닥거려 다시 재웠다.

"이혼 과정을 통해서 난 정말 많은 것을 깨달았어. 지금 알고 있는 것을 그때도 알았더라면 정말 좋았겠지만, 어쩌면 힘든 시간이 없었다면 지금의 나는 없었을 것 같아. 살아간다는 것이 그렇게 복잡한 것 같지는 않아. 자신을 알면 알수록 그대로의 나를 사랑하게 되는 것도 이젠 이해가 돼. 또 완벽주의였던 나의 사랑받고 싶은 욕구가 그렇게 표현되었다는 것을 알고 난 후로는 더 이상 완벽하지 않아도 충분히 사랑받을 수 있는 존재라고 스스로를 세뇌시켜. 그러고 나면 만나는 사람들이 다 소중히 느껴지고 직장생활도 훨씬 편해져.”

민정은 말없이 그저 묵묵히 듣고 있었다.

“며칠 전 인터넷 포털 사이트에 어떤 부부클리닉 원장이 올린 기사를 보았어. 요즘 상담을 오는 부부들 중에 결혼한 지 2~3년 된 부부들이 절반 가까이나 된다는데 그 내용은 대부분 부부간의 성향 차이로 인해 갈등이 심해진 경우래. 딱 내 얘기지. 신혼 초에 많이 싸우게 되는 것은 흔히 주도권 싸움이라 부를 수 있는데 싸우다 보면 왜 싸웠는지 이유도 모른 채 자존심이 상해 서로의 가슴에 상처를 남긴다고 하더라.”

“그래, 그 말은 나도 충분히 이해가 돼. 나도 요즘 그런 부분 때문에 정말 힘들어 죽겠어.”

민정은 순간적으로 말을 뱉었다. 그러나 명선은 표정의 변화가 없었다. 새삼스러운 일이 아니라는 의미였다. 명선이 긴 한숨을 뱉으며 말을 이었다.

“그런 현상이 결혼 과정 중에 거의 절반 가까이 일어나는 일이라고 누군가 알려주었더라면 얼마나 좋았을까? 친정엄마도 다른 주변 사람들도 그런 이야기를 해주지 않았어. 죽을 만큼 힘든 시기를 겪고 난 후에야 가끔 엄마가 아버지의 행동을 비아냥거리면서 '저 양반 신혼 초부터 저랬다.'라는 말의 의미가 그런 것이었다는 것을 이제 알겠어. 엄마도 영락 없는 여자였다는 것을 새삼 느끼게 돼. 엄마도 참 힘겨운 세월을 보내왔다는 것이 이젠 가슴으로 느껴질 때라 그런 건지 엄마가 잔소리를 해도 화가 난다기보다 도리어 측은하게 느껴져."

"그러게 말이야. 누군가 그런 것들을 친절하게 알려주었으면 얼마나 좋았을까?"

민정은 갑자기 영준 세진 부부가 떠올랐다. 속초에서 찾아와준 덕분에 지금 10번의 만남을 통해 결혼의 비밀을 하나씩 익혀가고 있는 중이다. 명선에게 조금 더 일찍 그런 기회가 제공되었더라면 이혼 안 했을 텐데… 또 갈등을 해결해가는 법을, 아니면 연약하고 겁 많고 게을러터진 남자라도 이리저리 지혜롭게 고쳐가면서 살고 있을 텐데… 민정도 남편이란 사람이 나를 전혀 이해하지 못할 뿐 아니라 이해하려 하지도 않는다는 느낌이 밀려올 때 얼마나 절망했던가? 남편이 시도 때도 없이 보낸 절망감의 쓰나미에 죽을 만큼 힘들었는데 혹 자신도 지금 창호에게 절망의 쓰나미를 보내고 있는 것 아닐까 하는 마음이 들었다. 그렇게 생각하니 마음 한쪽에 남편에 대한 미안한 마음이 생겨났다.

"그럼, 아이 아빠하고는 영영 이별인 거야?"

"연락이 전혀 안 되고 있으니까 어쩔 수 없지 뭐. 그래도 아이 아빠니까 아이 사진 같은 것은 보내주고 그 외 중요한 행사 있을 때는 아이에 대한 정보는 줘. 수신은 하는 것 같아. 지금은 그 사람 돌아오고 안 돌아오고에 초점 두진 않아. 이렇게 열심히 살다 보면 어느 날 그 사람이 깨닫고 돌아올 수도 있겠지. 그렇더라도 이미 예전의 내가 아니니까 괜찮아. 그 사람을 어떻게 다루는지 방법을 알고 있으니까. 그리고… 그 사람보다 백 배 천 배 멋진 사람을 만나게 될 것도 생각해. 내가 수준이 높아지는 것만큼 그 수준에 맞는 사람을 만나게 될 테니까. 누군지는 모르겠지만 나 같은 여자를 만나는 사람은 정말 행복할걸? 호호호."

창호와 민정은 영준 세준 부부와 만나는 동안 배워야 할 것들이 너무도 많다는 것을 피부로 느끼게 되었다. 결혼엔 거기에 따른 법칙이 있고 그 법칙을 알고 거기에 맞도록 살아야 비로소 행복하다는 것을 이해할 수 있게 되었다. 결혼이 '발효'냐 '부패'냐의 차이란 것도, 봉수와 명선 부부의 이혼 후 삶을 보면서, 자신의 결혼을 돌아보게 되었기에 결혼의 비밀 2 '타산지석'도 이해가 되었다.

영준이 보내온 결혼의 비밀 5는 대오각성大悟覺醒이었다.

결혼의 비밀 5

대오각성(大悟覺醒)

■ **대오각성(大悟覺醒)** 진실을 깊이 깨닫고 올바르게 정신을 가다듬음

결혼의 U자형 곡선을 알고 '무의식적 결혼'에서 수고와 노력을 동반한 '의식적 결혼'으로 전환할 때 비로소 행복은 시작된다.

편지 5

결혼했다면 적어도
10년까지는 무조건 버텨라

과거는 완전히 잊어. 넌 이미 중고품이야

처음 상담을 온 날 터지는 분노를 주체하지 못하던 네 모습이 생각나. 속아서 결혼한 것이 억울하다며 연거푸 냉수를 서너 컵 들이켰지.

속았다고 쳐. 그럼 너는 속이지 않았니? 너는 정말 괜찮았니? 잘 나가고 있었다고? 그 말을 정말 양심의 가책 없이 말할 수 있어? 속아서 결혼했다 쳐. 그래도 십 년을 넘어서고 있다면 너는 더 이상 그 말할 자격 없다는 걸 알고 있니? 진작 고치든지 아니면 버리든지 했어야 하거든. 물론 그렇게 말하는 너로선 진작 버리지 못한 부분을 안타까워하겠지? 그렇지만 버리는 것만이 능사는 아냐. 사람들은 충분히 고쳐 쓸 수 있는 물건인데도 너무 쉽게 버려. 그것도 고가의 물건을 말이야.

혹 이런 경험 있어? 나는 도무지 고칠 수 없는 물건이라고 버렸는데 그 자리에서 누군가가 깨작깨작 하더니 바로 고쳐 사용할 때의 묘한 기분 말이야. 이를테면 줄 끊어진 기타가 있었어. 너는 기타 칠 줄 모르기에 너하고는 상관이 없는 물건이라 별 관심이 없었어. 배워볼까도 생각했는데 줄이 끊어져 있으니 줄 갈아 끼우는 것도 귀찮아 그냥 버리기로 했어. 친구들이 놀러 왔는데 그중 한 녀석이 기타치려고 보다가 줄 끊어진 걸 확인한 거야. 버릴 기타라고 했더니 그 친구가 정색을 하면서 "정말 버릴 거니? 그럼 내가 가져도 되지?"라고 묻는 거야. 그래서 두 말 않고 친구를 줬어. 그랬더니 마음 바뀌면 안 된다며 3만 원을 내놓는 거야. 웬 횡재냐며 좋아했어. 얼마 뒤 친구들 모임에서 그 친구가 멋지게 기타 연주를 하는데 그 좋은 소리를 내는 기타가 바로 네가 팔았던 그 기타였어. 낙원상가 기타 수리점에서 갈라진 부분을 목재용 본드로 접착하고 약간 휘어진 목은 렌치를 돌려 교정했고 묵은 때를 닦아내고 광택제로 윤을 낸 후 새 줄로 갈았더니 완전히 새 기타가 된 거야. 더 화가 난 건 말이야. 그 기타가 꽤 고가의 수제 기타라서 지금 중고시장에 내놔도 삼사십만 원 정도는 거뜬히 받을 수 있다는 거야. 솔직히 배 아프지 않을까?

만약 네 배우자가 그렇다면? 네 배우자도 중고시장에 내놓으면 바로 고가에 팔려나가. 네가 볼 때는 아무 짝에도 쓸 데 없는 물건 같아도 그 기능을 아는 사람은 정말 유용하게 사용하지. 그러니 속았다는 말 함부로 쓰지 마. 네 남편도 속았다고 생각하고 있을 테니까. 어떤 무식한 인간은 고가의 카메라를 사놓고는 사용설명서가 복잡하다고 짜증을 내. 생각해봐. 사용설명서가 복잡하다는 말은 기능이 많다는 뜻이니 그걸 통해 얼마나 멋진 작품들을 만들어낼 수 있을지.

네 외모에 대한 자부심이 크다는 거 알아. 그래 인정해. 네 외모가 보통 사람들과 비교했을 때 훨씬 예쁘다는 것 인정해. 몸매도 8등신 9등신으로 분류 가능, 얼굴 사이즈는 CD보다 작고 도자기 피부라 특별히 화장을 하지 않아도 매력을 발산할 수 있을 정도지. 목욕할 때 스스로 만져보는 느낌도 좋은데 네 살을 만져보는 네 남편은 얼마나 좋겠어? 거울 앞에 비친 모습을 보노라면 '여신급 미모'라는 말을 자연스럽게 붙여도 괜찮다고 생각할 거야. 그래 맞아. 너는 아직 그런 찬사를 받기에 충분해.

그런데 그 찬사를 받는 시간이 앞으로 얼마나 남았을까? 10년? 20년? 그런데 그거 알아? 남자들은 양귀비를 데리고 살아도 3년만 데리고 살면 지겨워 못 산다는 거? 널 처음 보는 남자들에겐 언제나 미모의 여자일지 몰라도 네 남편에겐 그저 평범한 여자에 불과하다는 거야. 바로 그런 부분이 억울할 수도 있어. 상담실에서 결코 피할 수 없는 주제가 '외도'에 대한 것이야. 그렇게 예쁜 여자를 둔 남자는 외도 안 할까? 천만에! 남자란 지금 자기 품 안에 여자를 안고 있으면서도 다른 여자를 찾아 눈을 돌리는 생리학적 습성을 가진 족속이야. 다만 스스로 그런 부분을 참고 견디는 것일 뿐. 그런 면에서 네 남편이 특별히 여자 문제를 일으키지 않는 것만으로도 감사해야 해. 여자는 결혼하면 한 남자만 바라보는 것이 자연스럽게 되어 있지만 남자에겐 그렇지 않거든. 하루에도 몇 번씩 '참아야 하느니라.'를 주문처럼 외고 살지.

요즘 젊은 남자들일수록 아내가 맞벌이하는 여자이기를 희망해. 경제적 수준은 높아졌지만 상대적 빈곤 때문에 부부가 함께 벌지 않으면 살기 힘든 시대야. 그러나 그것보다 자기 아내가 집에서 온종일 자기만 기다린다는 생각만으로도 고개를 절래 혼들게 된다고들 하지. 적어도 누군가가 나 혼자만 바라보고 산다는 거, 그거 정말 부담되지 않을까? 게다가 온종일 집에 있던 여자가 집에 돌아오는 남편에게 이것저것 해달라고 하면 짜증이 확 치밀어 오르지만 그래도 좋은 남편이 되고 싶어 묵묵히 해준대. 퇴근한 남편이 그런 거 도와준다면 거의 4대 성인 수준에 오른 사람이라고 생각해도 좋아.

10년쯤 되었으면 속았다고 억울해할 에너지를 이젠 다른 쪽으로 사용해봐. 속았다는 표현을 하고 있다는 말은 너를 속인 그 배우자와 지금 살고 있다는 말이니 속았다고 말할수록 누워서 침 뱉고 있는 것과 같아. 과거를 돌이킬 생각이나 미래에 행복해질 그날을 기다리는 게 아니라 매일매일 행복한 날을 만들어가는 쪽으로 방향전환 해. 행복한 사람들의 특징 중 한 가지는 그렇게 창의적으로 행복을 만들어내는 행복제조업자들이야. 그러니까 불행한 사람과 행복한 사람의 차이는 막연한 행복을 기다리는 사람인가 아니면 스스로 창조해내는 사람인가의 차이지.

무수리 취급을 받더라도 버텨야 할 땐 버텨

결혼해보니 좋든? 별로라고? 네가 생각했던 결혼과 너무 달라 충격에서 벗어나지 못한 채 몇 년을 살고 있다고? 결혼하면 왕비같이 살 줄 알았어? 일단 여자는 결혼하면 모든 상황이 불리해져. 아무리 돈을 잘 벌고 아무리 유학을 다녀와 박사 학위를 가지고 있다 해도, 아무리 회사에서 직급이 높아도 한 집안의 며느리가 되는 순간 그런 것들은 당분간 아무 짝에도 쓸모없는 것들이 돼. 결혼하면 왕비처럼 살 것이라고 생각하는 건 만고 자기 착각일 뿐, 막상 결혼하는 순간 바로 무수리로 전락하고 말아.

그래도 분명히 기억할 건 일정기간 무조건 버티는 기술이 필요하단 거야. 흔히 남자들이 자신들의 군대생활과 여자들의 며느리 생활을 나란한 선상에 두고 있지. 기분 좋게 들리진 않겠지만 어느 정도는 들을 이유가 있어. 군대에 처음 들어가면 이유를 불문하고 무조건 얼차려를 시켜. 그때의 졸병은 힘이 없으니까 무조건 참고 견디는 수밖에 없어. 누가 누군지도 모르고 어디가 어딘지도 모르고 뭘 어떻게 해야 할지 몰라 모든 것이 서툴기 마련이거든. 그래도 참고 견디는 거야. 그렇지만 참기만 하는 놈은 고문관이라고 욕먹어. 눈치껏 최대한 빨리 적응하는 법을 배워야 군생활이 편해져.

그런데 말이야. 너의 친정 부모님도 네게 잘못한 것이 많아. 결혼하면 일정 기간 무수리 역할을 해야 한다는 것을 왜 안 가르쳐주었을까? 상담사로 수많은 부부들, 특히 요즘 갓 결혼하는 젊은 친구들 상담을 해보면 솔직히 결혼하면 안 될 '애'를 시집 장가보낸 부모들이 너무 많아. 생물학적으론 어른인데 정신 나이는 유치원이나 초등 저학년 정도에 불과해. 그러니 조금만 어려운 일을 만나면 무서워 도망가고, 힘든 일이다 싶으면 못 참고 징징대. 또 윗사람 대하는 법을 몰라. 시댁에서 어른들이 싫은 말 한두 마디만 하면 금세 토라지는 게 눈에 보여. 억울하고 힘들더라도 감정 숨기는 법을 배웠어야 했는데 표정 관리가 안 돼. 심지어 그 자리에서 논리를 따져가며 바락바락 대들기도 해. 그리곤 친정으로 쌩하니 달려가 징징대고 울지. 그럴 땐 어른들이 호통을 쳐서 돌려보내야 하는데 친정 부모가 더 길길이 날뛰며 딸 편을 들고 사위 잡을 칼을 갈고 있어. 그렇게 되면 그 남자는 친가에선 마누라 단속 하나 못하는 놈이 되고 처가에서는 마누라 지켜주지 못하는 놈이 되지.

부부 특강 때 나는 부부 중 남자의 울타리 역할을 강조해. 남자는 자기 여자를 보호해 줘야 하고, 그 일이 선행될 때 여자는 자기 일을 하게 되어 있다고 말하지. 이 말을 하는 것은 남자들이 새겨들으라는 거야. 그런데 여자들이 더 감동을 받는 경우가 많아. 자기 남편이 꼭 들어야 할 말이라는 거지. 자기 남편이 울타리 역할을 못 해 줘서 자기가 힘들다는 거야. 맞는 말이야. 그렇지만 분명히 기억해야 할 것이 있어. 남편이 울타리를 치지 못하는 것도 있지만 그 여자들의 심리적 맷집이 너무 약하다는 것도 문제야.

남편이 울타리 역할을 제대로 하려면 최소 10년 이상은 지나야 해. 철이 들어야 자기 마누라가 무수리처럼 버텨왔다는 것을 알게 되거든. 시댁 어른들에게 인정받는 자기 마누라를 볼 땐 정말 장가 잘 갔다는 생각에 안도의 한숨을 넘어 마누라가 정말 사랑스러워지는 거야. 그런 남자는 마누라 자랑하느라 여념이 없지. 사랑과 자랑은 같은 말이거든. 사랑하면 자랑하게 되어 있고, 자랑한다는 말은 사랑한다는 말이야.

그러니 일정기간 무수리처럼 열심히 살아 남편의 자랑거리가 되어

봐. 그러면 남편의 사랑이 왕창 와. 남자라는 족속은 자기가 먼저 사랑하지 않아. 여자의 사랑을 받아 커야 비로소 철이 들고, 철이 들어야 자기 아내를 사랑하고 자랑하게 돼. 나한테 목숨 걸 정도의 남자를 만드는 과정까지만 무수리로 살면 그 이후론 왕비로 살게 되어 있어. 결혼에도 경제원칙이 적용돼. 노력 없이 괜찮은 남자를 만들겠다고 하는 건 복권도 안 사놓고 당첨되길 기다리는 정신 나간 인간이지.

chapter **6**

이젠 모래시계를 뒤집어라

여자의 눈으로 봐도 여자의 느낌이 꽤 많이 느껴졌다. 지금 당장은 아닐지라도 앞으로 어떻게 해나갈지를 생각해가면서 갖는 기대란 과연 어떤 것일까? 나보다 앞서 살았던 수많은 사람들은 그렇게 살았을까? 우리 부모님도 그런 시절을 보냈을까?

6
이젠 모래시계를 뒤집어라

발효는 시간을 필요로 한다

민정에겐 명선을 만난 여운이 오랫동안 남았다. 생각하면 할수록 남자들의 이해 못 할 속성이 궁금해졌다. 상담 선생님을 만나면 묻고 싶은 질문이 가득 찼다. 상담실에 도착해서 자리에 앉자마자 선생님이 지난 일주일의 근황을 묻기도 전에 질문부터 쏟아내었다.

"선생님, 남자들은 왜 아내가 임신하고 출산하면 좋아하기보다 그 반대가 되는지요? TV 드라마에 나오는 남자들은 좋아서 입이 찢어지는데 주변 사람들을 보면 그렇지 않은 것 같아서요. 마치 남의 새끼를 밴 것 같은 태도까지 취하는 남자들도 있더라고요."

민정은 세진에게 물었다. 그 말에 세진은 웃으면서 대답했다.

"무슨 일이 있었나요? 혹 임신하신 건가요?"

민정은 부끄러운 듯 얼굴이 빨갛게 달아올랐다.

"아뇨."

"음 뭐랄까… 여자들은 아이가 생기면 그 아이가 돌봄의 대상이라고 자동인식을 하는 데 반해 남자들은 아이가 생기면 경쟁의 대상이라고 여기는 현상을 말씀하시는 것 같네요."

"네? 아니, 그게 말이나 되는 소리예요? 자기 피가 흐르는 자식이 어떻게 경쟁자가 되나요?"

"무의식적으로 그렇다는 겁니다. 남자들 중에는 아내가 자기 아이를 임신했는데도 시큰둥해하거나 출산 이후 눈앞에 자기 아이가 꼼지락거리는데도 살갑게 대하지 않는 이들이 꽤 많아요. 그런 면에서 기저귀를 흔쾌히 갈아주고 아이를 안아 얼러주는 남자는 정말 성인군자예요. 미국에서는 결혼 연차가 4~5년 된 젊은 부부의 이혼율이 높다고 해요. 첫째 아이가 어느 정도 자라고 둘째 아이를 낳은 이후인데, 첫 번째 아이가 아내의 사랑을 빼앗아간 것 때문에 2~3년 힘겨운 시간을 보내고 있다가 둘째 아이가 태어남으로써 그나마 남아 있던 아내의 사랑마저 한꺼번에 다 빼앗긴다고 여깁니다. 무의식적으로 그렇다는 거예요. 그렇게 되면 남자들이 육아나 가사 일을 도와주기는커녕 도리어 짜증을 내며 손가락 하나 까딱 안 하려고도 하지요. 자기 사랑을 뺏은 원수를 사랑하려니 못할 짓인 거죠. 그런 꼴을 보는 여자는 또 소리를 질러대는 악순환이 생기죠."

"솔직히 전 결혼하고 나면 남자가 칼 퇴근해서 집으로 돌아오는 것을 기대했어요. 제가 먼저 퇴근하면 제가 저녁밥 준비하고 남편이 먼저 퇴근하면 남편이 저녁밥을 준비하는 거요. 먼저 퇴근하는 사람이 뒤에 오는 사람을 위해 저녁밥을 지어놓으면 얼마나 좋을까요?"

민정이가 그렇게 말할 때 세진은 나올 반응이 나왔다는 의미의 웃음을 띠었다.

"근데 정말 결혼하고 나니까 남편이 정시에 퇴근해서 저녁준비를 해주는 건 손가락으로 꼽을 정도로 몇 번 안 되죠? 처음엔 몇 번 하다 나중엔 그것도 안 하고 아예 야근이다 뭐다 해서 자꾸 늦게 들어오는 일이 더 많아졌지요? 민정 씨 거기서 조금만 더 생각해봐요. 남편이 칼 퇴근을 하고 집에 돌아온다면 오히려 아내가 걱정을 해야 할 경우도 있답니다. 아내가 남편의 칼 퇴근을 자꾸 채근하면 그것이 남편의 승진에 마이너스 요인이 될 수도 있거든요. 오히려 집으로 달려오려는 남자를 일 처리나 완벽하게 해놓고 오라고 도리어 막아야 할 때가 있어요. 집에 와서 밥해놓고 나를 기다리고 일만 생기면 나를 도와줄 거라는 건 판타지에 불과하죠. 그저 결혼의 결 자도 모르는 어린아이라고나 할까요?"

"그런가요? 그 말씀 듣고 보니 일리가 있는 말이네요. 근데 대부분의 여자들이 그런 것을 바라고 있진 않은가요?"

"아마 그럴지도 모르죠. 그렇지만 남자들 입장에선, 특히 삼십 대 남자들은 자신이 일하고 있는 분야에서 성공하려고 거기에 온 신경을 쓰고 싶은데 아내와 아이들의 요구가 많아지면 그것들이 발목을 잡고 있다고 생각해요."

"자기 닮은 아이가 성장해가는 과정을 지켜보는 것이 분명히 행복일 텐데 남자들은 도리어 귀찮게 여긴다니 이상하네요."

"맞죠. 남자가 그런 것을 행복으로 느낄 때쯤 되려면 나이가 꽤 많이 들어야 해요. 지긋하게 나이가 들어야 무게중심도 잡히고 속에 여성성이 발달되면서 화도 덜 내고 자상하고 따뜻한 사람이 되는 것이죠."

민정은 그 말을 들으면서 친정아버지를 떠올렸다. 결혼할 때쯤의 아버지는 참 따뜻하고 부드러운 분이셨다. 결혼 전날 아버지는 딸의 방에 와서 손을 꼭 잡고 이렇게 말씀하셨다. 엄마가 이전에 몇 번이나 해주신 같은 말씀인데 아버지가 그렇게 말씀하시니 울컥 목이 멨었다. 말씀하시는 아버지의 눈도 살짝 젖어 있었다.

"민정아! 난 네가 아주 감수성이 예민하고 여린 면이 많다는 걸 알아. 하지만 또 연약해 빠져서 아무것도 못하는 여자는 아니라고 봐. 결혼, 만만치 않을 거야. 그렇지만 아버지는 네가 씩씩하게 이겨낼 거라고 믿어. 어쩌면 인생이라는 것이 고통을 풀어 둥지를 만드는 과정일지 몰라."

그런 아버지가 요즘엔 임신 여부를 자주 물어 오셨다. 낳기만 하면 얼마든 돌봐주겠다고 하셨다. 오히려 친정엄마가 절대 안 된다고 손사래를 치셨다. 이제 조금 여유를 가질 만한데 덜컥 아이를 봐달라 하면 두 사람이 보낼 자유를 뺏긴다는 말씀이셨다. 엄마의 그 말이 못내 섭섭하기도 했었는데 지금 그 말뜻이 무엇인지 이해가 되기 시작했다. 엄마는 이렇게 말씀하셨다.

"너희 아버지가 요즘 와선 참 잘 한다. 무뚝뚝한 거 같아도 얼마나 속정이 깊고 자상한지 인생 사는 재미를 느끼게 돼. 딸내미가 결혼할 때가 되서야 그런 느낌을 갖는다는 게 좀 아쉽기도 하지만 지금이라도 얼마든지 행복하게 살면 되니까 다행이지. 요즘은 우리가 너희들보다 더 신혼인 것 같아."

"그렇게 본다면 남자들은 참 이기적인 것 같아요."

"네. 맞습니다. 남자들의 유전자엔 평생 자기만 생각하는 이기적인 속성들이 들어 있지요. 결혼한 여성들이 그 부분에 많이 실망해요."

"그럼 결혼하기 전에 자상하게 해주는 것은 무슨 의미인가요?"

"그건 결혼을 위한 전략이죠. 샘플이라고 할까요? 남자들은 결혼이라는 목표를 정하고 나면 그것을 달성하기 위해 모든 수단을 동원하죠. 목표달성에 성공하면 다른 목표에 열정을 쏟느라 결혼 전에 보여주었던 모든 열정과 관심을 다 끊습니다. 잡은 물고기에게 떡밥 주지 않지요."

"아휴 짜증나요 선생님! 그럼 결혼 안 하고 사는 게 낫겠네요."

"아마 최근에 부쩍 늘어나고 있는 만혼이나 비혼 문제는 그런 이유 때문일 겁니다. 부모님을 비롯한 주변 사람들의 결혼생활을 살펴봐도 썩 그렇게 행복해 보이지는 않았을 테니까요. 그런데 생각을 조금만 바꾸면 그 속성을 역이용할 수도 있습니다."

"역이용한다고요?"

"네. 그 비법은 지구상에 지극히 소수의 여자들만 알고 있는 일종의 시크릿입니다."

"시크릿…"

민정은 말을 되뇌었다. 몇 해 전 읽었던 《시크릿》이란 책의 내용이 떠올랐다. 그 책에선 '끌어당김의 법칙'이 있어서 간절히 바라며 온 우주를 향해 주문하기만 하면 원하는 대로 다 이루어진다는 것이었다. 예를 들어 주차장에 들어설 때 빈자리가 남아 있을지 걱정되지만 먼저 주차 공간을 상상하고 간절히 바라면 내 차가 들어갈 때 다른 차가 쏙 빠져

나가면서 바로 공간이 생긴다는 것이었다. 그러나 살면 살수록 세상은 그렇게만 움직여지지 않는다는 것을 느끼며 살고 있다. 주차가 걱정되면 차를 두고 가면 될 일이었다. 차를 가지고 가는 편리만큼 그에 따른 불편이 따르고 차를 두고 가는 불편만큼 그에 따른 편리가 또 만들어지는 기회비용이었다.

세진이 말을 이었다.

"남편들로 하여금 '네가 나에게 최우선이야.' 라는 느낌이 들도록 하면 어떨까요? 육아를 부탁할 때도 아빠로서 당연히 해야 할 것을 한다는 뉘앙스가 아니라 연약한 아내를 위해서 엄청 어렵고 힘든 일을 해주는 흑기사 정도로 치켜세워주면 남자는 속에 있던 기사도를 발휘하거든요. 많은 아내들이 상담실에 와서 속상해하죠. 우리 집 남자는 집에선 게을러터진 사람인데 밖에만 나가면 얼마나 친절맨으로 바뀌는지 다른 여자들 말이라면 성경 말씀을 실천하는 사람이라고 말이죠. 그 왜 있잖아요? 산상수훈에 오 리를 가고자 하거든 십 리를 가고, 오른뺨을 치거든 왼뺨도 돌려대며…."

"맞아요. 정말 남자들은 왜 그래요?"

"그러게 말입니다. 그래도 왜 그럴까를 묻기보다 그렇다면 앞으로 어떻게 사용할까를 묻는 게 현명하지 않을까요? 또 내 입장에서만 아니라 남자들 입장에서 생각해보는 것도 필요해요."

"남자들 입장에서 생각해보라고요?"

"네. 남자들 입장에서 생각해보면 남자들도 참 불쌍하단 생각이 든답니다. 여자들은 결혼 전 남편의 태도가 결혼 후에도 이어질 거라 착각하죠. 결혼 전에 자기에게 충성을 다하겠다고 서약하고 자기 말이라면 무조건 다 들어주는 남자 중의 남자 모습을 보여줬다고 해서 결혼 후에도 똑같을 것이라고 생각하는 여자는 골 빈 여자입니다."

"결혼 후에도 변함없이 충성하는 남자는 없나요?"

"있을 수도 있겠지만 그런 남자는 별종이니 제외해놓고 이야기합시다. 결혼한 남자는 성공에 열정을 쏟습니다. 그렇게 목숨을 거는 것은 결혼에 따른 엄청난 책임감 때문인데요, 자기가 처자식을 먹여 살려야 하니까요. 남자가 출근할 때는 마치 전쟁터로 나가는 병사의 심정이랍니다. 사실 사회는 전쟁터 맞습니다. 윗사람 눈치 봐야 하고, 자기 동기들보다는 빠르게 진급해야 할 테고 자기보다 늦게 들어온 후배가 더 높은 곳에 앉으면 어쩔 수 없이 사표 내고 나와야 할 테니 살아남기 위해선 상사들에게 알랑방귀도 뀌어야 하고 승진을 위한 공부도 계속해야 하고 또 후배들을 잘 이끌어가는 중간관리자의 자질도 갖춰야 하죠."

"그건 누구나 하는 거잖아요."

"남자 입장에선 누구나 하는 일이 아니라 자기만 처자식을 위한 사명감으로 한다고 여기죠. 그 때문에 운동할 시간도 없고 밥 먹을 시간도 없다고 푸념을 늘어놓죠."

"작은 일 하나 해놓고 생색을 엄청 내고요."

영준이 옆에서 한마디 거들었다. 그러면서도 세진을 향해 '난 아니야.'라는 몸짓을 보냈다. 세진이 웃으며 말을 이었다.

"심리적 중압감은 남자들을 늘 피곤하게 만듭니다. 회사에서 야근이다 회식이다 해서 늦게 들어오면 그건 그것대로 피곤하고, 일찍 들어오면 애들하고 놀아주느라 피곤하고, 맞벌이하는 아내가 아직 안 들어왔다면 저녁 준비하느라 피곤하고, 부부간의 친밀감 유지를 위해서 각종 기념일도 챙겨야 하니 피곤하고, 아이들을 위해서 가족여행도 해야 하니 피곤하고…. 남자들이 상담실에 와서 볼멘소리를 많이 해요. 늘 아내로부터 무뚝뚝하다고 핀잔 듣던 남자가 모처럼 큰마음먹고 아내를 위해 어쭙잖은 이벤트를 했다 도리어 타박만 받았다는 남편들도 있었어요. 모처럼 큰마음먹고 선물 하나 했는데 다음 날 고마워하기는커녕 그 돈은 어디서 났다며 추궁해오더라나요."

세진은 약간 격앙되어 있었다. 어쩌면 남자가 남자들 입장으로 앞에서처럼 말을 했다면 '남자니까' 팔이 안쪽으로 굽어 말하는 것이라고 여기겠지만, 이 경우는 반대였다. 오히려 남자들보다 더 남자 옹호론자 같았다. 세진의 목소리가 한 단계 더 높아졌다.

"결혼을 하고 몇 년이 지났는데도 남자에게 뭔가를 기대하고 사는 여자는 골 빈 여자예요. 결혼하면 각종 기념일을 챙겨줄 거라고 착각하는 여자, 매년 해외여행을 갈 거라고 착각하는 여자, 주말마다 즐거운 일이 가득할 것이라 착각하는 여자, 청혼할 때 한 약속을 그대로 다 해줄 거라고 착각하는 여자, 다 앞에서 언급한 결혼의 판타지를 못 버리고 있는 골 빈 여자들이죠."

"그렇지만 그런 기대 안 하고 산다는 것도 이상하잖아요. 그리고 선생님이 남자 두둔하시는 것 같아 느낌이 이상해요."

"호호. 그래요? 아마 상담실에서 진짜 골 빈 여자들을 너무 많이 봐서 그럴 거예요. 여자인 내 입장에서 봐도 여자가 너무한다 싶을 때가 한

두 번이 아니었거든요. 그리고 기대하지 말란 게 아니죠. 당연하다고 생각하고 자기는 아무것도 안 하는 걸 골 빈 행동이라고 하는 겁니다. 남자로 하여금 자기가 기대하는 것을 하게끔 그것도 자발적으로 할 수 있도록 만드는 여자야말로 진짜 행복한 여자입니다. 결혼한 여자가 비전이나 목표로 삼아도 될 만해요. 비전, 목표 그러니까 너무 거창하죠? 그냥 조금 낮춰서 '위시 리스트wish list'라고나 할까요? 남편으로 하여금 그렇게 하게 만들 때 반드시 자신의 수고도 동반되어야 한다는 점은 꼭 기억해야 할 부분이에요."

"여자가 괜찮은 남자를 기대하는 건 이상한 게 아니잖아요? 가끔 연예인 남편들 보면 부인한테 얼마나 잘하는데요."

"그러니까 그 사람들은 연예인이죠. 그런 남자는 진짜 가물에 콩 나듯 있는 것이란 뜻이어요. 정말 특별하니까 그렇게 알려지는 것이지 보통의 남자들은 그렇지 않거든요."

"그래도 전 간지남이 좋아요."

"아직까진 남편인 창호 씨가 총각 때의 감각이 남아 있을 때고 민정 씨도 아직 미스라고 해도 과언 아니니 그런 생각 갖는 건 당연하죠. 결혼하기 전에 간지남이었던 남편, 참 괜찮았죠? 패션 감각이 좋은 편이니 그런 센스를 가진 남자라면 나를 잘 코디해줄 것이라고 생각했을 테죠? 그런데 그 간지 나던 패션이 휴일만 되면 정말 못 봐줄 운동복 패션으로 돌변하죠? 그리고 씻지 않는 남편들 때문에 속상해하는 여자들은 또 얼마나 많다고요."

"그런가요? 제 친구 남편은 얼마나 유난을 떠는지 피곤해 죽겠대요."

매일같이 씻고 닦고 머리카락 치우고, 샤워하러 들어가면 기본 한 시간에 어떨 땐 두 시간을 샤워하고 나온대요. 심지어 일주일에 한 번씩은 이불 빨래를 해야 할 정도라네요. 이 정도 되면 문제 있는 거 아닌가요?"

"그 정도라면 강박성이라고 해야겠네요. 그러니 그런 남자가 남편이 아니란 것만 해도 충분히 행복한 일이죠? 정말 까다로운 남자, 유치한 남자, 의존적인 남자, 무능한 남자, 폭력적인 남자, 집착하는 남자를 만나보면 몇 개월도 못 살고 죽을 여자들 많을 거예요."

"근데 선생님, 오늘 선생님은 여자로서 같은 여자를 너무 폄하하고 남자를 너무 치켜세우는 것 같은데요?"

"호호. 그렇게 들리나요? 골 빈 여자가 있듯이 당연히 골 빈 남자들도 있어요. 이를테면 아침마다 아내가 진수성찬을 차려줄 것이라 착각하는 남자, 매일 싸주는 점심 도시락에 콩으로 하트를 새겨 넣을 것이라 생각하는 남자, 자기가 집에만 들어오면 아내가 모든 것을 알아서 다 챙겨줄 것이라고 착각하는 남자… 등등요."

민정은 세진이 말하는 '골 빈 남자, 골 빈 여자'를 '골 빈 놈', '골 빈 년'으로 대체시켜 나즈막히 발음을 해보다 갑자기 폭소가 터졌다. '어쩌면 나도 골 빈 년일 수 있을 텐데 이렇게 웃음이 나는 이유가 뭘까? 창호도 골 빈 놈이 분명하고 나도 골 빈 년이 분명하다. 그러니 우리 부부는 골 빈 부부인 게다.' 그런 생각이 계속 이어지는 동안 터진 웃음이 한동안 멈추지 않았다.

자동소통, 자동소총

민정은 이번 회기만큼은 더 큰 기대감으로 가득 찬 채 상담실을 방문했다. 지난번 모임을 마치고 나갈 때 영준이 다음 만남에선 부부대화법을 배우자고 했기 때문이었다.

"오늘 대화법에 대해 이야기한다고 했는데 두 사람은 대화 잘 하는 편인가요?"

"저희가 대화 잘 하는 부부라면 이혼한다고까지 안 했을 거예요. 정말 답답해 죽겠어요. 어쩜 그렇게 앞뒤가 꽉 막힌 인간인지… 답답해요. 답답해."

"많이 답답하셨던 모양이네요. 한 가지 물을 게 있는데요. 창호 씨와 살면서 항상 그랬나요?"

그 질문에 민정은 선뜻 대답을 할 수 없었다. '저 인간은 말이 통하지 않는 사람이야.' 라고만 생각했는데 '항상'이라는 말을 듣고 보니 생각을 해야 했다. 항상 그랬을까? 처음 교제할 때는 그렇지 않았다.

"항상 그렇진 않았지요. 그래도 데이트 할 땐 잘 통하는 편이었어요."

"데이트할 땐 잘 통했다? 그거 아주 좋습니다. 그게 가장 중요한 대화법의 팁입니다. 아이들이 노는 것을 보면 무슨 대화법에 근거해서 대화하는 건 아니죠. 그냥 자연스럽게 통하죠. 여자분들끼리 수다 떨 때도 무슨 대화법에 근거해서 대화하시나요?"

"아뇨. 저희는 대화법 같은 거 배운 적이 없는걸요?"

"그럼에도 불구하고, 그렇게 밤새워 수다를 떨 수 있는 이유가 뭘까요?"

"통하니까요."

"네. 맞아요. 통하니까 가능한 것이죠. 그런데 통한다는 말은 둘의 관계가 어떻다는 뜻인가요? 아무하고나 통하나요?"

"그렇진 않아요. 낯선 사람일 때는 몇 마디 해보고 안 통한다 싶으면 말문을 닫죠."

"중요한 부분을 말씀해주셨네요. 안 통한다 싶으면 말문을 닫는다는 건 관계가 친밀하지 않다는 전제가 내포되었죠. 수다를 떤다는 말은 편이 된다는 뜻입니다. 편이라는 말은 객관적 사실이 아니라 주관적 느낌에 근거한다는 것이죠. 가령, 시어머니 때문에 늘 속상해하는 친구가 한 번은 시어머니께 대들었다는 하소연을 하면서 펑펑 운다고 가정해봅시다. 그때 친구는 객관적 입장에서 판단하지 않죠. 오히려 주관적 관점에서 '오죽했으면 너같이 착한 애가 대들었겠니?'라고 말하겠죠? 그것이 편이 되는 것이죠."

"편이 된다면야 정말 신 나는 일이죠."

"맞습니다. 편이 된다는 말은 '우리'가 되었다는 뜻이죠. '우리'라는 말은 울타리를 뜻하는 '울'에서 왔다고 해요. 울타리 안에 있는 사람, 그러니까 친밀하게 지내는 사람이란 뜻이지요. 그래서 소통이 되려면 친밀해야 합니다."

"친밀해지면 자연스럽게 소통이 된다는 말인가요?"

"그렇죠. 친밀하면 자동소통인데요, 사이가 나빠지면 자동소총이 됩니다."

영준이 총 쏘는 시늉까지 하면서 한 음절씩 끊어 말하자 창호와 민정이 서로를 쳐다보며 웃었다.

"결국 자동소총에서 자동소통이 되려면 친밀해져야 합니다. 그런 면에서 부부가 함께 즐거운 시간을 갖는 것은 정말 중요합니다. 미국 시애틀에서 '애정연구소'를 운영하고 있는 존 가트맨J.Gottman은 평소 쌓은 긍정적 감정이 부정적 감정을 대체할 수 있다고 강조하죠. 그의 말 그대로 부부관계에도 통장이 있다고 가정할 때, 평소에 친밀한 부부는 적립금이 자꾸 불어나 통장잔고가 넉넉한 상태입니다. 그때에는 갈등이나 배우자의 실수 등으로 인한 인출이 생기더라도 잔고 전체에는 그렇게 큰 영향을 미치지 않습니다. 반대로 평소에 친밀하지 않은 부부는 적립금이 없는데 크고 작은 인출만 계속 생기다 어느 날 큰 인출이 생겨 관계가 깨진다는 뜻이죠."

"큰 인출이라면… 외도, 폭력, 경제적 무능력, 시댁과의 갈등… 그런 것들인가요?"

"네 맞아요. 그래서 말인데요, 이번 주 숙제는 진짜 통장을 만들어오는 겁니다. 반드시 은행 가서서 입출금 내역이 글자로 찍히는 통장으로 만들어오세요. 그리고 통장 표면엔 사진을 붙이든 그림을 그리든 '창호와 민정의 행복통장'이라는 이름을 붙이세요."

"네 알겠습니다. 그런데 그게 왜 필요하죠?"

"관계통장에 잔고를 쌓는 작업을 하기 위해서입니다. 두 사람의 수입에서 1%를 그 통장에 넣는 겁니다. 아니면 두 분이 뭔가를 잘 해서 받게 되는 인센티브나 비싸게 살 물건을 싸게 사서 생긴 차액 같은 것을 거기에 넣으세요. 그 돈으로 둘만의 데이트를 하시면 됩니다. 가령, 먹고 싶은 음식이 있는데 너무 비싸 선뜻 사 먹을 수 없을 때 그 통장에서 지불하고 마음껏 먹는 겁니다. 먹고 싶은 건 그때 먹어야지 나중에 시간 지나고 나면 못 먹고 결국 후회한답니다. 또 문화비로 지출하시는 것도 좋아요. 영화 한 편 더 보기, 음반 하나 더 사기, 혹은 공연이나 뮤지컬 등을 한 번 더 보는 것이죠. 뮤지컬 한 번 보려고 하면 비싼 입장권 때문에 선뜻 행동으로 옮기기 쉽지 않죠? 그럴 때 이 통장에서 지출을 하시면 됩니다."

"아…."

"저흰 그 통장 사용한 지 5년이 넘었어요. 강연이나 상담료는 가정 경제 수입으로 돌리고 잡지 칼럼 원고료는 여기로 적립하죠. 5년 전에 제주도 여행부터 시작해서 매년 가족여행을 하고 있어요. 또 일 년에 한 번 정도는 뮤지컬 관람도 하고 있답니다."

"네. 그거 정말 좋은 방법이군요."

"그럼 다음에 오실 땐 통장을 갖고 오셔야 합니다. 아셨죠?"

억지로 공감하려 애쓰지 말라

"네 알겠습니다. 그런데 오늘 대화법에 대한 말씀은 안 해주시는 건가요?"

"하하. 그 부분에 대한 기대가 아주 큰 모양이군요. 대화법 할 겁니다. 우리가 알고 있는 기존 대화법의 오류부터 짚어볼게요. 우선, 부부 사이엔 굳이 공감하려고 애쓰지 마세요. 앞에서 제가 '친밀하면 자동소통, 사이가 멀어지면 자동소총'이라고 했죠? 사이가 나쁘면 만날 때마다 비난의 총을 쏘아대죠. 자동소통이 안 되면 수동소통이라도 해야 하는데 그것이 대화법이에요. 그러니까 대화법이 필요하단 말은 사이가 안 좋다는 말이 내포되어 있고 사이가 안 좋은 부부가 피차 공감하기는 어렵습니다. 공감共感이란 말 그대로 자연스러운 감정적 공감이어야지 이를 악물고 하는 의지적 공감은 이미 공감이 아니죠."

창호와 민정의 눈이 커졌다. 의아하다는 뜻이다. 영준과 세진도 눈을 맞추고는 피차 미소를 보냈다. 민정이 질문했다.

"조금 전 그 말씀은 이해가 안 되는 부분입니다. 부부끼리 공감 안 하면 누구에게 공감해요? 그리고 대화의 가장 기본 목적은 공감 아닌가요? 더구나 부부 사이의 공감은 부부를 결합시키는 수단이잖아요. 저는 이 사람이 공감 안 해주는 것에 많이 섭섭했거든요. 그리고 며칠 전 인터넷 신문기사에서 어느 부부 전문가가 우리나라 부부들은 대화법을 모르는 것이 가장 큰 문제라고 하는 것을 본 적이 있어요. 저는 그 기사를 보는 순간 무릎을 치고 창호 씨에게 보여주려고 출력까지 했거든요. 지금도 가지고 있어요. 한번 보시겠어요?"

민정은 가방을 뒤져 형광펜으로 박스를 쳐놓은 A4 용지 하나를 꺼냈다. 자신들의 문제를 나름 해결해보려고 애를 쓰는 모습은 참 보기 좋다. 요즘 젊은이들은 그런 부분에선 그 부모들 세대보다 개방적인 사고와 적극적인 행동을 함께 가졌다. 그래서 제대로만 알려주면 가장 빨리 행동 변화를 보이기도 한다.

"제가 읽은 기사엔 전문가들이 다 상대방의 감정을 먼저 받아주고 마음을 읽어주는 훈련을 해야 한다고 강조해요. 그래서 부부관계를 풀어가는 가장 좋은 방법이 공감이라고 알고 있거든요."

그 말에 영준은 빙긋이 웃기만 하고 한동안 말을 끊었다 다시 물었다.

"그럼, 한 가지만 되물어보죠. 민정 씨는 창호 씨의 말에 공감이 되던가요?"

"그게 문제죠. 공감해주려고 애는 쓰는데 보는 순간 화가 치밀어 오르는걸요."

그러자 곁에 있던 창호도 거들었다.

"네. 저도 그 정도는 들은 적이 있어서 공감해주려고 '응 그랬구나…'라고 몇 번 해준 적 있어요. 그런데 돌아서고 나면 뭔가 '이건 아닌데' 싶은 생각이 너무 많이 들었어요. 공감 아무나 하는 거 아닌 것 같아요. 특히 남자에겐 고문 같아요."

"공감이라는 거… 특히 남자들에겐 쉽지 않죠. 그런데 부부 사이에 공감할 필요 없다고 하면 어떨까요? 아니 너무 극단적으로 표현한 것 같네요. 굳이 억지로 공감하려고 애쓸 필요가 없다면 두 분은 어떨 것 같아요?"

"그러면 정말 편해질 것 같아요."

"전 많이 섭섭할 것 같아요."

창호의 말이 채 끝나기도 전에 민정은 살짝 샐쭉해진 표정을 지으며 퉁명스레 말했다.

"부부는 공감하려 애쓰는 거 쉽지 않습니다. 저도 그게 어려운걸요. 상담사가 되는 과정에 필수적으로 요구되는 것이 공감능력입니다. 다만 상담을 하면 할수록 공감이 전부는 아니란 걸 알게 되었습니다. 상담실에 오시는 여성들이 저랑 상담하고 난 후에 '어쩜 남자분이 여자 마음을 이렇게 잘 아시는지요? 같이 사는 사모님은 참 좋겠어요.'라고 할 때가 있어요. 그러면 '저도 집에 가면 안 됩니다. 마누라에겐 공감보다 짜증을 더 내지요.'라고 답합니다. 그 말에 사람들은 웃으면서도 못 믿겠다는 표정을 지으며 고개를 갸우뚱하죠. 상담사도 자기 마누라는 공감 못한다니 이상한가봐요."

"그럼 어떻게 해야 하나요?"

"무슨 말인지 충분히 알아들었다는 것을 알려주면 됩니다. 주관적인 감정이 개입되기보다 객관적인 사실만 받아들이면 됩니다. 부부간에 일정한 거리를 두는 것을 말하죠."

"부부간에 거리를 둬야 한다고요?"

"사랑에 앞서 예의부터 지켜야 하는 걸 말하는 겁니다. 다시 정리하면, 부부 사이에 '건강한 경계선(Healthy boundary)'을 설정하는 일이 우선이란 뜻입니다. 엄밀히 따지고 보면 부부도 남남이잖아요?"

"사랑보다 예의가 우선이다…."

창호와 민정이 동시에 낮은 목소리로 반복했다.

"인간에 대한 기본 예의, 그러니까 혹 다른 사람이 다소 무례하게 굴거나 조금 불편하게 해도 바로 격하게 반응하진 않지요? 어떤 면에서 보면 배우자는 우리가 가장 많이 만나기 때문에 오히려 더 친절하게 대해줘야 할 타인입니다. 어떤 보험왕은 집에 들어갈 때마다 '오늘 마지막 손님을 만나러 간다.'라고 자기를 세뇌시켰다고 하더군요."

창호와 민정이 조용히 고개를 끄덕이며 생각에 빠졌다. 잠시 침묵이 흐르고 있는데 세진이 영준에게 귀띔으로 '오늘은 대화법에 대한 이야기를 한다 했으니 그 부분에 대해 이야기를 해주세요.'라고 하자 영준이 다시 자세를 고쳐 잡으며 말했다.

"자! 오늘 대화법에 대해 일러주기로 했으니 대화라는 말 자체부터 살펴봅시다. 영어로는 'dialogue'라고 하지요. 이 말은 둘을 의미하는 'di'와 말을 뜻하는 'logue'가 합해진 말이지요. 말 그대로 두 사람이 전제되어 있습니다. 그렇다면 화자와 청자 사이에 문제가 생겼다면 그 문제의 원인은 누구에게 있을까요? 이것이 의사소통의 제1법칙입니다."

"글쎄요…"

창호와 민정이 고개를 갸우뚱거렸다.

"다르게 표현해볼게요. '가는 말이 고와야 오는 말이 곱다'인가요? 아니면 '오는 말이 고와야 가는 말이 곱다'인가요?"

"가는 말이 고와야 오는 말이 곱다지요. 아! 그럼 말하는 사람에게 문제가 있다는 것이군요?"

"맞아요. 아마 정확한 정보를 주라는 의미에서 의사소통의 제1법칙을 만든 것 같아요. 그런데 실제 대화는 말하기보다 듣는 능력이 월등하게 뛰어나야 합니다. 듣는 사람의 수준이 높으면 다소 부족하게 말해도 잘 알아듣습니다. 그 정도 수준이 된 사람은 공감의 달인이라고 할 수 있죠. 표현된 말 뒤에 숨겨진 감정을 읽어내는 것을 '메타 커뮤니케이션 Meta communication'이라고 해요."

"개떡같이 말해도 찰떡같이 알아듣는다는 속담의 뜻이 바로 메타 커뮤니케이션을 말하는 건가요?"

"오! 맞아요. 메타 커뮤니케이션이 잘 안 되는 사람이 공감하려는 건 어려워요. 그래서 굳이 공감하려 애쓰지 말고 정확한 말뜻이 무엇인지를 알려고 하는 노력이 더 필요한 겁니다. 자꾸 공감하려 애쓰다 보면 주관적인 생각이 개입되어 엉뚱한 해석이 나올 수 있어요. 주관을 배제하고 상대방의 말을 잘 듣는 대화 기술을 'copy하기'라고 해요."

창호와 민정은 고개를 끄덕이면서 조용히 듣고 있었다. 영준이 말을 이었다.

"오늘은 카피하기, 상대방의 말을 있는 그대로 받아주는 것과 나를 적절히 잘 표현하는 것, 즉 대화의 기본 뼈대를 가지고 실습해봅시다. 카피는 대화의 핵심이어요. 카피만 잘 해도 대화의 전부가 이뤄진다는 말과언 아닙니다. 자! 두 분이 저를 따라서 큰 목소리로 외쳐주세요."

영준이 목청을 가다듬고 익살스러운 표정으로 말했다.

"카피를 잘 하면 커피가 생기고 카피를 못하면 코피가 터진다!"

창호와 은정도 영준의 익살스러운 표정에 웃으며 외쳤다.

"카피를 잘 하면 커피가 생기고 카피를 못하면 코피가 터진다!"

"카피하기의 시작은 상대방이 말을 마칠 때 '조금 전 당신의 말은 … 라는 말입니까?'로 받는 것부터입니다. 주관적 느낌이 아니라 객관적 사실이란 점을 꼭 기억하세요. 카피작업 후엔 자기가 하고 싶은 말을 하시고 상대는 또 그 말을 카피하면 됩니다."

창호와 민정이 마주 보고 영준이 중간에서 자리를 잡으니 삼각구도가 만들어졌다. 카피하기 후에 내 말 하는 일은 결코 쉽지 않았다. 상대방이 무슨 말을 하면 이미 반박할 말을 몇 가지 생각해내느라 카피를 놓칠 때가 많았다. 카피를 잘못할 때마다 영준이 옆에서 '제 말은…'이라고 다시금 말할 수 있는 기회를 주었다. 오히려 편했다. 굳이 공감하려 애쓸 필요도 없고 상대방이 무슨 말을 하는지만 똑같이 되뇌어주면 되는 일이었다. 그렇게 몇 번을 하다 보니 인위적인 느낌이 들었지만 이내 자연스러워졌다.

그렇게 훌쩍 한 시간이 지났다. 어느새 속마음이 꽤 후련했다. 속에 담아두었던 말들을 꺼낼 수 있다는 것도 좋았지만 무엇보다 카피를 정확하게 해줄 때는 '이 사람이 내 말을 듣고 있구나.' 싶어 안도감이 생겼다.

부부 대화법을 마치면서 영준이 소감을 물었다. 창호와 민정은 자신이 느낀 대로 말해주는 동안 목소리가 많이 부드러워졌다는 것과 배우자를 바라보는 시선도 많이 편안해졌다는 것을 말했다. 정말 이전엔 눈만 마주치면 곧바로 돌려버렸는데, 지금은 눈이 마주쳐도 그냥 자연스럽게 마주 바라보게 되어 어느새 불편한 요소가 많이 제거되었다는 것을 느낄 수 있었다. 이렇게 대화했더라면 싸웠을까? 진작 이렇게 했더라면 이혼을 생각할 만큼 심각한 상황으로 갔을까? 이제라도 알게 된 것이 천만다행이라는 생각이 들면서도 앞으로 부부끼리만 있을 때 이렇게 할 수 있을까 걱정되기도 했다.

그래도 상담실을 나오는 발걸음은 가벼웠다. 마치 오래 묵은 변비가 해결된 것 같은 상쾌함이었다.

돌아오는 길에 창호가 민정에게 말했다.

"우리 집에 들어가지 말고 영화나 보러 갈까?"

민정은 내심 좋았지만 새침데기처럼 고개를 가로저었다. 그러자 창호가 민정의 팔을 잡아 끌면서 말했다.

"선생님 말씀 이행해야지. 부부끼리도 데이트 하라고 하셨잖아. 아마 우리가 상담 마치고 돌아가는 길에 영화 봤다고 하면 기뻐하실걸? 통장을 만들라는 의미도 그것이었고 말이야."

민정은 못 이기는 척하고 영화관에 동석했다. 같이 볼 영화를 정한 후 창호가 표를 끊고 민정이 팝콘과 콜라를 샀다. 그렇게 오래간만에 들어간 영화관은 이전 느낌과 사뭇 달랐다. 영화를 보던 중에 살며시 창호가 민정의 손을 잡았다. 민정이 손을 뿌리치려고 하자 창호가 그 손을 꽉 잡고 다른 팔로 민정의 어깨를 휘감아 당겼다. 못 이기는 척 머리를 기댔다. 참 오랜만에 느껴보는 편안함이었다. 다시 연애하던 시절로 돌아간 것 같은 느낌이었다. 앞으로도 이렇게만 산다면 얼마나 좋을까?

이혼 후 4년 만에 재결합한 지숙 이모

금요일 밤 창호가 회사 상사들과 예정에 없던 1박 2일 등산을 떠났다. 민정은 어긋난 주말 계획에 짜증도 나고 혼자 있기도 적적해 친정에 들렀다. 엄마와 사촌 간인 지숙 이모가 와 있었다. 민정과 7살 차이나는 언니 같은 이모였다. 지숙은 몇 해 전 이혼하고 혼자 살다 얼마 전 다시 재결합했다. 다시 합친다고 했을 때 뜯어말리는 사람들이 대부분이었다. 엄마는 토했던 것을 다시 먹는 개냐고까지 심하게 말한 적도 있었다.

지숙 이모의 채 마르지 않은 머리가 유난히 까맣게 보였다. 새치가 부쩍 늘어나 염색을 했노라고 했다. 한때는 잘나가던 커리어 우먼의 대표처럼 보였던 이모가 수더분한 옆집 아줌마처럼 나타나니 한편으로는 쓸쓸하기도 했지만 오히려 마음은 편했다.

"이모! 다시 합치니까 어때?"

"어떻긴 그저 그렇지. 합치기 전이나 지금이나 똑같아."

"그저 그럴 거면 왜 합쳤어? 그럴 줄 몰랐던 거야?"

"알긴 진작 알았지. 그 담배 골초는 여전해. 가까이 오면 몸에서 묻어나는 역한 냄새 때문에 역겹기도 해. 그래도 요즘은 한 갑 정도로 줄긴 했어. 냄새가 날 때마다 고개를 돌리고 싶지만 기분 나빠할까봐 참아. 그 사람이 내 남편이란 사실은 분명하니까. 또 아이들의 아버지가 분명하고."

"그럼 재결합한 게 순전히 아이들 위해서라는 의미야?"

"그것만은 아니지만… 재결합하는 데 아이들에 대한 부담감이 제일 컸다는 건 부정할 수 없어. 아이들에게 정말 미안하더라. 이혼할 때 각자 한 명씩 맡기로 하고 면접교섭권 때 서로 만났어. 그렇게 만날 때면 핏줄이 무섭다는 생각을 하게 되더라. 둘이 나이 차이가 있으니까 언니는 동생을 자꾸 챙겨주려고 하고 동생은 언니를 만나면 온갖 어리광을 부리곤 해. 나한테 제대로 어리광 부릴 시간이 없으니 언니한테 하는 것 같아. 둘이 깔깔대며 놀고 있는 모습을 볼 때면 내가 몹쓸 짓을 했다는 죄책감이 밀려오곤 했었지. 물론 그렇게 된 데에는 가장 큰 원인이 그 인간에게 있었다고 여겼어. 난 정말이지 헤어지지 않으려고, 잘 해보려고 무던히 노력했고 이혼 소송이 완결되기 전까지 부부 학교 프로그램에도 간 적이 있었어. 그렇게라도 회복될 수 있다면야 정말 좋겠다는 기대감도 있었으니까. 그런데 첫 모임에 가던 날 이혼소송이 최종 판결나는 바람에 유야무야 되고 말았지."

"그때 만약 상담을 제대로 받았으면 어떻게 되었을까?"

"그러게… 실은 재결합하게 된 데까지는 그 상담실 도움을 정말 많이 받았어. 막상 이혼이 결정되고 나니 어디 갈 데가 없더라. 답답한 마음에 싱글 된 여자들끼리 모이는 인터넷 카페에 가입을 했는데 처음엔 남자들을 욕해 주는 재미가 좋았고 진정한 자유를 찾아 모든 속박과 불합리를 한 칼에 잘라낸 용기 있는 여성상을 찬양하기도 했지. 그게 좋아 오프라인 모임까지 가기도 했었어. 그런데 몇 번 그렇게 해봤는데 돌아올 땐 마음이 오히려 더 허탈해지더라. 거기서 만난 다른 여자 한 분이 나에게 상담 권유를 해줬어. 내가 부부학교 프로그램에 갔던 바로 그곳이었어. 묘한 인연이다 싶어서 그쪽에 개별 상담을 신청하고 개별 상담 후 회복그룹에 가입했고 이후로 독서와 지속적인 연결을 통해서 도움을 받고 있어."

"잘 했네. 그쪽에서 재결합을 권했던 거야?"

"대놓고 그러진 않았지. 우선 나도 마음이 많이 바뀌어 있었던 건 틀림없었어. 상담을 받을수록 또 회복그룹에서 다른 여자들의 모습을 보고 추천해주는 책을 보면 볼수록 남자와 여자가 다르다는 것도 알게 되었고, 내가 정말 혐오했던 그 사람의 행동들이 지극히 평범한 보통 남자들의 특성이라는 것을 알게 되었어. 허망하기도 하고 신기하기도 하더라.

또 남편 입장에선 황당하고 억울한 면도 꽤 많았겠다 싶은 마음이 드니까 미안해지기도 했고. 그러는 동안 성급한 이혼이 아니었나 하는 후회가 들었어. 또 남편도 이혼 결정 이후에 그 선생님과 지속적으로 상담을 하고 있었다는 걸 알게 되었어. 그러니까 그분은 양쪽을 다 만나고 계셨던 거지."

"아… 그럼 양쪽 입장을 충분히 아셨던 분이었겠네?"

"그렇지. 그렇다고 쉽게 결정할 문제는 아니었어. 가끔 선생님이 남편을 만난 소감들을 말하는데, 특별한 문제가 있는 사람은 아니래."

"모든 남자는 똑같으니까 그냥 맞춰 사는 게 낫다고 말씀하신 모양이네."

"만약 그렇게 말했다면 내가 발끈 화를 냈을지도 몰라. 결정적인 것은 상담 선생님이 해준 말 한마디 때문이었어. 난 꿈에도 나를 그렇게 생각하지 않았는데… 그분이 내가 살아온 삶의 방식을 딱 한마디로 꼬집어 말하는데 뭐라 항변할 수가 없더라. 더구나 그분은 내가 이혼 소송 할 때의 모든 내용도 알고 있는 데다 상담을 통해 오랫동안 나를 지켜봤으니 나에 대해서 정확히 알고 있는 분이잖아? 그분이 나한테 그랬어."

"뭐라고?"

"내가 의존성이 많은 사람이라고 말이야."

"뭐? 이모가 의존성? 이모같이 당당한 커리어 우먼이? 말도 안 돼!"

오히려 민정이 펄쩍 뛰었다. 민정의 시각으로는 지숙과 의존성은 절대로 연결이 안 되는 말이었다. 그녀는 어지간한 남자들보다 강한 카리스마를 가진 여자였다. 그런 카리스마를 가졌기에 독학으로 대학을 마쳤고 대학원까지 공부를 계속해왔던 사람이었다. 그 덕분에 직장에서도 승승장구해 성공한 커리어 우먼의 표본으로 불렸던 사람이었다. 몇 년 전에 여성잡지에 성공한 커리어 우먼 모델로 뽑히기도 했었다. 촬영 전문 스튜디오에서 유명한 사진작가가 찍었다는 그 사진 속 이모는 여자가 보아도 흠뻑 빠질 것 같은 매력이 있었다. 하얀 블라우스에 짙은 청색 줄무늬 재킷이 당당한 직장인의 모습이었고 짧은 커트 머리는 빈틈이라곤 찾아볼 수 없게 만드는 이미지였다.

더구나 지숙 이모는 집안의 모든 대소사를 결정하는 결정권자이기도 했다. 착하기는 했지만 경제적으로 무능한 아버지를 대신해서 어머니가 돈을 벌기 위해 직장을 다니는 동안 집안 살림을 도맡았던 그녀였다. 동생 뒷바라지는 물론 어머니의 대리배우자이기도 했다. 못 믿겠다는 민정의 표정을 읽은 지숙이 말을 이었다.

"네 눈에도 그렇게 보이지? 나도 처음엔 말도 안 되는 소리 하지 말라고 펄쩍 뛰었어. 내가 세상에서 제일 싫어하는 인간이 그렇게 의존성으로 똘똘 뭉쳐 징징대는 종류라고. 그런데 그 선생님은 내 반응을 예상한 듯 차분히 내가 살아왔던 그간의 과정을 하나하나 짚어가면서 설명을 해주셨어. 첫째, 면접 교섭권을 통해서 아이들을 만나고 있기는 한데 그 세월이 벌써 2~3년을 이어오고 있다는 건 내가 아이들을 매개체로 해서 남편을 만나고 있는 것이래. 또 내가 상담 올 때마다 남편의 거취여부를 묻는 것이며 남편이 나에 대해 뭐라더냐 묻는 것으로 볼 때 내 마음에서 남편을 완전히 지운 것은 아니라고 하시더라."

"음. 꽤 그럴듯한데?"

"그뿐 아냐. 어쩌면 남편이란 사람을 이상한 사람 만든 것도 남편이 정말 문제가 있어서가 아니라 내가 만들어서 그렇대."

"그건 또 무슨 뚱딴지 같은 소리야?"

"남편을 나쁜 남자로 만든 것이 바로 나였대. 사람은 어떤 부정적인 생각을 자꾸 하면 할수록 그 결과는 더 부정적으로 가게 되고 그렇게 되면 생각에 머물던 것이 기정사실로 굳어진대. 그런 걸 '확증 편향'이라고 하는데 자기가 좋아하는 대상이나 명제를 이미 확증해놓고 그 확증을 뒷받침하기 위하여 끊임없이 반복하고 그 증거를 찾는 데 몰입하는 경향이란다."

"와, 어렵다 어려워!"

"그러니까 나는 남편의 좋은 점에 대해선 의미부여를 하지 않고 안 좋은 점만 계속 생각하면서 내 이혼이 정당했다고 여겼다는 거야. 상담 선생님이 남자 중에 그 정도 남자면 꽤 괜찮은 남자래. 자기 문제를 위해서 상담실을 찾아오고 아내가 요구하는 면접교섭권을 그렇게 흔쾌히 응해주는 것만으로도 그런 평가를 받을 수가 있다나? 처음엔 부정했는데 시간이 가면 갈수록 내가 사람을 너무 쉽게 판단했다는 생각이 자꾸만 들더라. 또 회사생활 할 때의 가치판단으로 절대 부부관계를 봐선 안 된다고도 하셨어. 그건 전혀 별개의 문제라고 하시더라. 그리고 또 한 가지…."

그때 지숙의 전화벨이 울렸다. 휴일에 걸려온 회사 전화였다. 전화기를 통해 들려오는 목소리는 남자직원이었다. 지숙이 호되게 야단을 쳤다. 곁에서 듣고 있어도 카리스마가 느껴졌다. 통화를 마친 후 지숙은

"뭘 믿고 맡겨놓을 수가 없네, 정말."이라고 말하면서 몸을 뒤로 빼고 커피를 마셨다.

"또 뭐야 궁금해. 빨래 말해줘."

"또 가끔 그 선생님이 재혼할 생각은 없냐고 물을 때 남편이 재혼하면 그때 할 것이라고 대답했거든. 그런데 그게 의존성이래. 남편의 행동 유무에 내 행동을 결정하는 것, 지금 내가 이렇게 살면서 면접교섭권을 통해 아이들 만나는 것을 계속하는 것은 전 남편에 대한 일종의 복수 행위며 남편이 아이들의 불편해하는 모습을 보게 하면서 '네가 나에게 한 짓이 뭔 줄 알아 이 인간아?'라는 메시지를 보내는 것이래. 정말 완전한 이혼을 원했다면 이혼 과정에서 생긴 상처를 빨리 치유한 후 더 당당하게 살든지 아니면 재혼을 하든지 했어야 하는데 그러지 못하고 있는 게 그 이유래. 솔직히 직업적인 변화나 이사 같은 큰 변화는 전혀 없었거든."

"아무리 그래도 그런 것들로 의존성이라고 단정 짓는 건 너무 성급한 거 아냐?"

"단정이 아니야. 그건 명백한 사실이었어. 내가 얼마나 좋은 아버지상을 그렸는지 알게 되었거든. 무능한 아버지 때문에 고생하는 엄마를 너무 많이 봤어. 대학은 꿈도 못 꾸니 상업계 고등학교를 갔었어. 내가 공부에 대한 욕심이 생겨 대학을 결심했을 땐 정말 무능한 아버지가 죽도록 미웠어. 그래서 배우자만큼은 꼭 능력 있는 남자를 고르고 싶었지."

"꽤 그럴듯하긴 한데 이모같이 사회적으로 성공한 커리어 우먼이 의존성이란 건 별로 기분 좋은 소리는 아니다. 납득하기도 어렵고."

"그게 사회생활 하는 것과 관계를 다루는 쪽이 별개 문제라는 거야. 나도 상담을 통해서야 그것이 전혀 별개 문제라는 것을 알게 되었어. 내가 아무리 뛰어난 사람일지 몰라도 관계에 관한 한 젬병이라는 것을 인정하기까진 오래 걸렸지."

"그랬구나. 그런데 재결합은 어떤 면에선 포기하고 살라는 뉘앙스를 풍겨. 혹 그 상담자 선생님 가부장적 사고를 가진 분 아니었어? 집안은 여자가 잘해야 한다, 암탉이 울면 집안이 망한다, 여자란 절대 나대지 말고 그저 조용히 남편 받들고 살아라 뭐 그런 거 말이야."

"그런 말이라면 내가 예스 했을 리가 없지. 다른 말을 해주셨어. 그 말에 새로 출발해보자는 용기가 나더라. 남편도 재혼하지 않았다는 것은 나하고 완전 분리된 것이 아니었다는 의미였지. 게다가 면접교섭권을 통해서 아이들 만나고 있었으니까. 아이들 입장에선 여전히 엄마와 아빠였어. 법적으로 완전 남남이었지만 한 번 맺어진 인연의 끈은 쉽게 끊을 수 있는 것이 아니었지. 결정적으로 재결합을 받아들이게 된 그 선생님의 말씀은…."

민정은 침을 꿀꺽 삼켰다. 못내 궁금하기도 했거니와 만약 내가 창호와 이혼하게 된다면 새로운 인연을 만날 수도 있겠지만 다시 재결합할 가능성도 완전 배제할 수는 없는 일이었다. 사람의 앞날을 예측하기란 어려운 것이니까. 심정적으로야 그런 인간 두 번 다시 만나지 않겠다고 하겠지만 그것도 확실히 보장된 건 아니었다.

"나는 여자로 살지 않았대. 듣던 중 가장 충격적이고 기분 나쁜 말이었어. 순간적으로 분노가 확 치밀더라. 그래도 일단 참았어. 그동안 그분의 말씀이 틀린 게 없었거든. 그분도 생각을 많이 해야 할 부분이라며 그날 상담을 마무리하자고 하셨어. 이후 정말 며칠 동안 곰곰이 생각해 봤어. 아무리 생각해봐도 의미를 알 수 없었고 화만 더 나더라."

"그러게. 이모 같은 여자는 여자인 내가 봐도 매력을 느낄 만한데. 여자가 아니라니… 아무리 심리전문가라고는 하지만 그건 너무 큰 비약 아닐까?"

"그다음 주 만남에서 그 의미를 물었더니 나보고 남편을 위해서 울어본 적 있냐고 물었어. 난 지난 세월이 다 눈물이었다고 했지. 그랬더니 그분이 고개를 가로저으시더니 내 눈물은 억울하고 답답하고 화가 나서 생긴 눈물이지 누군가를 가슴에 안고 우는 눈물은 아니었대. 듣고 보니 할 말이 없었어. 그러면서 우리 부부의 관계 패턴은 결혼 3개월 차 신혼부부와 똑같대. 다만 그것을 10년 넘게 끌어온 것밖에 안 된대."

"갈수록 어렵네. 무슨 말인지 모르겠어."

"제대로 된 부부싸움도 못 해보았으니 제대로 된 소통도 못 해봤다는 거지. 결혼이란 두 사람이 함께 소통의 달인이 되기까지 노력해야 비로소 행복할 수 있댔어. 달인이 되려면 계속 배우고 익혀야 한대. 실수도 많이 해봐야 하고. 그렇게 달인이 될 정도는 되어야 행복을 말할 수 있다는데 우리 부부는 출발선에서 출발조차 안 한 상태였다는 거지. 남들이 저만치 앞서갈 때 우리는 출발선에서 금 밟았느니 안 밟았느니 하면서 코피 터지게 싸우고 있었던 거래. 10년이 넘도록."

민정도 결혼 후 창호와 다툴 때마다 마음속에서 '이렇게 평생 살게 된다면?'이라고 생각했던 적이 많았다. 정말 생각만으로도 끔찍했다. 그렇게 살 바에야 이혼하는 편이 훨씬 나았다. 피차에게 상처만 주는 관계라면 굳이 무엇 때문에 같이 살아야 하는 것일까? 지숙 이모의 이혼은 그랬기 때문에 정당했을 것이다.

"그게 여자가 아니란 것과 무슨 상관이야? 난 아무리 좋게 해석하려 해도 '여자가 똑바로 안 해 가정이 깨졌다.' 라는 뜻으로 들려. 아무래도 그 상담자란 분 나이께나 든 남자지?"

"아니, 사십 대 후반이었어."

"아직 젊은 사람이 왜 그런 말을 했을까? 이해할 수 없어."

"나도 그래서 물었지. 울어봤냐는 그 말뜻이 무엇이냐고. 남자는 여자의 눈물이 있어야 완성되는 존재래. 내가 운 것은 그냥 나를 위한 울음이었고 '울어주는 울음'은 남편을 위한 눈물이라는 거지. 남자는 여자의 눈물이 없으면 성장하지도 않고 평생 어떤 열매도 맺을 수 없대."

"어휴. 머리 터질라 그런다. 그건 또 무슨 말이야 도대체?"

"울어주는 눈물이 나오려면 관점이 달라져야 한대. 나타나는 현상을 보고 '저 인간 도대체 왜 저럴까?'에서 '저 인간 왜 저럴 수밖에 없을까?'를 물어줘야 한댔어. 연애할 때의 사랑은 서로 끌리는 감정적 사랑이지만 결혼 후 나이가 들어가면서의 사랑은 배우자를 불쌍히 여기는 사랑이래. 그래야 비로소 상대방이 측은하게 느껴진대."

"거봐. 그러니까 '네가 똑바로 하고 너만 참으면 된다.' 라는 식이잖아. 아무래도 이모가 사이비 상담자를 만난 것 같아."

"그래 맞아. 나도 그렇게 생각했었어. 그런데 친정엄마가 얼마 전에 말한 게 생각나더라. '네 아버지 생각하면 요즘 미안해지는 게 하나 있어. 그 양반은 그동안 살아오면서 얼마나 힘들었을까? 마누라로부터 따뜻한 격려의 말 한마디 듣지 못했으니 얼마나 자신감이 없었을까?'라고 하시더라. 의외였어. 우리 아버지는 무능의 대명사였기에 씩씩한 엄마가 집안 모든 일을 다 책임지셨지. 그 때문에 엄마와 아버지는 늘 싸웠어. 아니 싸운 게 아니라 늘 엄마의 일방적인 폭언이었고 아버지는 고양이 앞에 쥐마냥 죽은 듯 지냈지. 내가 처음 남편을 만났을 때 아버지와 달라 보이더라. 그런데 이 남자가 돈만 벌지 나머지는 얼마나 눈치 없고 굼뜨든지 사는 동안 속 터져 죽는 줄 알았어. 어쩔 수 없이 내가 이 일 저 일 다 처리하고 살았지 뭐. 그러다 보니 갈등은 커졌고 결국 이혼에 이르렀는데… 이혼하고 2~3년 지난 어느 날 문득 내가 엄마처럼 살고 있다는 것을 깨달았어. 난 엄마가 무늬만 여자지 남자라고 생각했던 적이 꽤 많았어. 엄마의 눈물은 자신의 처지에 대한 한탄의 눈물이었지 아버지를 위한 긍휼의 눈물은 없었던 거야. 나 역시 그랬고. 그러면서 그 남자를 다시 보니 어린 나이에 엄마를 잃은 불쌍한 아이로 보이더라. 초등학교 2학년 땐가 어머니가 일찍 세상을 떠나셨거든."

민정과 지숙은 한동안 아무 말도 하지 않았다. 커피가 식어 있었지만 식은 것도 모른 채 몇 모금을 넘겼다. 민정은 민정대로 생각에 빠졌고 지숙은 지숙대로 생각에 빠졌다. 한참이나 그런 시간이 지난 후에 지숙이 말했다.

"그래서 한번 도전해보기로 했어. 여자가 된다는 게 뭔지 말이야. 울어준다는 말이 무슨 뜻인지 그 선생님께 물어가면서 제대로 한번 해볼 수 있기를 말이야. 또 지금 친정 가보면 부모님의 관계가 꽤 편안해 보여서 그래도 두 분이 이혼하지 않았다는 게 고맙더라. 어쩌면 나중에 우리 딸들이 다시 재결합한 부분에 대해서 고마워할 거란 생각도 들었어."

"아이들을 위해서 그랬다는 말이네? 그건 영락없는 여잔데?"

"그건 여자라기보다 엄마라서 그런 거지. 그리고 3개월짜리 미숙한 부부관계 패턴이라고 하니 제대로 도움 받아서 잘 싸우는 것도, 서로 마음을 나누는 법도 배워 난 진짜 여자가 되고 그 사람은 진짜 남자가 되는 것을 통해 참 행복을 누리고 싶었어."

"그래서 지금 행복해?"

그 말에 지숙은 미소를 지으며 말했다.

"행복? 이제 시작인걸? 분명한 건 막상 재결합하고 보니 그 인간 그때나 지금이나 똑같아. 이러지도 저러지도 않고 어정쩡하게 있는 건 내가 정말 싫어하는 부분인데 지금도 여전해. 그 꼴을 보면 소리 지르지. 가끔씩 자존심을 긁는 말을 해. 아마 남편도 나를 보고 동일한 생각을 할 거야. 그때 후회감이 막 밀려오기도 하는데 분명한 건 예전에 비해 화가 많이 안 나. 그리고 그 사람의 결점이나 잘못만 생각했던 데서 이제는 내 결점이나 내 잘못은 무엇일까를 생각하게 돼. 그것만으로도 일단 숨은 쉴 수 있으니까 견딜 만해. 예전엔 정말 목구멍까지 숨이 꽉 막혔었거든. 무엇보다 잘했다 싶은 건 아이들이 엄마 아빠가 같이 살아서 자기들도 같이 지내니까 정말 행복하대. 엄마 아빠가 티격태격할 때도 있는데 무섭지는 않대. 그것만으로도 성공이겠지? 그런 걸 보면 부부가 된다는 것도 그 사이에 아이들이 태어남으로 또 새로운 가족이 만들어진다는 것도 다 정말 신비한 일인 것 같아. 불가에서 인연이라는 말을 쓰는 건 그런 뜻인가봐."

"인연이라… 참 고상하네. 이모는 그 잘못된 인연 때문에 몸 고생 마음고생 했던 거 아냐? 난 잘못된 인연이라면 과감히 잘라버리는 게 현명하다고 봐."

"잘못된 인연이라면 과감히 잘라버려야지. 처음 이삼 년은 나도 스스로에게 그렇게 박수를 보냈어. 그리고 절대로 실수하지 않고 좋은 남자를 만날 것이라고 다짐에 또 다짐을 했었지. 처음엔 잘못 골랐지만 이제 다시 제대로 고를 기회가 생겼으니 같은 실수를 반복하지 않겠다는 자신도 있었어. 내가 가진 여건들이 그렇게 나쁘진 않았거든. 그런데 그냥 남자를 만나는 것이면 몰라도 재혼을 전제로 만나본 남자들은 만날 때마다 찌질이거나 소심남, 무능력하거나 의존성투성이, 그리고 음흉한 짐승 같은 인간도 있었어. 정말 실망되더라. 물론 그네들 중에는 '형편없는 여자'를 버리고 당당히 새 선택을 하겠다는 사람들도 있었어. 그런데 만나 보면 볼수록 '네가 여자를 버렸어? 나 같아도 너 같은 건 버렸겠다야.'라는 마음이 올라오는 거야. 그렇게 몇 번을 겪고 나니 '바꿔봐야 똑같다.'라고 말씀하시던 그 상담 선생님의 말이 생각나더라."

"바꿔봐야 똑같다? 그런 말은 전문 상담가라는 사람이 말하기엔 너무 진부한 표현 아닐까?"

부부이마고치료에서 말하는 배우자 선택의 비밀은 남자와 여자가 동일한 상처를 가진 대상자를 운명적으로 사랑하게 된다는 것이다. 그것이 결혼의 4계절 중 봄에 해당된다. 그 이후엔 땡볕이 내리쬐는 여름, '힘겨루기' 단계가 시작되는데 그 시기의 사람들은 상대방을 내 목적에 맞도록 뜯어고치려는 시도를 한다. 결국 그것이 불가능하다는 것을 알고는 상대방을 버리거나 바꿀 궁리를 한다. 그것도 안 되면 체념한 채로 평생을 산다. 막상 새로운 대상으로 바꿀 기회가 주어지더라도 결국은 이전 배우자와 비슷한 배우자를 선택하게 되는데 그 이유는 성장과정, 부모님과의 관계에서 만들어진 이마고IMAGO 때문이다.

"난 이모가 잘못된 만남을 과감하게 끊어낸 정말 용기 있는 여자, 당당한 여자, 파워 돌싱이라고 생각하고 있었는데 그 환상이 막 깨지려고 해."

"그렇게 생각했었니? 그렇다면 미안하다 얘. 네 말대로 정말 내가 이혼의 주체가 되어서 모든 것을 결정한 승자인 줄 알았는데 시간이 지날수록 이 싸움은 승자와 패자가 따로 없다는 것을 느끼게 되더라. 그리고 말이야…"

지숙은 말을 멈추고 커피를 길게 마신 후에 옷매무새를 다시 정리하고 의자 깊숙이 엉덩이를 넣은 다음 의자를 테이블에 바짝 붙이고 민정의 눈을 보면서 말했다.

"인연이란 정해진 것은 없다고 봐. 좋은 인연이란 완벽한 사람끼리의 환상적 조합이 아니라 좋은 관계를 만들어낸 사람들의 결과물인 게지. 예전에도 그런 말들을 들은 것 같기는 한데 건성으로 들었었고 이젠 조금씩 피부로 느껴져."

"우와! 이모, 완전 철학자 다 되었네!"

"호호. 그래? 그렇게 보인다면 기분 좋다. 인생은 사는 게 아니라 살아내는 것이란 생각도 들어. 인생의 사면초가四面楚歌 상황에 몰렸다 하더라도 하늘은 뚫려 있는 법이니까. 세상에서 가장 큰 기적은 내가 지금 살고 있는 것임을 어느 책에서 본 적 있어. 어릴 때 외할머니가 '개똥밭에 굴러도 이승이 좋다.'라고 하셨던 말이 이제 조금 이해돼. 우린 누군가가 날카로운 비수로 내 가슴을 찌르더라도, 그 찔린 자리에 고춧가루를 뿌려대더라도 살아남아야 하지 않을까?"

지숙을 만나고 오는 민정의 머리는 더 복잡해졌다. 남자 없이도 살 것 같은 그 당당하고 능력 있는 여자가 자기 발로 다시 들어가 재결합을 했다는 건 납득이 잘 안 가는 부분이었다. 그 이유도 당당해서라거나 부부문제가 완전히 해결되어서가 아니라 의존성투성이에, 여자가 아니었다는 사실을 스스로 시인하면서 그랬다는 것을 어떻게 이해하란 말인가? 액면 그대로라면 그저 결혼이란 버티고 견디라는 뜻 아닌가? 그런 식으로 나오니까 남자들이 기고만장한 거 아닐까?

그러나 지숙의 눈동자만큼은 유난히 빛이 나고 표정은 진지했다. 죽어가던 사람이 삶의 희망을 발견했을 때의 표정과도 같았다. 그저 조선시대 여인같이 운명, 아니 숙명이니 무조건 받아들이겠다는 그런 패배자의 태도도 아니었다. 그렇다고 자기를 끝까지 우기거나 고집을 피우는 것도 아니었다. 여자의 눈으로 봐도 여자의 느낌이 꽤 많이 느껴졌다. 지금 당장은 아닐지라도 앞으로 어떻게 해나갈지를 생각해가면서 갖는 기대란 과연 어떤 것일까? 나보다 앞서 살았던 수많은 사람들은 그렇게 살았을까? 우리 부모님도 그런 시절을 보냈을까?

결혼이란 두 사람의 결합이니 결코 혼자 잘한다고 되는 것은 아니다. 한 사람의 수고와 배우자의 수고가 함께 만나야 비로소 부부는 새로운 세계를 만날 수 있다. 부부가 하나 되는 절묘한 타이밍을 어떻게 맞출 수 있을까?

영준이 보내온 결혼의 비밀 6은 줄탁동시啐啄同時였다.

결혼의 비밀 6

줄탁동시(啐啄同時)

병아리가 부화를 시작하면 세 시간 안에 껍질을 깨고 나와야 질식하지 않고 살아남을 수 있다고 한다. 알 속의 병아리가 껍질을 깨뜨리고 나오기 위해 껍질 안에서 아직 여물지 않은 부리로 사력을 다하여 껍질을 쪼아대는 것을 줄[啐:떠들 줄]이라 하고, 이때 어미 닭이 그 신호를 알아차리고 바깥에서 부리로 쪼아 깨뜨리는 것을 탁[啄:쫄 탁]이라 한다. 줄과 탁이 동시에 일어나야 한 생명이 온전히 탄생한다. 남편과 아내가 서로 통하는 시점이 있다. 성급해서도 안 되고 너무 늦어도 안 된다. 적절한 시점에 적절한 노력이 더해져야 비로소 부화가 되어 감히 상상도 못했던 새로운 행복의 세계를 살 수 있다. 병아리는 닭이지만 달걀은 닭이 아니다. 부화한 달걀만이 닭으로 재탄생한다.

편지 6

현실을 받아들이고
새출발해

넌 아들 둘 딸린 홀아비에 불과해

"까짓 거 수틀리면 이혼하지 뭐!"라고 말하는 정신 나간 남자야. 네가 뭘 믿고 그렇게 큰소리치는지 모르겠는데 정말 수틀린다고 이혼하면 되는 거니? 수 안 틀리면 그냥 살고? 그래 네 말마따나 수틀렸으니 이혼한다고 쳐. 너의 현실을 제대로 파악한 거니?

지금 네 살, 여섯 살 남자 아이들 둘인데 이혼할 때 아내가 양육 못하겠다고 그냥 나가겠다면 어떻게 할래? 남자 아이들을 키우고 사는 게 얼마나 힘든 줄 알아? 상상을 초월해. 아들만 둘 낳고 키우는 네 아내가 지금까지 죽지 않고 살아 있는 것만도 위대한 거야. 그래서 하나님도 아들을 셋 낳아 키우는 여자에겐 천국행 표를 발급해주고 둘 낳은 여자에겐 무슨 죄를 지어도 용서받는 면책특권을, 하나를 낳은 여자에겐 수명을 10년 연장시켜주신대.

너 하루 종일 그 수놈들 데리고 있어봤니? 온종일 우당탕탕 쿵쾅거리고 시도 때도 없이 이것저것 요구하고 서로 물어뜯고 싸우며 울고불고 난리 치는 꼴을 봤냐고? 한 번도 제대로 본 적 없지? 기껏해야 네 마누라가 마트 다녀오거나 휴일 같은 날 목욕탕 다녀올 때 본 거? 그때는 또 네가 아빠 역할 하겠노라고 몇 번 땀흘리면서 열심히 놀아줬고 가끔 특식이란 이름으로 라면도 끓여주곤 했겠지. 그런 아빠를 잘 따르는 아이들이 기특하고 대견했을 거야. 게다가 아이들이 "아빠가 끓여주는 라면 정말 맛있어."라고 할 때 정말 기분 좋았지? 그렇게 말 잘 듣는 아이들한테 자기가 무슨 성악가인 양 고래고래 악을 쓰고 소리 지르는 마누라가 한심하게 느껴졌을지도 몰라. 그런 엄마에게 당하는 아이들이 한 없이 불쌍해지기도 했을 거야. 하지만 그 일을 매일 한다고 생각해봐. 넌 한 달도 못 버틸 거야.

또 네 아내와 너의 나이 차이 많은 것도 너에겐 불리해. 네 아내는 비록 중고이긴 하지만 아직도 신상품 가격으로 처리될 수 있다는 것 아니? 삼십 대 중반에 아직도 처녀 같은 몸매야. 반면에 이제 막 사십이 된 너는 늙수그레한 얼굴에 배까지 나와서 중년 냄새가 물씬 나. 게다가 이혼하면 아들 둘 딸린 홀아비라고! 그래도 이혼이라는 말 꺼낼 때 네 마누라가 "아이들 둘은 내가 맡을 테니 양육비나 꼬박꼬박 보내줘!"라고 말한다면 정말 감사해야 해. 물론 그렇게 말하는 괜찮은 여자라면 절대 놓쳐서는 안 될 천사라는 사실도 기억해.

이왕 말이 나왔으니 네 표현 그대로 못되고 자격미달인 마누라를 정말 쫓아냈다고 쳐봐. 고함소리가 사라졌으니 평화로운 집안이 될 것 같지? 그 평화가 며칠이나 갈까? 아마 며칠도 못 가서 아침마다 전쟁이 벌어질 거야. 물론 가까운 곳에 계신 네 부모님께 맡길 수 있다면 그것도 고마운 일이지. 그분들은 또 무슨 죄를 지어서 네 아이들을 맡아주겠니? 얼마 전 TV광고 봤지? 수놈들 둘을 부모님 댁에 맡겼는데 화분 깨뜨리고 온 집 안을 난장판으로 만들었던 그 장면, 나중에 아이들이 집에 간다고 할 때 어른들 얼굴에 급 화색이 돌던 장면 말이야. 아이들도 가끔씩 봐야 예쁘고 예의바른 아이들이라야 좋지, 맨날 와서 그렇게 난리치면 그건 미운 털 박히는 거야.

아이가 아프거나 다쳤다는 소식이 들려오면 회사에서 제대로 일할 수 있을 것 같아? 회식하고 있다가 그런 소식 받으면 그냥 달려가야 되겠지? 그래도 마누라가 전업주부로 집에 있을 때는 "여자가 집에 있으면서 도대체 뭐한 거야?"라고 소리라도 지를 수 있겠지만 없으니 그럴 수도 없지. 눈치보면서 회식자리 피해야 할 거야. 회사에선 지금 큰 프로젝트 때문에 부서 전 직원이 야근하고 있을 때 아이 때문에 집에 가봐야 한다고 이야기해야 하는 것도 보통 스트레스 아닐걸? 아이들에게 가지 못하는 것도 불편하고 다른 사람에게 비춰지는 쪽팔림도 작진 않을 거야.

네가 몇 년 동안 살아봐서 알겠지만 여자에게는 멀티태스킹multitasking 기능이 있어. 동시에 여러 가지 일을 처리할 수 있는 능력이지. 특히 육아에 관한 한 여자는 거의 초능력자야. 그것을 네가 해보겠다고?

꿈 깨서. 너에겐 멀티태스킹 기능 없걸랑? 아마 하루 이틀이면 초죽음 상태가 되고 말 거야.

왜 우리나라의 출산율이 떨어지는 줄 알아? 여자들이 아이 키우는 게 엄청 힘들다는 것을 알거든. 차라리 직장생활 하는 편이 훨씬 낫다는 걸 알고 있어. 돈 번다는 명분도 있는 데다 자기능력을 발휘할 수도 있잖아. 게다가 직장엔 '오피스 허즈번드Office husband'가 한두 명쯤 있어. 너하고는 절대 통하지 않는데 사무실에만 가면 통하는 남자들이 있으니 살맛나는 거지. 그 사람들과 함께 일하고 밥 먹고 즐거운 시간 보내는 게 훨씬 더 행복해. 그러다 집에 오면 손끝 하나 까딱 안 하는 남자, 수틀리면 이혼하셨다고 벼르는 남자, 능력도 쥐뿔 없는 게 가부장적 사고로만 가득 차서 이거 해라 저거 해라며 손가락질 해대면 정말 더러워서 그 손가락 확 분질러버리고 싶을 거야. 그 남자는 허즈번드가 아니라 허접번드지.

난 말이야. 가끔 몸살이 날 때면 정말 아내를 존경하게 돼. 나는 몸살 나면 어리광 모드로 전환해 그냥 자리에 드러눕기만 하면 돼. 그러면 아내는 만사를 제쳐놓고 이것저것 다 알아서 챙겨줘. 병원도 다녀오게 하고 머리에 물수건도 올려주고 몸 회복을 위해 먹을 것도 신경을 더 써. 내가 밤새 기침하는 통에 덩달아 잠을 못 자도 불평하기보단 기침하는 나를 측은히 여겨. 그런데 이 못된 인간이 말이야. 아내가 몸살 났을 땐, 딱히 해주는 게 없더라. 해수는 것은 고사하고 뭐 하다 몸살까지 났냐고 타박을 해. 내가 생각해도 내가 못됐어. 그런 것 보면 가정을 지켜내는 것은 여자들이란 말이 절대적으로 옳아. 전영철의 《40대를 위한 가슴이 시키는 일》에서도 "가정을 유지하는 것이 남녀 간의 열정적인 사랑의 힘이라고는 생각하지 않는다. 남자의 박력과 카리스마는 더더욱 아니다. 부부간의 은근한 정도 아니다. 아내를 존경해야 하는 건, 아내만큼 가족을 위해 희생하고 인내심을 발휘한 사람이 없기 때문이다. 온 가족을 품에 끌어안아야만 살아지는 경지에 오르기까지 누구보다 치열하게 노력했을 아내, 그래서 아내는 존경받아 마땅하다."라고 하고 있어. 그 남잔 뭘 아는 남자야.

지금 네 아이들이 네 살, 여섯 살 머스마들이면, 글쎄 네 마누라는 제대로 아플 수조차 없을걸? 언젠가 아내가 심한 몸살이 걸려 누워 있는데 초등학교 1학년 아들 녀석 얼굴에 웃음이 피어오르는 거야. 속마음을 감출 수 없었던 게지. 녀석의 머리엔 '히힛! 엄마가 아프니까 잔소리 못하겠지? 그럼 나는 컴퓨터 게임 많이 해도 되겠지?'라는 계산을 하고 있었던 거야. 남자란 언제나 이렇게 이기적인 구석이 있어. 난 여실히 봤지. 아들 녀석은 터져 나오는 웃음을 주체하지 못하고 있는데 딸아이는 그 고사리 손으로 물수건을 짜서 엄마 머리에 올려주더라. TV에서 본 걸 따라 하는 거지. 참 뭉클하더라. 한편으론 그렇게까지 못하는 내가 부끄럽기도 하고 미안하기도 했어. 미안해. 아들만 둘인 너한테 딸이 둘이나 있다고 너무 잔인한 말을 한 것 같아서 말이야.

가끔 저녁에 밥을 안 해주고 피자나 치킨으로 때우는 아내에 대해 불만을 제기했었는데, 아내가 워낙 아프니까 저녁 한 끼 정도는 아이들 좋아하는 치킨이나 피자 시켜주는 것을 이해하겠더라. 여자는 자기 손으로 자기 새끼 밥 먹이지 못할 때 이미 죄책감을 느끼고 있어. 그러니 너무 공격하지 않는 것이 좋아. 여자가 그렇게 누워 있을 때 마음 편하겠어? 제대로 있지도 못하고 자꾸 바스락대고 걸핏하면 일어나려고 하더라. 그냥 모든 것 내려놓고 푹 자면 될 텐데 그렇게 못해. 그렇게 밤을 새우고 잠잘 시간이 되니까 아이들 알림장 확인하고 내일 학교 챙겨 갈 것들 확인하고, 아침에 일어나서 남편과 아이들 밥은 제대로 먹었는지 확인하고 나서야 다시 자리에 눕더라.

그러니 수틀리면 이혼하겠다는 생각 하지 마! 그건 수틀린 게 아니라 네가 똥오줌 못 가리는 거야. 이혼하는 순간 너는 완전 개밥에 도토리밖에 안 된다는 것을 명심해. 천하에 천덕꾸러기 사내아이가 둘이나 딸린 남자를 찾아올 우렁각시는 없다는 걸 명심해. 그리고 세월이 가면 갈수록 가치가 점점 더 떨어진다는 것도 기억해야 해. 결과적으론 네가 이혼당한 거야. 그 사실을 깨끗이 인정해. 숨기려는 것보다 인정하는 편이 훨씬 더 쉬워. 숨기려고 애쓰면 숨기지도 못하면서 문제만 자꾸 커져. 오히려 인정하면 인정하는 순간 문제는 거의 십분의 일 사이즈로 확 줄어들어. 그러니 네가 이혼당한다는 현실 잘 받아들이길 바라.

여자는 가끔 마음도 청소해야 해

하나님이 사람을 만들 때 왜 귀를 두 개로 만드셨는 줄 알아? 흔히 사람들은 말하기보다 듣기를 두 배로 하라는 의미로 해석하지. 정말 홀

륭한 해석이고 그 말은 정말 진리야. 거기서 또 하나의 의미를 찾아보면 한쪽 구멍으로 들어간 것을 또 다른 한쪽으로 흘려보내라고 있는 거야. 압력솥을 한번 봐. 무조건 막아놓은 게 아니야. 작은 구멍이 있어. 그 구멍으로 내보내야 할 것이 있기 때문이지. 네 남편의 말도 귀담아 들을 말이 있고 그저 대수롭지 않은 말로 여겨야 할 것들도 있어. 특히 여자는 흘려듣는 것을 잘해야 해. 흘려들을 말을 새겨들으면 오히려 더 문제가 생겨.

어릴 때 손재주 좋은 우리 아버지는 미꾸라지 잡는 족대를 직접 만드셨어. 사온 족대는 그물코가 넓어 미꾸라지가 자꾸 빠져 틈으로 나가는데, 아버지의 모기장 족대는 일단 족대 안에 들어온 미꾸라지는 제아무리 작아도 빠져나갈 수 없었어. 그럼 미꾸라지를 많이 잡았을까? 천만에! 왜냐하면 미꾸라지는 진흙이 있는 수풀에서 살기 때문에 수풀을 발로 밟아 흙탕물을 일으켜야 해. 그렇게 되면 수풀이랑 진흙이 한꺼번에 족대 안으로 들어와. 그것을 들어올려야 하는데 못 들어올려. 왜냐하면 진흙이랑 수풀이랑 온갖 잡동사니가 한꺼번에 밀려들어와 물이 빠져나가지 못하니 족대가 너무 무거워지거든. 무리하게 들어올리면 그물이 찢어지거나 대나무 손잡이가 부러져. 다시 내용물 걷어내고 올려 보면 미꾸라진 이미 다 도망가고 없는 거야. 족대는 구멍이 적당히 듬성듬성 있어야 그 사이로 물도 빠져나가고 진흙도 함께 빠져나가. 또 그 그물코를 빠져나갈 정도의 새끼는 살려보내고 씨알이 굵은 놈만 잡아 와야 생태계 보존에도 맞는 것 아니겠어?

너의 불평이 객관적으로는 정당해. 그럼, 네 잘못보다 네 남편 잘못이 월등히 커. 넌 정말 억울해. 잘 살아보려고 아등바등 애를 쓴 너를 전혀 몰라주지? 말만 꺼내면 복장 터지는 말이지? 어쩜 남들 앞에서 요리조리 얼마나 잘 둘러대는지 그 말에 속아 넘어가는 사람들을 보면 미치겠지? 거기에 한 술 더 떠서 그 인간 말만 듣고 너를 폄하하는 말이나 시선을 보낼 땐 정말 모조리 쏘아 죽이고 싶은 마음이지? 아마 마음속으로 얼마나 많은 총을 쏘았을까? 요즘 미국이 총기사용 문제로 골치를 앓고 있잖아? 누가 그러더라. 만약 한국 사람들에게 총기사용을 허락해주었다면 국민이 아무도 살아 있지 못할 거라고 말이야.

미꾸라지 같은 네 남편 잡아먹으려면 들을 것은 듣고 넘길 것은 넘겨봐. 모기장 족대를 버리고 그물코가 적당히 큰 것으로 바꿔. 그러고 나면 남편이 하는 말들 중에 꽤 굵직한 말들도 들리기 시작해. 남자들은 심사숙고해서 말하기보단 아무 생각 없이 하는 말들이 더 많아. 그러니 지혜로운 여자는 사소한 이야기는 흘려듣지만, 어리석은 여자는 아주 사소한 일 하나를 붙들고 생각하고 또 생각하다 눈덩이처럼 커진 생각 귀신에게 잡혀 먹히고 말아. 이것을 심리학에선 '반복의 오류'라고 해. 원래 인간은 쓸데없는 생각을 더 많이 해. 심리학자들이 연구해보니 하루에 5만~6만 가지의 생각을 한다고 해. 그중엔 대부분이 쓸데없는 것들이지만 아주 굵직한 미꾸라지를 잡아내 대박을 치는 사람들이 있어. 생각을 정리정돈하다 얻는 행운이지.

정리와 정돈은 좀 달라. 정리는 쓸데없는 것을 버리는 것이고 정돈은 필요한 것을 제자리에 잘 배치하는 것이야. 정리정돈을 다르게 표현하면 청소야. 현명한 여자는 마음도 매일 청소해. 필요할 땐 대청소를 하지. 강변 둔치 같은 곳에 차를 주차해놓고 그 속에서 남편에게 온갖 할 말 안 할 말 다 퍼붓고 화가 나면 욕설까지도 실컷 퍼붓고 오는 거야. 또 마음 청소하는 방법 중에 탁월한 것은 글쓰기야. 글을 통해 속마음을 풀어내는 거지. 남편에게 보낼 편지를 써. 다만 그 편지는 절대 부치는 편지가 아니야. 적당한 곳에서 태워버리든지 숨겨놓아야지. 어떤 여자는 노트 한 권을 사서 힘들 때마다 거기에 편지를 썼어. 세월이 많이 흘러 어느 정도 관계가 궤도에 올랐을 때 남편에게 보여줬대. 그랬더니 그동안 참아준 아내에게 고맙다며 그렇게 잘 대해주더래. 자기 아내가 정기적으로 마음청소를 한 덕분에 자기가 들어갈 공간이 있었다는 것을 그때 비로소 깨닫게 된 것이지.

내가 상담실에서 내담자에게 시키는 마음 청소법은 '나의 분노 map 그리기'야. A3지 정도의 큰 종이 한 가운데 동그라미를 그리고 그 속에 '나의 분노'라는 제목을 적고 가지를 쳐서 자신에 대한 분노, 배우자에 대한 분노, 부모에 대한 분노, 사회에 대한 분노…를 하나씩 적어나가게 하지. 이 작업을 할 때 사람들은 정말 진지한데 어떤 이는 쓰다가 자기도 몰랐던 분노를 터뜨리기도 하고 갑자기 오열하는 사람도 있어. 그렇게 스스로 작성한 분노 map을 확인해본 사람들은 많이 놀라지. 배우자에게 화가 많은 줄 알았는데 자신에게 오히려 화가 많았다고 하는 이도 있고, 부모에 대한 분노와 원망을 배우자에게 투사했다는 것을 알게 되었다고 고백하는 이도 있어. 그런 작업을 통해 분노의 이유를 알게 된 후 화도 덜 나고 충분히 통제할 수 있게 되었다고 해. 나에게 암적인 부분이라고 여겼던 분노도 차분히 정리하고 보니 그렇게 많지도 않고 절망적이지 않다는 것을 알게 된 거지. 분노가 문제가 아니라 분노를 정리하지 못했던 것이 진짜 문제였던 거야. 이렇듯 무엇이든지 정리하고 나면 해결은 그만큼 쉬워져. 또 분노탐색을 통해서 본인이 정말 희망하는 일이 무엇인지를 알아내는 사람도 있어. 분노란 욕구가 좌절되어서 생긴 것이라 큰 분노 뒤엔 잃어버리거나 묻혀버린 자신의 꿈이 숨겨져 있는 경우가 많거든. 그래서 난 분노 처리를 분뇨糞尿 처리라고 해. 매일 정기적으로 분뇨를 배출해야 건강한 사람이듯 마음도 매일 그렇게 청소하면 얼마나 건강하겠어? 배변을 시원스레 한 사람이 밥도 맛있게 먹는 법이지.

생각을 정리정돈하는 법을 익힌 사람은 행복의 비법을 아는 사람이야. 남자 중의 남자였던 나폴레옹은 정작 행복이라는 것을 몰랐던 불행한 사람이었던가봐. "내 생애 행복한 날은 6일밖에 없었다."라고 말했다는 것을 보면 말이야. 그에 비해 인간이 가질 수 있는 모든 불행의 조건을 가졌다는 헬렌 켈러는 "내 생애 행복하지 않은 날은 단 하루도 없었다."라는 고백을 남겼지. 이 두 사람의 말을 비교해봐. 결국 행복은 객관적 사실이 아니라 주관적 선택에 있다는 것을 보여주지. 즉 생각을 정리정돈하는 힘에 달려 있어. 그러니 기억해둬. 네가 수많은 생각의 늪에 빠져 허우적대고 있는 동안 너의 행복은 찾아오지 못하고 있다는 것을 말이야. 이젠 선택해! 객관적 사실도 아닌 것을, 주관적 생각의 늪에 빠져 끊임없이 자신을 남과 비교하며 열등감에 빠져 살래? 아니면 생각의 전환을 통해서 네가 이미 가지고 있는 것에 감사하며 매일 행복하게 살래? 그건 전적으로 너의 몫!

제대로나 싸워본 후에 이혼해도 늦지 않아

그동안 정말 많이 힘들었지? 그래 알아. 네가 느끼는 주관적인 아픔의 크기가 얼마나 큰지 말이야. 수십 번 자살을 생각했을 정도라니까 오죽했겠니? 특히 너같이 예쁜 얼굴에 예쁜 몸매, 탁월한 말솜씨를 가진 사람이면 오죽했겠어? 부모님은 물론이고 누구에게나 잘한다는 소리를 듣고 살았던 너였잖아. 그런 네가 남편으로부터 듣도 보도 못한 쌍욕을 들었을 때는 정말 아무것도 보이지 않았겠지. 그냥 밑도 없는 낭떠러지로 떨어지는 기분이랄까?

게다가 교통사고 낸 남편 뒷바라지한다고 고생 많았지? 인사사고였으니 거기에 따른 법적인 부분들이 얼마나 많았을까? 그런데도 너는 정말 아무런 불평 없이 그 일을 다 처리해주었어. 또 돈 번다고 말은 하는데 지금껏 제대로 된 수입을 가져다준 적 없는 남편, 보다못해 네가 일을 나섰지. 몇 백대일의 경쟁을 뚫고 그 일을 맡게 되었을 땐 정말 세상을 다 얻은 것 같았지. 그렇게 생긴 수입으로 네 사랑하는 아이들을 먹여 살릴 수 있었지. 그런데 남편이 회사 야근 때문에 늦게 오고 가끔씩 회식으로 인한 술자리도 가야 하는 것들에 대해서 전혀 이해를 못 해주는 게 속상하지? 세상 모든 사람들은 너의 능력이나 형편을 다 인정해주는데 단 한 사람, 네 남편만은 그것을 인정해주지 않는 게 정말 속 터지고 억울할 거야. 저런 남자가 내 남편일까 싶을 땐 정말 신세가 초라하게 느껴지기도 했을 거야.

오늘 상담을 통해 네 남편을 보니 네가 얼마나 힘겹게 살아왔는지 이해가 되더라. 다만 내 눈에는 네 남편 속에 깊이 박힌 상처가 보이더라. 그 상처는 묘하게도 너와 같은 크기였어. 배우자 선택의 비밀은 동일한 상처를 입은 배우자에게 운명적으로 끌린다는 거야. 왜냐면 운명의 '그 사람'을 만났을 때 무의식에선 '나와 동일한 상처를 가진 사람이니까 이 사람이야말로 내 모든 상처를 싸매주겠지'라는 엄청난 기대를 한다는 거야. 그것도 1초도 안 되는 짧은 시간에 말이야. '한눈에 반했다', '운명의 짝을 만났다'라는 표현은 그런 것이지. 막상 결혼해 살다 보면 두 눈을 못 뜨고 본 게 후회가 되고, 운명의 웬수로 둔갑해 피차 상처를 주는 관계가 되고 말지. 네 남편은 주로 도망가는 방식으로, 너는 그 남편을 쫓아가는 방식으로 지금까지 살아온 거야.

세상의 모든 부부는 다 싸워. 싸우지 않는 부부는 부부가 아니야. 너처럼 아예 마음을 접으면 안 싸우지. 네가 그랬잖아. 결혼하고 처음 몇 달 동안 싸우다가 더 이상 싸우지 않는다고. 하지만 그건 회피에 불과해. 도피한 것이란 뜻이지. 제대로 싸우지도 못하고 체념했으니 남들이 볼 때는 평화로운 부부로 보일진 몰라도 그것은 '위장된 평화'에 불과해. 부부는 어쩔 수 없이 상처를 줄 수밖에 없는 존재란 걸 냉정하게 받아들이고 거기서 어떻게 하면 상처를 주지 않을 수 있을까를 끊임없이 생각해야 해.

부부싸움도 의사소통이라 가끔씩 부부싸움이 필요해. 싸움을 통해 상대방의 속마음을 알게 되고 속마음을 알게 되면 더 깊은 결속으로 이어지거든. 또 싸움을 통해서 협상하는 법과 감정을 정리하는 법을 배워야 해. 협상이란 일방적인 요구가 아니라 나 자신에게도 어떤 의무를 지우면서 상대방에게 뭔가를 요구하는 법이야. 좀 더 나아가 싸움의 고수가 되면 강하게 말하고도 상처주지 않는 법, 상대방을 꼼짝 못하게 하는 법, 길게 말하지 않아도 상대방으로 행동하게 하는 법을 알게 되지. 그 수준은 너무 높아 보통 사람이 도달하긴 어려워. 그러니 너무 자신을 한심하게 여기지 마. 대부분의 부부가 어리석게도 말도 안 되는 일 가지고 싸우거나 아니면 홀로 자기 마음을 찢어대곤 하지. 솔직히 우리는 그런 부분에서 교육을 받은 적이 없어. 학교에서도 가르쳐주지 않고 결혼하기 전에도, 심지어 결혼하고 나서도 가르쳐주는 사람은 없지. 그렇게 혼자 시행착오를 겪다가 너무 큰 갈등으로 커진 후에야 수습을 해보려 하는 게 안타까워.

우리나라 부부들이 얼마나 갈등 처리에 미숙한지 볼까? 지난해 동아닷컴 도깨비뉴스에서, 한 결혼업체가 2013년 1월 7일부터 12일까지 실시한 '초혼실패의 근원원인에 대한 설문조사' 결과를 알려줄게. 전국에 재혼을 희망하는 남녀 550명(남녀 각 275명)을 대상으로 한 설문이었어.

그 결과 남성의 42.2%가 '결혼 전에 상대 파악이 부족했다.'고 답했어. 여성은 '살면서 서로 이해하려는 자세, 즉 아량이 부족했다(34.9%)' 는 것을 1위로 꼽았어. 남성의 경우 '살면서 아량 부족(22.5%)' 과 '결혼생활 중 예기치 못한 일 발생(16.2%)', '수준 차이(12.0%)' 등의 답변이 뒤를 이었어. 또한 여성은 '잘 모르고 결혼했다(23.3%)' 와 '궁합이 안 맞아(19.7%)', '수준 차이(14.6%)' 등을 주요 이혼 사유로 들었어. 이 외에도 남성은 '성형 등 외모, 신체적 비밀(18.1%)'과 '공주과 성향(15.2%)'을 꼽았고 여성은 '코골이 등 특이한 버릇(14.4%)'과 '신체적 비밀(12.3%)' 등을 들었어.

 남성들의 대답이 '상대파악이 부족했다.'잖아? 한마디로 속았다는 거지. 글쎄… 정말 그럴까? 여성은 '아량이 부족했다.'고 말했어. 결국은 서로 관계하는 법을, 갈등을 처리하는 법을 몰랐다는 거지. 그런 면에서 우리나라 사람들의 이혼사유는 냉정히 따져보면 유치한 거야. 부끄러운 거지. 나중에 결혼의 비밀을 알게 되면 그 이혼사유가 얼마나 웃기게 보일까? 자녀들이 성장해서 부모님의 이혼사유를 알게 되면 얼마나 허탈해하고 한심해할까? 그러니 이혼만이 해결책이란 생각 좀 접어둬. 그건 부부갈등을 처리하는 여러 가지 방법 중 최후의 방법일 뿐이야. 그 방법을 택하기 전에 전문가를 통해 가장 효율적인 방법을 찾아봐. 의외로 쉽고 빠르게 해결되는 경우는 얼마든지 많아. 그건 자신 있게 말할 수 있어. 네가 느끼는 주관적 문제는 매우 클지라도 객관적으로 볼 땐 지극히 '일상'에 속하는 사소한 문제이니까.

그럴 때일수록 가까운 상담실을 방문해봐. 거기선 위로와 공감만 해주는 게 아냐. 제대로 싸우는 법을 알려줘. 또 전문가가 냉정하고 정확하게 진단하고 솔루션을 주기 때문에 문제해결이 훨씬 빨라. 큰 병일수록 전문가에게 가야 한다는 거 알지?

chapter 7

여자가 여자에게 알려주는 초간단 남편 사용설명서

"아내가 그렇게 착각하게 만들었을 때 남자는 행복감에 겨워 자신이 황제가 아니란 사실을 알지 못합니다. 설령 더 이상 황제가 아니란 사실을 알게 되었더라도 염려할 필요는 없습니다. 왜냐하면 그 정도 된 남자는 아주 수준이 높은 남자고, 또 황제 역할을 하다 보면 정말 황제 수준의 역량을 갖게 되니까요."

7
여자가 여자에게 알려주는 초간단 남편 사용설명서

부부관계비전

지난번 상담을 마치고 돌아가던 길에 영화관으로 갔던 일은 정말 잘한 결정이었다. 영화관에서 창호가 손을 잡는 순간 민정의 마음에 묵혀 있던 옛 감정이 다시 살아났다. 그날 밤 오랜만에 침실에서 사랑을 나누었다. 싫다는 감정이 줄어든 만큼 받아들이는 공간이 확장되었다는 것을 느낄 수 있었다.

통장을 만들고 표지에 장식도 했다. 민정이는 그런 쪽에 재능이 많다. 학교 다닐 때 미술 쪽 실기점수는 항상 최고점을 받아 한때는 미대 가는 것도 고려했을 정도였다.

상담실에서 부부관계 비전도 만들었다. 창호가 희망하는 부부관계에 대한 내용과 민정이 희망하는 내용을 함께 비교해가면서 새로운 종이에 작성했다. 글씨는 창호가 썼다. 정자체로 반듯하게 쓴 글씨였다. 그리고 두 사람이 각 항목에 대해 점수를 부여했다. 그렇게 만든 비전 보드를 창호와 민정이 나란히 목소리를 맞춰 읽었다.

부부관계에도 비전이 있다는 것과 비전을 작성하는 과정에서 서로 의논하고 조율하는 과정이 좋았다. 그런 과정이 둘을 연결해주어 비로소 하나로 연결된 운명 공동체라는 느낌을 주었다. 동시에 앞으로 어려움이 생기더라도 함께라면 얼마든 헤쳐나가겠다는 자신감도 생겨났다.

창호와 민정 부부의 관계비전

3 — 우리는 갈등을 평화롭게 해결한다. —————— 3
5 — 우리는 만족스러운 성관계를 갖는다. —————— 3
4 — 우리는 자녀교육에 대한 가치관이 일치한다. —————— 5
5 — 우리는 서로의 개인적 시간을 존중한다. —————— 3
3 — 우리는 재정적으로 안정되어 있다. —————— 3
2 — 우리는 지정의 전인 건강을 가진 부부다. —————— 2
3 — 우리는 서로에게 최고의 친구다. —————— 4
3 — 우리는 양가 부모님께 효도한다. —————— 4
3 — 우리는 이웃과 좋은 관계를 맺는 부부다. —————— 3
3 — 우리는 속 깊은 이야기도 편안히 말한다. —————— 5
3 — 우리는 서로를 위해서 자발적인 봉사를 한다. —————— 4
3 — 우리는 서로를 깊이 존중한다. —————— 3
2 — 우리는 함께 성장하는 부부다. —————— 2

2 — 우리의 중년과 노년은 안정적이다. ——————— 3
3 — 우리는 세월이 갈수록 더 친밀해지는 부부다. ——— 4
2 — 우리는 서로의 부족을 보완해주는 부부다. ———— 3
1 — 우리는 각자의 장점을 극대화한다. ——————— 2

    사명을 일깨운다는 건 언제나 가슴 설레는 일이다. 영준과 세진은 아주 오래전 초등학교에 다닐 때 〈국민교육헌장〉을 영문도 모르고 외웠던 일이 생각났다. 영준은 형들이 하도 읽어대는 바람에 자동 암기한 내용이었다. '우리는 민족중흥의 역사적 사명을 띠고 이 땅에 태어났다.' 라는 문장은 사뭇 비장하기까지 하였다. 정말 우리는 민족중흥의 역사적 사명을 어느 정도 완수한 시대가 되었다. 2012년 런던올림픽 시상식 장면은 볼 때마다 눈시울을 뜨겁게 했다. 올림픽과 같은 무대에서 당당히 금메달을 차지하고 애국가가 울려 퍼지는 시상 장면을 볼 때면 가슴이 뭉클했다. 2013년 김연아의 피겨스케이팅 시상식 때 캐나다 벤쿠버 합창단이 우리말로 애국가를 불러주는 모습은 몇 번이나 반복해서 봐도 감동이다. 한국이 G20 개최국이 되었다는 것도 이미 한국의 국가 위상이 높아졌다는 것을 의미한다. 그 외에도 한국은 각종 국제행사들을 당당히 치러내는 국가가 되었다. 우리가 국민교육헌장을 암송하던 시대에 정말 지금의 한국을 상상이나 했을까?
    다만 행복에 대해서만큼은 자꾸만 퇴보하는 것 같아 안타깝다.

    영준이 부부관계비전을 작성한 창호와 민정 부부에게 칭찬을 해주었다. 두 사람은 겸연쩍어하면서도 못내 기분 좋은 표정을 숨기지 않았다. 그리고 서로 하이-파이브를 하면서 서로의 성취를 축하하는 행동을 거리낌없이 했다. 그런 개방성은 젊은이들의 보기 좋은 모습이다. 앞으로 두 사람이 그렇게 살아간다면 얼마나 좋을까? 아니 그렇게 살아갈 것이다. 이 사람들은 이제 지구상에서 몇 %만이 알고 있다는 결혼의 비밀을 알게 된 행운아이니까. 또 그동안 두 사람이 각자 큰 문제가 있어서 결혼이 위험했던 것이라기보다는 너무 몰라서 힘겹게 살아왔을 뿐이었으니까. 아직도 모르는 부분이 있긴 하지만 이번 과정을 통해서 적어도 두 사람이 끊임없이 배우면서 살아갈 것이라는 결심에까지 이른 것 같아 보였다.

영준은 부부 강의를 할 때마다 '배우자'의 어원이 '배우자!'에서 왔다고 늘 강조한다. 행복한 부부는 끊임없이 배우는 부부다. 창호와 민정은 두 사람 다 배우는 것에 아주 적극적이었다. 안내하면 안내해주는 대로 잘 따라와주었다. 그것이 잘 배운 사람의 특징이었다. 어떤 면에서 보면 결국 불행은 무지에서 기인한다. 배우려고 하지 않는 태도가 결국 불행을 더 크게 만드는 것이다. 그런 점에서 보면 아주오래 전에《사랑의 기술》로 알려진 심리학자 에리히 프롬은 '배우지 않으려고 하는 태도'가 문제요소라는 것을 진작 밝혀냈다. 배우려고 하는 한 행복은 언제나 창조할 수 있는 영역이다.

영준과 세진 부부는 창호 민정 부부에게 이제부터는 갈등을 넘어서 보다 창조적인 방법으로 부부관계를 잘 만들어나가는 부분에 대해 이야기를 해줘야겠다는 계획을 했다. 분위기도 많이 달라졌다. 창호 민정 부부와 영준 부부가 함께 있노라면 웃음이 터져 나왔다. 처음 왔을 때 내내 울던 모습과 많이 달라졌다. 웃는 모습은 언제 보아도 행복하다.

부부관계비전 작성을 완료한 후라 영준은 창호와 미팅을 하고 세진은 민정과 미팅을 하기로 했다. 남자가 남자를 만나 해줄 이야기가 있고 여자가 여자를 만나 해줄 이야기가 있다는 취지에서였다.

그렇게 따로 모임을 가졌다.

남자는 원숭이 다루듯 해야 한다

옆 공간으로 옮겨 자리를 잡은 후 세진이 민정에게 질문을 던졌다.

"민정 씨, 조삼모사朝三暮四라는 사자성어를 아시나요?"

"그럼요. 학교 다닐 때 한문 점수 잘 받았는데요. 그런 사자성어 정도라면 초등학교 아이들도 다 알걸요 아마?"

"제가 너무 과소평가했나요? 그럼 오늘은 '조삼모사'가 남자를 다루는 기술이라는 설명을 드리려고 해요."

"남자는 원숭이니까 원숭이 다루듯 하라는 뜻인가요?"

"네. 원래 조삼모사의 말뜻은 '자기의 이익을 위해 교활한 꾀를 써서 남을 속이고 놀리는 것을 이르는 말'인데요, 교활하다는 표현 대신에 지혜롭다는 표현을 써서 부부관계, 아니 아내가 남편 다루는 방법에 적용해볼까 해요."

"호호. 그거 재미있겠는데요?"

"조삼모사朝三暮四란 사자성어는 장자莊子우화에 나오는, 원숭이에게 먹이를 주는 과정에서 나온 말이에요. 원숭이에게 아침에 3개 밤톨을, 저녁에 4개 밤톨을 준다 하여 원숭이들이 분노하였으나 반대로 아침에 4개, 저녁에 3개 준다 하니 환호하였다는 데서 유래하였죠. 따지고 보면 전체 하루 7개는 변함없는데 순서가 바뀐 것만으로도 원숭이들의 반응은 극과 극을 보이죠. 남자도 순서 조정만 잘하면 잘 다룰 수 있다는 뜻이죠."

"남자들 입장에선 기분 나쁘겠네요."

민정이 미소를 띠며 말했다.

"호호. 그런가요? 그런데 저는 여기서 남자는 원숭이와 같다는 말을 하고 싶은 게 아니라 원숭이를 다루는 사람에 대해서 말하려고 합니다. 원숭이들과 충돌하지 않는 차원을 넘어 원숭이들을 만족시키는 문제해결의 유연성, 요즘 말로 윈-윈win-win의 관계를 이끌어내는 탁월한 능력이 무엇일까? 하는 겁니다. 무엇보다 전체를 볼 수 있다는 점이 가장 큰 원리일 겁니다. 그리고 자기 입장만 생각하는 것이 아니라 상대방의 입장까지 생각하는 넓은 마음도 돋보이고요. 상대방이 그럴 수밖에 없다는 생각을 하면 거기에 맞도록 내가 대처할 수 있게 되지요."

"결혼 관계에 주는 교훈은요?"

"여자의 능수능란함에 있다는 뜻이기도 합니다. 남편을 다루는 아내도 조삼모사가 아니라 조사모삼을 하면 남편도 좋아하고 자기도 좋고, 딱히 그렇게 큰 수고를 하지 않고도 피차 좋은 관계를 만들어낸다는 뜻입니다."

"부부관계에선 어떻게 적용하죠?"

"남자로 하여금 '당신이 최고며 나에게 1순위'라는 걸 알려주면 됩니다. 즉 남자에게는 자기가 자기 행동의 선택권자이고 자기가 중심이 되고픈 욕구가 있어요. 그 부분만 살짝 접촉시켜주면 남자는 언제나 원숭이처럼 기분 좋게 웃고 나에게 아무런 불평도 안 합니다."

"정말 근거 있는 이야기인가요?"

"그럼요. 사회심리학자인 드샴L. de Charms이란 사람의 말이거든요."

"그래요? 아직도 이해가 잘 안 돼요. 예를 들어 설명해주세요."

"2~3년 전에 이런 TV광고가 있었어요. 영화배우 송강호 씨가 출연하는 백세주 광고였는데요. 휴일에 남편이 하얀 소파 위에서 코를 골며 잡니다. 이런 모습을 보는 아내는 화가 나죠. 해도 해도 끝없는 집안일 좀 도와주면 좋을 텐데, 남자의 머릿속에 각인된 '휴일' 개념은 무조건 자는 것이죠. 아내 입장에서야 집안일도 도와주고 아이들하고 놀아주고, 아내 위해서 요리도 해주고… 그런 것들이지만 남자들에게 그것을 당위성으로 요구하면 절대로 저얼대로!! 움직이지 않습니다."

"아니 그게 당연한 거 아닌가요? 솔직히 전 결혼하고 그런 가정을 갖게 될 것이라고 기대하고 있었어요. 그런데 선생님 통해서 그런 것들이 결혼에 대한 판타지라는 거 알고 난 후부터 그런 기대는 하지 않는데 아쉬움은 있어요. 뭘 어떻게 해야 할지도 모르겠고요."

"그렇죠. 그 광고에서 아내도 짜증 섞인 목소리를 냅니다. 다 마른 빨래를 잠자는 남편의 코앞에 던지면서 '여보! 빨래 좀 개줘.'라고 소리치죠. 그랬더니 이 남자가 잠결에 빨래를 개[犬]에게 주는 시늉을 하죠. 조금 있다 진공청소기 손잡이를 남편의 손에 쥐어주면서 '여보! 청소기 좀 돌려줘.'라고 하니까 청소기 손잡이를 오른팔로 잡고 빙빙 돌려요. 아직도 잠에 취해서 말이죠."

그 말이 끝나자 민정이 "풉!" 하고 웃었다. 그리고 웃음이 잔뜩 섞인 목소리로 말했다.

"아! 그 장면 본 적 있어요. 처음 그 광고 나왔을 때 얼마나 웃었는지 몰라요."

"그러다가 아내가 냉장고 문을 열면서 '어라? 백세주가 떨어졌네?'라고 독백하듯 말할 때 남자는 자리에서 벌떡 일어나죠. 그리고 마트로 달려갑니다. 이 광고는 남자의 심리를 정확하게 파악했어요. 여자가 마트 갈 때는 가족에게 필요한 물품을 사러 가는 것이지만 남자가 마트에 갈 때는 자기에게 필요한 것을 구입하러 가는 겁니다. 그래서 마트에 남편을 데리고 가는 여자는 '당신 뭐 살 것 있지? 마트 가자.'라며 남편을 위해 마트 가는 것처럼 말하죠. 마트에 가면 '당신 사고 싶은 거 먼저 사와.'라고 보냅니다. 남자들이 유독 집착하는, 여자들이 보기엔 다소 유치한 음식이 있어요. 일종의 '힐링 푸드'인데 대부분 자기 엄마와 연관된 음식이죠. 그거 사는 순간 이 남자의 자발성은 엄청 길어집니다. 카트 다 끌어주고 포장해주고 차에 싣고 내리고 집에 오면 옮겨주고 나중에 포장지와 박스 분리수거까지 완벽하게 하죠. 그런데 '남편으로서 당연히 해야지', '아내를 도와야 하는 거 아냐?', '남자가 그런 것 정도는 기본이지' 라고 할 땐 절대 따라가지 않습니다."

"참 이상해요. 아내를 사랑한다면 그 정도 수고는 자발적으로 해줘야 하는 거 아닌가요?"

"그 당연이 당연이 아니란 거죠. 남자들은 그렇게 넓게 생각하지 않거든요. 마치 원숭이처럼. 아내들이 거기에 한 술 더 떠서 '누구네 남편은 어떻게 하더라', '그런 것 정도도 못 해주냐', '애들이 뭘 배우겠냐'는 식으로 나오면 남자들은 화를 벌컥 내며 집에 돌아가거나 어디론가 사라집니다. 수동적이고 착한 남자는 그냥 카트만 끌 뿐 더 이상 아무 말도 하지 않지만 분위기 싸늘하죠. 마트 갈 때마다 반복되는 일종의 싸움이죠. 그런 것 때문에 남편하고 절대 마트 안 간다는 여자분들 엄청 많아요."

"어휴! 정말 남자들은 왜 그럴까요?"

"화나는 부분인가요? 그때 조사모삼이 필요하죠. 마트 가는 목적이 '당신이 필요한 거 구입하러 가는 것'이란 암시를 주면 남편도 기분 좋아하고 나도 남편을 마음껏 조종하는 능력자가 된 셈이죠. 결과적으로 누가 더 똑똑한가요?"

"당연히 여자죠."

"그럼요. 남자는 그렇게 다루는 거랍니다."

"그런데요, 지난 주에 교회 갔더니 목사님 설교 말씀 중에 '아내들이 남편을 황제로 모셔보세요. 그러면 자신은 황후가 되는 겁니다.'라고 하시더군요. 바로 그런 의미인가요?"

"아닙니다. 그 말씀 잘 분석해보면 여자들이 기분 나쁘죠. 얼핏 들으면 '네가 황후가 될 수 있다.' 같은데 뉘앙스를 잘 살펴보면 '여자가 잘하면 남자도 잘 하고 여자가 못하니까 남자도 못하는 거다.'라는 뜻이에요. 가정평화의 근원이 여자에게 있고 여자가 1차적 문제라는 것이죠. 경상도 말로 하면 '니 그카이 가 그카지 니 안 그카몬 가 그카겟나?' 이런 거잖아요?"

세진의 말에 민정이 까르르 웃었다. 가지런한 치아가 예뻤다.

"호호호. 어쩐지 기분이 살짝 나빠지더라 했어요."

"이렇게 말해야 맞습니다. '아내들은 남편으로 하여금 자신이 황제인 양 착각하게 만드세요.' 라구요. 남편이 언제나 자신이 황제인 줄 알고 행동하면 아내는 거기에 맞춰주는 것이지요. 그 모습을 바라보는 아내는 화가 날까요? 아니면 '호호. 이 남자 되게 귀엽네.' 라고 할까요?"

"귀엽다고 하겠죠."

"그게 바로 조사모삼입니다. 원숭이 다루는 그 사람이 속으로 뭐라 했을까요? 조삼모사를 조사모삼으로 바꿨을 뿐인데 원숭이들이 그렇게 좋아하는 모습을 보면서 화가 났을까요? 아니면 여유 있게 웃었을까요?"

"정말 그러네요. 그런데 선생님! 남자가 어느 날 자신이 황제가 아니라 아내가 황제인 양 착각하게 만들었다는 사실을 알면 기분 나빠하지 않을까요?"

"걱정 마십시오. 아내가 그렇게 착각하게 만들었을 때 남자는 행복감에 겨워 자신이 황제가 아니란 사실을 알지 못합니다. 설령 더 이상 황제가 아니란 사실을 알게 되었더라도 염려할 필요는 없습니다. 왜냐하면 그 정도 된 남자는 아주 수준이 높은 남자고, 또 황제 역할을 하다 보면 정말 황제 수준의 역량을 갖게 되니까요. 그 수준에 이른 남자는 자신을 그렇게 만들어준 아내를 '존경'하게 되어 있습니다. 그래서 '사랑' 보다 더 큰 것은 '존경'이고 자기 아내를 '존경'하는 남자는 지구상에서 가장 행복한 남자죠."

"아!"

민정은 길게 감탄했다. 부부간에 사랑만 있으면 충분한 줄 알았는데 오늘은 '존경'이라는 새로운 것을 알게 되었다. 존경! 부부는 사랑으로 연결되고 존경으로 더 깊이 결속된다!

중고차와 마누라의 공통점

차를 마시고 휴식을 한 다음 다시 자리에 앉았다. 민정은 원두커피를 리필하고 세진은 과자를 접시에 더 담아왔다.

"민정 씨, 조삼모사 통해서 본 남자들 정말 단순하죠?"

"네. 정말 단순해요. 그런데 전 솔직히 단순하다는 것을 이해 못 하고 살았어요. 그저 이해 못 할 행동만 한다고 생각했거든요."

"후후 맞아요. 정말 여자들이 생각하기에 전혀 이해하지 못할 행동들이 많지요. 처음에 결혼해서 살면 살수록 그런 것들이 자꾸 보이는데요, 황당하기도 하고 당황스럽기도 하고 또 내가 뭘 잘못해서 저러는 걸까 하는 생각도 들고… 암튼 참 힘겨웠던 시절이었어요."

"선생님도 그러셨어요?"

"그럼요. 보기엔 어떨지 몰라도 고생할 만큼 고생했지요. 가끔 남편이 강연 현장에서 '부부대화법'을 강의할 때 전 속으로 '너나 잘 하세요.'라고 말했던 때가 꽤 있었어요. 이율배반적이었거든요. 그런데 세월이 좀 더 지나니 남편도 많이 바뀌고 저도 남편을 대하는 게 많이 달라졌지요. 요즘은 남편이 강의할 때 '여성 여러분! 앞에 서 있는 강사가 꽤 괜찮아 보인다고 마냥 부러워하지 마십시오. 이렇게 되기까진 한 여자의 피눈물이 들어가 있답니다.'라고 속으로 말한답니다. 그렇게 말하는 남편을 보면 고맙기도 하고 한편으론 더 잘해줘야겠다는 마음도 생겨요."

민정의 눈이 빛나기 시작했다. 정말이지 '창호라는 남자, 이해 못 할 남자'라고 수없이 생각했지 않았던가? 며칠 전에도 쇼핑센터에서 눈에 띄는 옷이 있어 그것을 열심히 보고 있는데 창호는 옷에 관심이 있는 게 아니라 그 안에 있는 여자 직원에게 시선을 두고 있었다. 그건 여자의 직감으로 알 수 있는 꽤 기분 나쁜 모습이었다. 그럴 때면 '내가 잘못된 선택을 한 것은 아니었나?' 하는 생각으로 밤새 속울음을 삼키기도 했다. 다른 사람들은 다들 잘 사는 것 같았다. 아니면 먼저 결혼을 한 친구들 중에 남편의 말도 안 되는 이상한 행동을 결코 용납하지 않고 당당히 이혼을 요구하고 '돌싱'이 된 친구도 꽤 있었다. 당당해 보였고 나도 결혼해서 혹시라도 원하지 않는 결과가 생긴다면 그렇게 하면 될 것이라는 생각을 했었다. 솔직히 그 생각 덕분에 결혼에 대한 두려움을 조금이나마 줄일 수 있었다.

세진이 말을 이었다.

"남자 다루기 시리즈 2탄! 남자들에겐 마누라 대하는 것과 중고차 대하는 것이 같다는 걸 말씀드리려고 해요."

"중고차 대하기요?"

민정이 눈을 크게 뜨고 의아한 듯 물었다.

"네. 중고차 대하기요. 남자들은 마누라를 중고차로 여긴답니다."

"궁금해요. 말씀해주셔요."

"남자들은 차에 관한 한 다 박사예요. 돌아다니는 차의 모든 차종을 자동으로 알아요. 어느 회사 것인지, 언제쯤 제작되었는지, 선행모델은 뭔지 다 알고 있어요. 지나가는 차의 테일 램프만 봐도 어느 회사의 언제쯤 생산된 제품인지, 국내차인지 외제차인지까지도 단박에 알아냅니다. 따로 공부하는 것도 아닐 텐데 남자들이 그런 걸 아는 것 보면 참 신기해요. 그 머리를 가지고 공부를 했으면 진즉 대박 난 인생이 되었을 텐데 말이죠. 일단, 새차를 고르기 전엔 모든 것을 비교해봅니다. 연식, 가격, 성능, 색상, 디자인, 그리고 나중에 중고차로 되팔 때의 가격… 아주 신중하게 고르지요. 그렇게 골라서 구입하고 나면 처음 한두 달은 정말 하늘처럼 떠받들고 살지요. 심지어 차를 구입한 첫날에는 밤잠도 못 잘 정도랍니다. 혹시나 누가 긁을까봐 잠에서 깨어 확인해보기도 하죠. 그리고 얼마나 광을 내는지 조금만 먼지가 앉아도 바로 닦아냅니다. 솔직히 여자들 입장에선 차를 애무하듯 아내를 사랑한다면 얼마나 좋을까 생각할 때도 있죠. 차에 쏟는 애정에 비교도 안 되는 사랑을 아내에게 주거든요. 그것도 한 달만 지나면 식상해지고요."

"한 달이라… 너무 짧은 것 아닌가요?"

"호호, 그런가요? 그런데 결혼도 한 달만 행복하단 거 알아요? 허니문honey moon, 즉 '밀월蜜月'이라고 표현하는 건 꿀같이 달콤한 한 달이란 뜻입니다. 그 한 달이 지나면 금세 시들해지죠. 지금, 민정 씨 결혼생활이 6개월 정도 되었으니 시들해졌다고 보아도 되죠."

"네. 그게 정말 실망스러웠어요. 이렇게 빨리 시들해질 수 있나 싶었거든요. 남들이 '신혼 재미 어때?', '깨가 쏟아져?' 그런 말을 할 때 정말 부담스러워요. 솔직히 깨가 쏟아지는 재미 좀 제대로 봤으면 좋겠는데 깨는 고사하고 확 깨는 일만 생기더군요. 갑자기 저라는 사람이 기준치 이하로 뚝 떨어져 평가받는 느낌이었어요."

"그게 바로 중고차와 같은 겁니다. 차는 일단 사는 순간 중고차로 전락합니다. 오늘 뽑아서 가져와도 가격이 몇 십만 원, 많게는 백만 원 넘게 차이가 납니다. 타지 않았다 해도 마찬가지입니다."

"썩 기분 좋은 소린 아니네요."

"그렇죠. 더 웃기는 건요. 차를 산 직후부터 남자들이 다른 차를 기웃거린다는 사실이죠. 그리고 언제쯤 지금 타고 있는 차를 되팔 수 있는지를 생각하기도 합니다. 아직은 새 차라 나름 자부심을 가지긴 하지만, 마음 한편에선 그런 생각을 하고 있다는 말이죠. 그렇다고 금방 팔 생각은 못합니다. 차가 없어서 생길 불편을 생각하면 오! 그건 정말 상상만으로도 힘든 일이거든요. 또 몇 년 탄 남자들이 차를 팔고 나면 그 차를 아까워하죠. 또 그 차가 내가 팔 때보다 높은 가격으로 재판매되고 있는 것을 보고 배 아파하기도 하구요."

"근데요 선생님, 모든 남자들이 그렇게 생각하나요?"

"네. 그게 거의 지구상 남자들의 보편적 특성이라면?"

"그럼 여자들 입장에선 기분 나쁜 것 아닌가요?"

"후후 그럴 수 있죠. 그런데요, 여자가 조금만 변화하고 조그마한 수고를 하면 남자는 늘 새 차인 줄 알고 산답니다. 여자들이 그 비법만 알면 평생 행복하게 살 수 있겠죠?"

"그 조그만 변화, 조그만 수고라는 것들이 무엇이죠?"

"음… 자주 세차를 하는 겁니다. 여자는 언제나 늘 새 차 같은 느낌이 나야 해요. 즉, 여자는 남자에게 언제나 양파 같아야 해요. 벗길수록 매력이 계속 더 나오는 그런 것이지요. 그래서 여자는 비밀을 남겨두어야 한답니다."

민정이 고개를 끄덕이고 있을 때 세진이 계속 말했다.

"그리고 남자는 금세 격앙되었다가도 금세 또 식어버리는 묘한 습성이 있어 주기적으로 연료를 공급해줘야 합니다. 주기적이라지만 그 주기가 지극히 짧아요."

"남자들은 참 신기한 동물이네요."

"아이들 눈에도 그렇게 비춰질걸요? 어떤 초등학생이 '작○삼○'이라는 사자성어 시험문제에 답을 '작은삼촌'으로 썼대요. 아마 그 조카는 틀림없이 여자아이였을 거예요. 여자 쪽에서 볼 때 남자는 늘 작심만 하는 사람으로 보이니까요."

"호호. 재미있네요. 작은삼촌! 그럼 3일의 의미는 뭔가요?"

"연료를 채워줘야 할 주기겠죠? 사람은 끊임없이 마음을 일깨워줘야 한답니다. 옛날에 어떤 보험회사에서 있었던 일이에요. 매주 월요일, 목요일 아침마다 지난 3일간의 실적을 보고하는 시간을 가졌대요. 어떤 사람이 주 1회만 하고 그렇게 모일 시간에 한 명의 고객이라도 더 만나야 하는 거 아니냐고 제안했대요. 논리적으로 맞는 얘기라 그렇게 시행했는데 몇 개월 안 가 실적이 절반으로 떨어지더래요. 그래서 다시 주 2회 모임으로 전환했더니 이전 실적으로 돌아왔고요. 그건 3일에 한 번씩은 작심하게 해야 한다는 뜻입니다."

"그럼 남자들에게 채워줘야 한다는 연료는 뭘 말하는 건가요?"

" '네가 세상에서 최고다!'라는 연료예요. 남자가 새해에 술, 담배 같은 해로운 습관을 단호하게 끊겠다고 큰소리 뻥뻥 치는 건 그만큼 자기가 괜찮은 남자라는 사실을 입증하고 싶은 겁니다. 그럴 때 찬물 끼얹지 말고 좀 믿어주세요. 그것도 3일에 한 번씩 약발이 떨어질 때쯤 그렇게 해주면 됩니다. 어렵지 않죠?"

"듣고 보니 참 유치하네요."

"그래요. 많은 여자들이 남자가 유치하다는 것을 인정하지 못해서 아예 시도조차 하지 않죠. 또 유치한 남자일수록 투사하는 습성, 그러니까 자기 잘못을 외부로 투사하는 성향이 있어 자기 잘못은 하나도 없고 오로지 아내만 잘못이라고 합니다. 그럴 땐 겉으론 듣고 속으론 무시하셔도 됩니다."

"아! 한숨 나와요."

"애기 하나 둔 신혼부부가 상담을 왔는데요, 아내가 죽을 맛이래요. 남편이 맨날 징징대고 짜는데 미치겠대요. 최근엔 공황장애까지 왔다며 회사에서 조기 퇴근하는 일이 잦대요. 그런 날엔 집에서 꼼짝도 안 하고 아내에게 짜증을 내면서 이렇게 말한대요. '네가 우리 엄마처럼 잘 안 해주니까 내가 공황장애 걸리잖아!'라고 말예요."

"아휴 짜증나. 이야기만 들어도 기가 다 막혀요. 그래서 그 인간을 그냥 두었대요?"

민정이 흥분해서 소리쳤다.

"그럴 땐 바로 맞불 작전을 쓰거나 설명, 납득, 훈계… 이런 거 소용없습니다. 그렇게 나올 땐 일단은 충분히 받아주고 나중에 차분히 설명하면 됩니다. 초기엔 '아이고 그랬쪄? 그래서 많이 힘들었쪄?' 이런 어투로 대응하시면 돼요. 호호."

민정이 한숨을 몇 번 쉬더니 짜증난 목소리로 말했다.

"그렇게 어떻게 평생을 살아요?"

"나중에 이야기할 거예요. 남자는 키워서 잡아먹는 거라고…"

"에고 그런 이야기 들으니 우리 창호 씬 정말 괜찮은 사람이네요."

"그게 느껴져요?"

"네."

"민정 씨가 그렇게 느낀다면 정확한 판단일 거예요. 호호."

남자에겐 "사랑해?"를 묻는 게 아니다.

"이제 남자 다루기 시리즈 3탄입니다."

"와! 들을수록 재미있어요. 빨리 말씀해주셔요."

"제가 좋아하는 가수는 이선희랍니다. 노래방 가면 그 가수의 노래를 많이 부르죠. 학교 다닐 땐 이선희 씨처럼 얼굴 전체를 다 덮는 큰 안경을 쓰고 다녔어요. 수많은 히트곡 중에 〈알고 싶어요〉라는 노래가 있어요. 한번 불러볼 테니까 들어봐요."

세진이 겸연쩍은 표정을 지으면서도 작은 목소리로 노래를 시작했다. 안경까지 쓴 모습이 정말 가수 이선희 같았다.

달 밝은 밤에 그대는 누구를 생각하세요

잠이 들면 그대는 무슨 꿈꾸시나요

깊은 밤에 홀로 깨어 눈물 흘린 적 없나요

때로는 일기장에 내 얘기도 쓰시나요

나를 만나 행복했나요

나의 사랑을 믿나요

그대 생각하다 보면 모든 게 궁금해요

하루 중에서 내 생각 얼만큼 많이 하나요

내가 정말 그대의 마음에 드시나요

참새처럼 떠들어도 여전히 귀여운가요

바쁠 때 전화해도 내 목소리 반갑나요

내가 많이 어여쁜가요

진정 날 사랑하나요

난 정말 알고 싶어요

얘기를 해주세요

"우와 선생님! 노래 잘 하시는데요?"

"그래요? 노래 부를 땐 언제나 쑥스러워요. 하긴 남들 앞에 이렇게 노래하는 건 정말 얼마 안 되었어요. 그건 상담을 공부하면서 얻은 소득이에요."

"그래요? 무슨 사연이 있었나요?"

"초등학교 5학년 땐가 교내 합창부 모집이 있었는데, 오디션을 볼 때 첫 음절을 들으신 선생님께서 '그만! 됐다 들어가라.'라고 하셨는데 그 때문에 아이들 앞에서 웃음거리가 되었어요. 그때 '난 노래에 재능이 없구나, 이제부터 두 번 다시 노래하지 않을 거야.'라고 다짐을 했었어요. 교회에선 성가대도 안 했어요. 내가 들어가면 도리어 노래를 망칠 거라고 생각했으니까요. 상담을 공부하면서 노래 잘하고 못하고는 그렇게 중요한 게 아니란 거를 받아들이게 되었어요. 노래를 정말 잘하면 가수로 성공할 것이고, 아마추어는 그냥 좋아하는 노래를 즐기면 되는 거 아닌가요? 성악전공자들도 제 노래에 대해서 평가 안 했어요. 노래는 사람마다 색깔이 달라 그 나름의 맛이 있대요. 잘하고 못하고는 경연대회에서나 평가받을 일이니 일상생활에선 아니죠. 그때부턴 자신감이 생겼어요. 자, 그 이야기 말고 이 노래에 대한 이야기를 해보죠."

"네."

"제가 부른 노래 가사 속의 주인공은 몇 살 정도 되었을까요? 십 대 후반이나 이십 대 초반 정도여야 해요. 그러면 노래는 그야말로 아름다운 노래입니다. 그런데 만약 이 노래 속의 주인공이 서른을 넘었거나 결혼한 여자라면 이야기는 달라지죠. 그것은 사랑이 아니라 스토커인 셈이죠. 남자들은 기겁해서 도망갈 겁니다."

"왜 그렇죠? 제가 듣기엔 사랑인 것 같은데요."

"결혼한 여자에겐 남편이 달밤에 누굴 생각하든, 잠이 들면 무슨 꿈을 꾸든 그건 내 알 바 아닙니다. 그건 남편 몫이니 내가 어떻게 할 수 있는 영역이 아니죠. 나를 만나 행복했는지, 진정 날 사랑하는지…. 이렇게 물어오면 남자는 정말 도망가고 싶어져요. 여자는 끊임없이 그것을 확인하려고 달라붙죠. 여자의 본능은 이 남자와 연결되어 있는지를 검증하고 싶으니까요. 여자는 '내 남자'와 연결되어 있으면 행복하고 그렇지 않으면 불행하다고 느낍니다."

"결혼한 여자가 남편에게 관심을 갖는 건 지극히 당연한 일 아닌가요? 내가 사랑하는 사람이 뭘 하는지, 그 사람이 나를 사랑하는지를 확인하고 싶은 건 당연하지요."

"관심이 나쁜 것은 아니죠. 여자가 결혼하면 참 이상해지는 게 있어요. 감시요원이나 탐정으로 돌변하거든요. 남편의 모든 것을 알아야겠다는 거예요. 모든 게 궁금하대요. 그렇지만 그건 망상에 불과해요. 만약 결혼한 여자가 그렇게 살기를 희망한다면 '편집성 성격장애자'일 가능성을 생각해봐야 해요. 자기 방식의 사랑인데 그건 사랑이 아니라 집착입니다. 집착은 영아기의 특성이죠. 엄마랑 바짝 달라붙어서 엄마의 일거수일투족이 다 나를 위한 것이기를 희망하는 욕구예요."

"영아기…."

민정이 잠시 생각에 빠졌다. 세진은 민정이 생각에서 벗어나오기를 기다렸다 말을 이었다.

"그래서 남자에게는 '날 사랑해?'라고 묻는 것 자체가 엄청난 실례랍니다. '나를 만나 행복했나요?'라는 질문을 받을 땐 남자들은 바로 멘붕 상태에 빠져 무슨 말을 어떻게 해야 할지 몰라 멍 때리고 있어요. 그 모습을 본 여자는 '이 남자가 대답이 없다는 뜻은 나를 사랑하지 않는다는 뜻'이라고 단정 짓고 눈을 흘기거나 화를 내죠. 남자는 갑자기 화살처럼 날아와 꽂힌 그 질문이 머릿속을 맴돌아 가뜩이나 정신없어 죽겠는데 여자가 화까지 내면 더 정신없죠. 응수할 수 있는 방법이라곤 더 크게 화를 내거나 죽은 척 무반응밖에 없어요."

"여자는 전부를 주잖아요. 그리고 전부를 준 대상이니 그런 물음을 던지는 것이고요."

"맞아요. 그렇지만 남자는 고무줄 같아서 적당한 거리를 두어야 편안해합니다. 너무 가까워지면 관계가 식상해져 자꾸 도망가고요. 여자가 저만치 멀어지면 팽팽한 긴장을 느끼고 여자 쪽으로 끌려옵니다. 이런 속성을 모르는 여자들 중엔 실망한 사람들 많을 거예요. 자기는 온 몸과 마음을 다 바쳐 남자에게로 갔는데 이 남자가 자꾸만 멀어지고, 남자가 도망간다 싶어 따라가기를 멈추면 남자는 먼발치에서 더 이상 가지도 않습니다. 그래서 돌아오려나 보다 해서 여자가 다가가면 그만큼 또 도망갑니다."

"아우. 정말 이해 못 할 족속!"

"게다가 남자는 동시다발적인 일을 못합니다. 직장에 출근하면 집, 마누라, 아이에 대한 모든 생각은 백지가 됩니다. 그런 남자에게 '자기 지금 뭐 해?'라는 질문을 해봤자 돌아오는 건 시큰둥하거나 짜증이 잔뜩 섞인 대답일 거예요. 그럴 때 '뭐 하긴 자기 생각하고 있지.'라고 대답하는 남자를 오히려 의심해봐야 해요. 그런 말은 연애하는 청춘들이나 하는 것이어요. 생각해봐요. 이제 갓 결혼한 남자가 직장에 출근해서 마누라 생각에 빠져 있다면 그 사람은 얼마 못 가서 잘릴 확률이 높아요. 직장에서 신출내긴데 한가롭게 그런 감상에 빠질 시간 없거든요. 남자는 출근하면 그 직장 일에 푹 파묻혀 있어 마누라 생각이 안 나야 정상인 거예요."

"아무리 직장이지만 어떻게 온종일 아내 생각을 안 할 수가 있나요? 전 직장 동료들과 점심 먹으러 가면 남편 생각 나는걸요? 그제 점심 때 묵은지 김치찌개 먹으러 갔을 때 남편 생각 나던걸요? 창호 씨가 엄청 좋아하거든요. 데이트 할 때 많이 먹었던 음식이기도 하고요."

"그래서 민정 씨가 여자죠. 저도 결혼 초에 그런 것 때문에 많이 실망했어요. 한번은 제가 정색하고 '당신은 밖에 나가면 집 생각 안 나?' 라고 물은 적 있어요. 그랬더니 생각할 틈도 없이 '응, 생각 안 나.'라고 답하더군요. 기가 막혔어요. 나중에 세월이 지나면서 남자와 여자가 다르다는 것을 알게 되니 지극히 정상이더군요."

"남자와 여자가 달라서 그렇군요. 정말 두 분 선생님 통해서 많은 것을 알게 되었어요. 모르고 지냈더라면 정말 이혼하고 살았을 거예요. 이혼하고도 평생 원망하며 살았겠죠. 하나씩 알게 될수록 저도 창호 씨도 지극히 정상이라는 걸 알게 되네요. 결혼 전에 이런 것을 알았더라면 얼마나 좋았을까요?"

"바로 그거예요. 우리도 그런 것들을 알게 되니 갈등은 자동으로 줄어들더라고요. 그래도 결혼 전엔 그렇게 피부로 와 닿진 않아요. 두 사람이 결혼 후 갈등을 겪으면서 이혼까지 생각했었기에 우리가 만날 때마다 하는 이야기들을 다 가슴으로 새겨듣는 겁니다."

"저희가 출석하는 교회에서 '결혼예비학교' 프로그램이 있었는데,

저흰 등록 안 했었거든요. 필요라고 생각했지 필수라고 생각하진 않았거든요. 그래도 만약 그때 그 과정을 했더라면 결혼 후 시행착오를 많이 줄일 수 있었을 텐데, 지금 와서 후회가 되네요."

"호호. 그래요? 덕분에 두 사람이 저희에게 올 수 있었잖아요? 남편도 저도 결혼예비학교 강의하러 자주 가요. 결혼하기 전에 부부에 대해서, 결혼에 대해서 알 수만 있다면 정말 좋겠죠. 어떤 면에서 보면 '결혼예비학교'는 결혼 전 필수코스가 되어야죠. 그래도 이런 프로그램을 시행하는 곳이 많아지고 있는 건 정말 다행입니다."

"동감입니다. 이젠 행복도 배워야 한다는 선생님 말씀이 이해가 됩니다. 그런 면에서 저흰 희망이 있네요."

"그럼요. 이제 기껏 반년인걸요? 그리고 아이 출산 미루지 마세요. 아이를 갖게 되면 또 다른 느낌이 나거든요. 저도 세 아이 엄마인데요, 아이들 덕분에 얻는 행복이 정말 많아요."

"알고는 있는데 사실 두려워요."

"당연히 두렵지요. 그렇지만 그 영역도 결혼한 사람에게 주어진 특별한 경험이랍니다. 아이를 임신하고 출산하는 건 여자만이 가지는 특권이어요. 어떤 영성가는 임신이라는 말을 '臨神'이라고 표현해요. '신이 임했다.'는 말이지요. 여자는 신을 잉태하는 자궁을 가진 존재라는 뜻이어요. 그래서 여자는 생명을 잉태하고 살려내는 기능을 가지고 있는 거랍니다."

"아!"

민정은 가슴에서 뭔가 벅차올랐다. 그동안 '내가 여자'라는 느낌을 제대로 가져본 일이 없었다. 아이를 가지는 것이 성공에 방해된다고 생각했고, 아이를 출산하고 양육하는 과정에 들어가는 비용이나 노력이 얼마나 마이너스가 될까를 끊임없이 생각했던 터였다. 그것이 결코 틀린 것이 아니라는 것을 알면서도 뭔가 마음에 빈자리가 있었다. 여자의 행복, 여자로서의 정체성, 엄마로서 가지는 자궁… 내내 머리에 맴도는 단어였다. 친정엄마가 살아오는 모습을 보면서 '저렇게는 살지 않을 거야.'라고 다짐을 했던 부분들도 있었지만 '저런 부분은 죽었다 깨나도 엄마처럼 견디지 못할 거야.'라고 생각했던 부분들도 많았다.

여자로 산다는 것이 도리어 속박을 말하는 것은 아닐까? 여자로 산다는 것이 자기를 포기하고 그저 남자의 종이나 섹스 파트너, 씨받이 정도로 전락하는 것은 아닐까? 그렇게 살 바엔 차라리 혼자 사는 편이 훨씬 낫지 않을까? 여자를 그 정도 용도로밖에 생각 안 하는 남자랑 살 이유가 있을까?

남자, 키워서 잡아먹으라

"선생님, 저는 결혼하면 돈 같은 건 중요한 게 아니라고 생각했어요. 부부가 서로 사랑하면 나머지 부분은 자동으로 채워질 것이라고 믿었지요. 행복에 돈이 꼭 필요한 건 아니잖아요?"

"그렇죠. 행복에 돈이 꼭 필요한 건 아니지만 돈은 아주 중요한 요소랍니다. 돈을 우습게 알면 안 됩니다. 절대 가난의 시기에는 돈도 행복의 조건이었습니다. 지금도 어느 정도의 경제적 수준을 갖추기까진 돈은 행복의 절대적 조건 맞습니다. 물론, 절대 가난보다는 상대적인 가난에 의한 박탈감이 우리를 불행하다고 느끼게 하고 있긴 하지만요. 그래서 사람들은 결혼생활을 시작할 때부터 경제적 안정이 이뤄진 상태이기를 기대하죠. 그렇지만 아주 떼 부자가 아니라면 신혼 초에 돈에 대해서 너무 안정적인 것도 그렇게 바라지 않았으면 해요. 설령 또 부자라 할지라도 결혼생활은 부족한 상태에서 출발하는 것이 좋습니다. 남자를 고를 땐 지금의 돈보다는 미래에 돈을 벌어올 능력을 보는 게 현명한 처사랍니다."

"하지만 돈 없이 결혼하는 건 피차 힘들게 하는 것 아닐까요? 가끔 매스컴에서 결혼할 때의 비용이 어떻고, 아이를 대학까지 보내는 데 필요한 경비가 얼마이고 이런 이야기를 할 때마다 솔직히 절망해요. 아득하거든요."

"아마 그럴 겁니다. 요즘 세대를 삼포세대라고 하더군요. 돈이 없어 연애도 못하고, 연애를 하더라도 결혼은 못하고, 결혼했다 하더라도 출산을 못하는… 요즘 청춘들이 가진 주관적인 절망감과 무력감은 얼마나 클까요? 미래를 생각할 때마다 밀려오는 부담감의 쓰나미를 감당할 수 있을까요? 심리적 체력이 비축되지 않은 약골들이라 얼마나 버티기 힘들까요? 그래서 그런 것 다 포기하고 그저 자기 한 몸만 간수하며 사는 젊은이들이 늘어나는 것이겠지요. 자기 몸이라도 간수하는 사람은 괜찮지요. 평생 부모님 곁을 떠나지 못하고 빌붙어 사는 '자라족'은 또 얼마나 많은데요."

"결혼한다고 모든 게 해결되는 것도 아니더군요. 솔직히 저는 제 결혼생활이 이렇게 힘들 줄 정말 몰랐어요. 그래도 두 분 덕분에 새로운 희망을 가지게 된 것을 생각하면 정말 행운아라는 생각이 들어요. 요즘 저보다 먼저 결혼한 분들을 볼 때면, 그 모진 세월을 어떻게 견뎌왔을까 존경스럽고, 아직 미혼으로 있는 친구들이 결혼에 대한 핑크빛 꿈에 부풀어 있는 모습을 볼 때면 속으로 '니들이 결혼을 알아?'라고 하게 되더라고요. 이젠 제가 두 분 선생님으로부터 세뇌당한 거 아닌가 몰라요. 제 친구들 중에 몇몇은 남자 보는 눈높이가 너무 높아요. 제가 볼 땐 그 친구도 별거 없는데 보는 눈만 높아요. 저러다가 시집이나 갈 수 있을까 싶어요."

"네. 대중문화가 우리를 얼마나 세뇌시켰는지 알겠죠? 드라마에 등장하는 주인공들이 결혼하는 것을 보면 모든 것이 갖춰졌지요. 그건 정말 드라마니까 가능한 이야기죠. 결혼이란 돈이 갖춰진 상태에서 하는 게 아녜요. 생각해봐요. 현재 한국인의 결혼 평균연령이 남자는 32세, 여자는 30세라고 할때, 번듯한 아파트에서 신혼살림을 시작하는 커플이 얼마나 될까요? 그렇다고 하더라도 그 돈은 어디에서 왔을까요? 거의 십중팔구는 부모님으로부터 오지 않았을까요? 부모님이 자신들의 노후생활 자금으로 마련해둔 것인데 자식들 혼수비용으로 쓰는 거지요. 그러니까 부모들의 목숨값입니다."

"에고. 서글퍼지네요. 또 부모님께 죄송하고요."

"결혼할 나이가 되었고 지금 직장생활을 시작한 사람이라면 그것만으로도 결혼할 자격이 있지요. 또 지금 당장 돈이 많지 않아 전세를 살거나 월세를 살고 교통이 불편한 곳에서 출퇴근을 한다 할지라도 그것이 불행의 조건이 되진 않습니다. 거기서부터 출발해야 순수하게 부부만의 자산이 생겨나지 않을까요? 부모들이 그 정도 키워서 직장에 들어갈 정도의 교육을 받을 수 있도록 해주었다면 그것으로 부모 역할을 충분히 하신 겁니다. 그러니 TV드라마에서처럼 완전히 갖춰진 조건에서 결혼하겠다는 생각은 꿈에도 하지 말아야 해요. 전 정말 상담현장에서 많이 봤어요. 부모가 허리 휘어지게 모은 돈으로 자식 장가보냈는데 그 자식이 일 년도 안 돼 이혼한다는 거예요. 그것도 재산을 몽땅 위자료로 넘겨주고 빈털터리가 돼서 되돌아옵니다. 그 돈은 부모가 대출까지 받아 만든 돈이었는데 말이죠. 그럴 때 정말 부모는 억장이 무너지는 게지요."

"저도 그런 경우 더러 봤어요. 저흰 그 정도까진 아니죠?"

"그럼요. 경제적인 부분은 부부생활에서 아주 중요해요. 부부갈등 때문에 상담을 오는 다섯 가지 요소는 외도, 폭력, 원가족과의 밀착, 경제적 무책임, 섹스리스 등이 있어요. 그중에서 돈은 가장 기본적인 부분이니 결혼하면 꼭 재무 설계가 필요해요. 지금 현재 우리의 재산이 얼마나 되는지를 측정하고 앞으로 결혼생활을 이어가면서 어떻게 재정적으로 안정되고 집을 마련하고 자녀를 낳아 교육을 시킬 것인지에 대해서 미리 계획을 세우는 거지요."

"재테크하곤 다른 건가요?"

"네. 재테크가 돈을 불리는 기술이라면, 재무 설계는 얼마나 돈을 규모 있게 쓰는가를 살펴보고 미래를 대비하고 씀씀이를 조절하려는 것이지요. 자, 30대 사회초년생이라고 가정해봐요. 결혼을 기점으로 해서 출산 계획을 잡아야겠죠? 아이를 몇이나 낳을 것인지, 낳고 나면 돌봐줄 분들은 계시는지, 아니면 어디에 맡겨야 할지, 터울을 얼마나 둘지도 정해야겠지요. 그래야 이 아이들이 유치원을 가고, 초등학교와 중고등학교를 가는 시기를 정할 수 있으니까요. 또한 집 마련을 언제쯤 할 계획인지도 세워야겠지요. 나중에 아이들이 더 커서 취업하고 결혼을 하게 되면 그 아이들이 나가서 살 집은 대강 어느 정도로 준비를 할 것인가에 대해 고민해야 하고, 내가 중년기가 되면 또 어떤 인생을 만들어갈지, 하던 일을 접고 은퇴하게 되면 그다음 삶은 어떤 방향으로 가야 할지와 그때쯤 되면 노후에 내 경제적 지원을 해주는 방식이 뭐가 될지도 생각해둬야 합니다. 그 방법으론 연금이나 부동산에 투자해서 정기적으로 나올 돈을 준비하는 것들을 비롯한 다양한 방법이 있겠죠."

"우와! 선생님 이야기를 들으면 국가 경제개발 5개년 계획 세우는 것 같아요."

"다르지 않죠. 그런 것에 대한 준비와 맞추어가는 것들이 행복의 소재입니다. 그러한 전체 지도를 그려보는 것도 젊은 날, 신혼기의 행복이라 할 수 있어요. 우린 정말 가진 것 제대로 없이 결혼했어요."

"그러셨어요?"

"남편 수입도 별로인 데다 결혼 4년 정도 지나 서울로 올라올 때는 전세 들었던 집이 부도를 맞는 바람에 전세금도 고스란히 날리고 겨우 천만 원 남짓한 돈만 들고 서울이라는 엄청난 도시로 입성했어요. 출발이 조금 늦었다 생각하고 재무 계획을 세웠어요. 남들이 집 마련할 시기에는 집마련 못할 거라는 각오도 했어요. 서울로 올라온 목적 중의 하나가 남편의 공부였으니 저축은커녕 돈이 더 들어가니 계속 투자만 한 셈이었죠."

"큰 모험이었겠네요."

"맞아요. 정말 큰 모험이었어요. 갓 태어난 막내까지 데리고 서울로 왔던 2001년도는 정말 가진 것이라곤 없을 때였어요. 시골 어르신들이 차 바꾸라고 돈을 조금 보태주실 정도였어요. 추석 명절을 지내고 시골집을 나서는데 차가 경차라 공간이 좁으니 쌀 포대 실을 곳이 없는 거예요. 짐칸이라고 해봐야 코딱지만 하니 금방 짐이 차버렸고 결국 앞자리 바닥에 쌀 포대를 싣고 큰딸아이 신발을 벗겨 앞좌석에 앉히고 저는 아기를 안아야 하니 뒷자리에 앉았었지요. 그래서 스타렉스 승합차를 중고로 구입했어요. 그것도 가장 유지비가 적게 드는 가스차로요. 솔직히 그때 정말 미안하기도 했고 서글프기도 했고 자존심이 상하기도 했었어요."

민정은 따로 할 말이 없었다. 세진이 말을 계속 이었다.

"친정에서도 마찬가지였죠. 형제들끼리 회비가 있어 매월 일정금액을 모아서 그 돈으로 부모님 맛난 것도 사 드리고 필요한 물품을 사기도 하고, 또 가족 전체가 모일 때 공동 비용으로 사용합니다. 회비 모을 때 저는 항상 열외였어요. 열외 정도가 아니었지요. 친정을 나올 때면 다른 형제들이 조카들 우유 값이라며 십시일반으로 봉투를 쥐어주곤 했었지요. 그 봉투를 받을 때 자존심이 상하기도 했지만 절실했던 때라 주는 대로 받았어요. 그 때문인지 친정만 다녀오면 돌아오는 차 안에서 부부싸움을 자주 했던 것 같아요. 나는 나대로 서글펐고, 남편도 마음 편하지 않았을 테고 말이죠. 나중에 그러더군요. 그럴 때 '여보, 미안해. 지금은 내가 이렇지만 꼭 성공해서 보란 듯이 당신이 한 턱 쏠 수 있게 만들어 줄게!'라고 말해줘야 하는 것이라고 알고 있는데 입이 안 떨어지더라고요. 저도 '여보 걱정 마. 나 이런 것 때문에 상처받지 않아. 출발이 좀 늦을 뿐인걸. 쓸데없이 자존심 상해 하지 마. 난 당신을 믿어.' 라고 말해야 한다는 거 알았지만 입으로 표현하긴 너무 어려웠죠. 세월이 흐르면서 알았지요. 부부 싸움의 빈도수가 높아지는 것도 결국 가진 것이 없을 때 많아진다는 것을요. 그 가진 것이 돈이든 지식이든 마음의 여유든… 배고프면 싸움도 많아지는 것이고 내 배가 부르면 싸울 이유가 없어지는 게지요."

"선생님 부부도 아주 힘든 시간을 보내셨군요. 지금도 그런 건 아니죠?"

"호호 그럼요. 남편은 상담학으로 박사까지 받았고 박사 학위 이후 확연히 달라진 경제적 상황을 경험하고 있어요. 박사 과정 시작할 때 대판 부부 싸움을 했던 적이 있었어요. 나는 경제적으로 너무 힘드니까 조금만 쉬었다 하자고 했고, 남편은 공부는 쉬면 안 된다며 밀어붙였어요. 남편은 돈 벌어 오면 될 것 아니냐며 화를 내더군요. 자존심이 많이 상했던 것 같아요. 물론 그것이 자원이 되었다는 것 의심치 않아요. 결국 남편은 박사 과정을 시작했고 학비는 학자금 대출로 대신했어요. 박사 과정을 마칠 때쯤엔 정말 남편의 말처럼 대출금을 한꺼번에 다 갚을 수 있었어요. 남편도 자기분야의 전문가가 되기 위해서 열심히 노력했고 그 과정에서 쓰게 된 책이 사람들에게 알려지기 시작하면서 강연요청도 많아졌고요. 아이들도 어릴 때 가난했다는 것을 알고 있어요. 어찌 보면 그 부족이 도움이 되었다는 생각도 많이 들어요."

"어쩌면 선생님이 투자하신 것을 돌려받으신 거네요."

"그런가요? 호호. 요즘 친정 언니들이 그래요. 결혼할 땐 네가 가장 힘든 것 같더니 요즘은 네가 가장 행복하고 기대된다고 말이에요. 그래서 전 남자 키워서 잡아먹는다는 거 무슨 말인지 자신 있게 말할 수 있어요."

민정은 갑자기 창호 생각이 났다. 그렇게 보자면 창호는 외부조건도 괜찮고 내부조건도 괜찮은 남자였다. 만약 내가 그를 놓치게 된다면 후회할지도 모른다는 생각이 들었다. 그리고 후일을 생각하면 할수록 창호 같은 남자는 흔치 않을 것이라는 생각까지 들었다.

세진이 민정에게 숙제를 주었다. 창호와 함께 미래에 대한 로드맵을 그리되, 특히 재무 계획을 정확하게 세우라는 것이었다.

"로드맵은 결혼 전체에 아주 중요한 그림이에요. 망망대해를 항해할 때 나침반과 같아요. 그래야 중간에 삐걱거리더라도 다시 제자리를 찾아갈 수 있게 되는 겁니다. 더구나 인간의 수명이 늘어나는 미래에는 은퇴 시기도 늦춰야 할 테고 혹시나 직업을 바꾸거나 다른 계획을 잡더라도 넓고 멀리 바라봐야 할 거니까 두 사람이 의논해서 재무계획을 포함한 로드맵을 그려 오세요."

집에 와서 보니 창호도 영준으로부터 똑같은 숙제를 부여받았다고 했다. 두 사람이 함께 미래에 대한 생각을 나누었다. 창호는 딸 둘을 갖고 싶어 했다. 민정은 그래도 아들은 필요하니 아들 하나 딸 하나를 갖자고 했다. 이제 임신에 대한 계획을 세운 후 현 재정 상태를 파악하고 내 집 마련과 아이들 성장에 따른 미래 준비 항목을 만들었다. 며칠 동안 그 작업을 하고 다시 상담실을 방문할 때가 되니 상담실 가는 것이 마치 큰 전쟁에서 승리를 거두고 입성하는 개선장군 같았다.

상담실로 가는 차 안에서 창호가 중얼거리듯 말했다.

"왜 이런 걸 진작 못 했을까?"

삶에는 미래를 준비하는 지혜와 어떤 일이 생기면 그 일을 능숙하게 처리하는 능력이 필요하다. 부부관계도 능숙한 기술을 필요로 한다. 아내는 남편 다루는 기술을, 남편은 아내 다루는 기술을 알아야 한다. 특히 여성은 '구미호'라는 표현을 변화의 귀재라는 의미로 받아들이고 남편을 마음껏 주무르고 살기 바란다. '남자는 여자하기 나름'이란 말은 언제나 진리다.

세진이 민정에게로 보내온 결혼의 비밀 7은 능수능란能手能爛이었다.

결혼의 비밀 7

능수능란(能手能爛)

■ **능수능란(能手能爛)** 일 따위에 익숙하고 솜씨가 좋음.

남자를 다루는 여자는 능수능란해야 한다. 알고 보면 세상에 어려운 일은 없다. 다만 안 해봐서 그런 것이고 실력이 없어서일 뿐. 남자, 알고 보면 참 단순하다. 조금만 알면 얼마든지 다룰 수 있는 대상이다. 여자는 남자를 다루는 일에 관한 한 능수능란한 존재가 되어라.

편지 7

다재다능한
구미호가 되어봐

클레오파트라는 클리어 파트너였어

옛날엔 직장을 잘 다니던 여자가 결혼하게 되면 직장을 그만두는 게 당연한 것으로 여겨졌지. 그랬던 이들이 나중에 나이 들어 후회하는 경우도 많이 보았어. 요즘도 고전적이고 가부장적인 사고방식을 가진 이들 중엔 그것을 고집하는 사람이 많아. 내 후배 한 명은 목회자였어. 그 교회는 남편이 전임이 되면 아내가 직업을 갖지 못한대. 그렇게 하지 않으면 쫓겨나거나 쫓겨나지 않더라도 눈치를 많이 봐야 한대. 그 문제로 고민하기에 내가 그랬지. 절대로 그만두지 못하게 하라고. 정말 어렵게 임용고시를 통과해 얻은 교사직이라 아깝기도 했지만 그녀에겐 먹고 살기 위한 '직職'만이 아니라 자신의 사명인 '업業'이 필요했거든. 결국 아내는 아내대로 일을 계속했고 남편은 남편대로 일을 계속하면서 능력을 발휘하니 그런 일은 지극히 사소한 문제로 처리되었지. 결국 두 마리 토끼를 다 잡은 셈이지. 요즘은 만날 때마다 그 부분을 고마워해.

　결혼 연차가 7년쯤 되는 부부가 상담을 왔어. 정말 어울리는 한 쌍이었어. 남편은 훈남이라 외모, 키, 매너, 직업, 뭐 하나 빠지는 것이 없었어. 아내도 작은 얼굴 사이즈에 점 하나 없는 피부, 웃는 모습까지 참 예뻤어. 상담 시작과 동시에 아내는 눈물을 흘리기 시작했어. 정확히 말하면 울었다기보단 '찔찔 짰다'는 표현이 맞아. 보다못한 내가 그냥 목 놓아 울라고 하는데도 화장지로 눈물을 찍어내더라. 남편이 자기 아내는 하녀 같대. 남자가 가부장적 사고를 가져서 '여자는 남자의 종이다.'라고 말한 것도 아닌데 여자가 자기 스스로를 그렇게 취급하고 정말 헌신적으로 남편을 대하는 거야. 물론 연애할 때 남자는 그런 여자에게 감동을 받았어. 요즘 세상에 자기 잇속만 챙기는 욕심쟁이나 쉽게 토라지는 새침데기도 아니고 물불 안 가리고 덤벼드는 표독스러운 여자도 아니었어. 남편이 무엇을 요구해도 인상을 쓰거나 힘들어하는 기색 하나 없이 Yes야. 처음엔 정말 좋았대. 그런데 5년 넘어가면서부터는 숨이 막혀 못살겠다는 거야. 그때부터 섹스도 싫어졌다고 해. 이십 대 후반에 결혼해서 이제 삼십 대 초반이면 섹스가 한창이어야 하는데 연중 행사로 꼽을 만큼이니 섹스리스 부부가 된 거야. 그 예쁜 여자가 잠자리에선 나무토막이래.

　클레오파트라 알지? 클레오파트라가 그렇게 절세미녀는 아니었다는 말 들어봤니? 이집트 여자니까 피부가 까무잡잡한 데다 완전한 팔등신도 아니었대. 그런데 생각해봐. 그때 당시 로마를 좌지우지하던 시저와 폼페이우스 두 남자가 국운을 건 싸움을 하게 되지. 그것도 클레오파트라라는 여자 때문에 말이야. 로마에 여자가 없었을까? 그저 부관들 시켜서 아주 죽죽 빵빵한 미녀들 대기시키라고 하면 얼마든지 가능했겠지. 로마 여자가 아니더라도 노예들 중에서도 성적 쾌감을 줄 수 있는 대상이야 얼마든 많았을 거야. 그런데 왜 그들이 굳이 이 여자 때문에 목숨까지 건 싸움을 했을까? 그건 클레오파트라가 가진 특별한 매력 때문이었지. 그녀는 두 남자가 보지 못하는 국세정세와 미래를 예측하는 혜안을 갖고 있었어. 그래서 클레오파트라를 만나고 나면 용기가 생기고 힘이 생기고 열정이 불타오르는 거야. 왜냐하면 클레오파트라는 엄청난 독서광이라 인문학을 통달한 여자였기 때문에 세상을 읽는 눈이 남달랐던 거야. 그건 누구도 감히 범접할 수 없는 카리스마로 빛난 거지. 클레오파트라는 클리어 파트너clear partner였던 거야. 그녀만 만나면 뭔가 분명해지고 확신이 서는 거야.

　게다가 남자 다루는 법을 아니까 남자 애태우는 법을 잘 알고 있었던 게지. 그래서 클레오파트라는 두 남자를 동시에 쥐락펴락할 수 있었어. 말이 어렵니? 쉽게 이야기할게. 요즘 남자들의 무의식 속엔 "과거는 용서해도 무능력한 건 용서 못 해!"라는 게 깔려 있어. 그래서 아내가 집에서 헌신만 하는 그런 여자일 때 아내감으로 정말 좋은 여자를 골랐다고 자랑하면서도 깊이 다가가지 않아. 아내는 아내고 여자는 여자거든. 오히려 자기를 확 잡아당기는 카리스마 있는 여자를 좋아해. 몇 개월 전에 상담 왔던 어떤 여자는 못된 남편 때문에 속상해해. 그 남자는 늘 자기에게 대놓고 말했대. "당신은 능력 없지? 어디 가서 한 달에 백만 원 벌어올 수 있어? 그러니 생활비는 내가 줄 테니까 당신은 그저 집에만 있어." 그러면서 자기는 밖에 나가서 외도하고 별 못된 짓 다 하고 다니는데 이 여자는 딱히 항변할 게 없다는 거야. 속 터지지?

　남자란 원래 힘 있는 사람 만나는 것을 좋아해. 왜 유명 연예인을 만나고 난 다음에 사인 받으려고 하잖아. 그리고 그것을 주변 사람에게 보여주면서 자랑하지. 내가 이 유명한 사람과 만났다고, 악수도 했다고. 식사까지 하면 더더욱 영광이지. 밥값을 자기가 내놓고도 좋아하는 거야. 그게 남자야. 그러니까 '죽도록 헌신하면 남편이 나를 알아주겠지.'라는 꿈은 빨리 깨는 게 좋아. 잘 생각해봐. 내가 나의 '업'을 찾아 성공하면, 나는 그것으로 너끈히 살아갈 수 있겠지? 돈도 있고 직업적인 만족도 있고 생의 의지도 불태울 수 있어. 그러면 남편도 기뻐할 테고 말이야. 만약 그런 것을 기뻐하지 않는 남자라면 그땐 버려도 좋아. 미련 없이 버려! 버린다고 해도 네 치맛자락 붙잡고 절대로 안 떨어질걸? 발길로 차이더라도 안 놔줄 거야. 목숨 걸고라도 너를 붙잡으려 할 것이라고.

　그러니까 죽도록 헌신하겠다는 생각, 현모양처로만 살겠다는 생각일랑 개나 줘버리고 멋진 너만의 인생을 설계해봐. 인간은 죽을 때까지 성장해야 해. 인생은 자전거 타기라고 하잖아. 멈추면 넘어지게 되어 있어. 성장하면 누가 뭐라기 전에 본인이 먼저 행복해. 그리고 성장하는 사람은 힘을 갖게 되어 있지. 그 힘을 매력이라고 해. 여자는 매력을 가져야 해. 매력 없는 여자는 여자도 아냐. 남자가 거들떠보지도 않아. 외모가 탁월해 거들떠보기는 할지 몰라도 그 여자는 1회용에 불과해. 클레오파트라는 매력 덩어리였던 거야. 보면 볼수록 빠져들 수밖에 없는 팜므파탈! 너도 그런 여자가 되고 싶지 않니? 그러면 성장해. 노력하라고. 사랑도 대가를 지불하고 얻어내는 기술이니까.

너도 클레오파트라보다 더 위대하게 살고 싶다면 남편의 클리어 파트너가 될 궁리를 해. 남자들이 원하는 여자는 환상적인 섹스 파트너만이 아니야. 진정한 내조란 먹여주고 재워주고 빨래해주고… 그런 것이 아니야. 남편을 성공시키는 거야. 그러려면 클레오파트라처럼 남자들이 보지 못하는 세계를 볼 수 있어야 하고, 그렇게 되려면 내 수준이 남편보다 높아야겠지? 네이버에서 성공하는 여자들의 공통점을 이렇게 정의했어. 첫째, 표정이 언제나 밝다. 둘째, 목소리가 생기발랄하고 애교가 넘친다. 셋째, 자기가 맡은 일에 전문성을 가지고 똑 부러지게 한다. 넷째, 대인관계가 원만하다. 다섯째, 고마워할 줄 안다. 여섯째, 상대의 고통과 고민을 감싸주고 이해한다. 일곱째, 다정하고 따뜻하나 헤프지 않다. 여덟째, 포용과 절제가 무엇인지 안다. 그러니 내가 남편보다 뛰어나는 것이 진짜 내조란 것을 명심해.

시어머니를 네 편으로 만들어

여자가 결혼하면 정말 많이 겪게 되는 게 시댁 스트레스일 거야. 시청도 안 가고, 시금치도 안 먹고, 교회 다니는 사람은 시편도 절대 안 읽는대. 오죽하면 '시월드'라는 말이 나왔겠니? 그렇지만 이방인인 네가 '시월드'에 들어왔는데 적대시하는 건 하나도 이상한 게 아니지. 당연히 나올 반응이 나왔다고 보는 것이 맞아. 시댁에 들어가는 여자는 기본적으로 핸디캡이 있다는 것을 염두에 둬. 그렇다고 기죽을 필요는 없어. 일종의 통과의례 같은 것이니 그것만 지나고 나면 아무런 문제가 없으니까.

이때, 남편이 너를 도와줄 것이라고 꿈에도 기대하지 마. 기본적으로 남자가 시댁에서 '울타리' 기능을 해줘야 하는 거 맞아. 그런데 말이야. 남편이 '울타리' 역할을 해야 한다는 것을 아는 정도의 집안이라면 그 시댁 식구들은 그렇게 무식하지 않아. 그러니 여자로선 이중의 상처를 입게 되는 셈이지. 그렇다고 네가 시댁과 맞장을 뜰 수는 없는 일이잖아? 그 부분은 아무리 합리적으로 옳고 그름을 갖다대도 통하지 않게 되어 있어. 오히려 '똑똑한 며느리' 들어왔다고 비아냥거리게 돼. 일단, 남자들의 속성이 시댁 일에 관여하려고 하지 않는다는 거 염두에 둬. 관여하면 자기 집에서 쪼잔한 남자 취급받게 되니 마누라 편 되기가 쉽지 않아. 더러 남자들 중에도 교통정리 잘 하는 사람도 있어. 그렇지만 보통의 남자가 그렇게 되려면 결혼 연차가 최소 15년 이상은 지나야 된다는 점을 명심해. 또 네가 그동안 시댁에 해왔던 일에 대한 성과가 분명하게 눈에 보일 때 가능한 이야기야. 남편도 근거가 있어야 울타리 역할을 해줄 수 있다는 말이야. 그러니 초반엔 눈밖에 벗어나는 짓 하지 말고 일단 뭐든 잘 하고 흠 잡힐 짓 같은 건 절대로 하지 마. 그런 건 차단시켜놔야 해.

시어머니 문제는 네가 해적이 되어야 해. 해적이 뭐냐고? '해결하거나 아니면 적응하거나'의 머리글자를 따서 내가 만든 말이야. 그냥 시어머니 성향에 맞춰 살든지 아니면 네가 원하는 방향으로 바꾸든지 하란 뜻이지. 둘 중의 최고는 시어머니를 네 편으로 만드는 일이지. 시어머니의 정신나이 수준을 감안해서 어떻게 접근할지를 결정해. 수준이 낮을수록 나에게 도발적 언어를 사용하고 네 남편을 자기 신랑인 양 끔찍이 챙길 거야. 도발적 언어란 상대방이 준비도 안 된 상황인데 일방적으로 찔러대는 비인격적이고 일방적이고 거친 말들이지. 네가 네 신랑이라고 권리를 주장하면 신랑 뺏긴 여자의 분기탱천한 표정을 봐야 할 거야. 그래도 걱정하지 마. 그 정도 수준의 시어머니 정신나이는 영아나 유아에 불과하니까.

솔직히 시어머니를 네 편으로 만들어야 한다고 하면 무섭지? 싫지? 시어머니의 눈빛이 무섭다고 남편에게 징징대고 그것을 이혼사유로 삼았다며? 네가 정말 한심하다는 거 아니? 나중에 나이 들면 스스로에게 부끄럽지 않을까? 시어머니도 사람이야. 사람은 어차피 관계의 동물이라 한쪽에서 우위를 점령하면 자동으로 관계가 만들어지게 되어 있어. 그러니까 네가 우위를 점령하는 편이 나아. 그렇다고 물고 뜯고 싸우라는 이야기는 아니야. 물리적인 힘이 외부로 드러나면 너는 반드시 불리하게 되어 있어.

시어머니는 여자란 점이 너와 공통분모야. 같은 여자로서 여자의 마음을 모르면 누가 알겠니? 너도 여자 입장에서 여자라면 무엇을 좋아할까를 생각해봐. 여자로서 살아온 시어머니의 삶을 네 삶과 바꾸어봐. '되어보기(becoming)'를 해보면 이해 못 할 부분은 없어. 이런 것을 '역지사지 易地思之'라고 하잖아? 역지사지가 안 되면 '억지사지'라도 해야 해. 시어머니를 시어머니란 코드로 보지 말고 한 여자로서 바라보면 시어머니를 받아줄 마음의 여유가 생길걸?

수준이 높은 시어머니라면 너와 대화가 잘 될 뿐 아니라 거의 친구 같기도 해. 그렇지 않다면 우위를 점령할 필요가 있어. 조금 크게 놀 필요가 있어. 그러니까 이렇게 생각해봐. 한 달에 몇 만 원 하는 자잘한 선물하는 것과 명절에 100만 원짜리 선물을 하나 안겨드리는 것 중에 뭐가 더 효율적이겠어? 눈에 보이는 가시적 효과는? 그러니까 약간 크게 놀 필요가 있는 거야. 필요하면 적립이라도 해둬. 그리고 쓸 땐 왕창 쓰는 거야. 심리치료비라고 생각해봐. 시어머니 때문에 속상해서 심리치료를 했다고 생각하면 그 돈 아깝지 않을걸?

묘한 건 말이야. 네가 시어머니를 네 편으로 만들잖아? 그러면 네 남편도 너에게 엄청 잘하는 남자가 되어 있을 거야. 그야말로 꿩 먹고 알 먹는 게지. 남자란 자기 엄마에게 잘 하는 여자에게 껌뻑 넘어가지. 자기 아내가 자기 어머니랑 잘 지내는 모습을 본 남자는 어깨에 힘이 들어가는 거야. 집안에서도 자랑이고 대외로도 자랑이 되는 게지. 앞에서 다뤘잖아? 사랑과 자랑은 한끝 차이라고 말이야. 사랑하면 자랑하게 되어 있고 자랑한다는 말은 사랑하는 거라고 말이야. 그러니 시어머니와의 관계는 절대 남편에게 위임하지 마. 남편 원망도 하지 마. 그건 순수 네게 주어진 삶의 숙제니까 네가 해결해. 남편에게 도움 구하지 말고 전문가에게 도움을 구하는 편이 나을 거야. 힘들겠지만 그래도 파이팅!

chapter 8

남자가 남자에게 알려주는
초간단 아내 사용설명서

영준과의 대화에서 창호는 뭔가 가슴 깊은 곳에서 비장함 같은 것을 느꼈다. 그 이전엔 자신이 남자라는 사실을 깊게 생각해본 적이 없었다. 군대생활 할 때 전우애 같은 것을 느껴본 적은 있었다. 군에 입대해서 신병훈련을 마치고 수료식 때 군악대가 울려주는 팡파르에 감동의 눈물을 흘렸던 기억도 났다.

8
남자가 남자에게 알려주는 초간단 아내 사용설명서

여자는 진심에 반응하는 존재

옆방에서 세진과 민정이 만나고 있을 때 영준과 창호도 남자 대 남자의 만남을 따로 가졌다. 창호가 물었다.

"여자들은 뭔 이벤트를 그렇게 좋아해요? 은근히 기대하는 모습 보일 땐 참 불편해요."

"이벤트가 중요한 게 아니라 이벤트의 의미가 중요한 거지요. 의미를 알고 나면 이벤트에 그렇게 목숨 걸지 않아도 됩니다. 이벤트가 중요한 게 아니라 이벤트에 실린 마음이 중요하다는 겁니다. 나이가 적당히 들면 이벤트 하느라 시간 빼앗기는 것도 별 그렇게 반갑지 않답니다. 그보다는 작은 배려 하나가 더 큰 행복을 만들어내죠. 그건 여자들이 '이 남자가 나를 생각하고 있는가?'를 확인하는 거에 불과해요."

"여자에겐 그게 그렇게 중요한가요?"

"그럼요. 거의 전부라고 해도 과언 아니에요."

"아하! 그렇군요. 여자에겐 마음이 중요하다…."

"네. 작은 배려, 작은 관심, 남자의 세심함을 느낄 때 여자는 행복해하지요. 혹, 압핀을 주워 은행장이 된 사람 이야기 들어본 적 있나요?"

"네. 얼핏 들어본 것 같아요."

"프랑스 제일의 은행가라고 불리는 자피라피도라는 사람입니다. 그 사람은 은행직원 채용 시험에 불합격한 사람이었는데요, 집으로 돌아가기 전에 은행 바닥에 떨어진 압핀을 발견했지요. 누군가 찔릴 수도 있는 압핀이기에 그것을 주워 쓰레기통에 버리고 밖으로 나갔죠. 그런데 집으로 가는 도중 내일부터 출근하라는 은행의 연락을 받은 겁니다. 영문을 몰랐던 그에게 그다음 날 인사담당이 그의 손을 잡으면서 이렇게 말했다고 하네요. '어제 자네가 돌아갈 때 바닥에 있는 압핀을 주워서 쓰레기통에 넣는 걸 봤네. 은행은 작은 일에도 세심한 주의와 정성을 기울여야 하는 곳이니 자네 같은 사람이 꼭 필요하다네.'"

"아!"

창호는 작은 감탄사를 뱉었다. 영준은 또 하나의 이야기를 들려주었다.

"다음은 카사노바Casanova, Giovanni Giacomo 이야기를 해볼까요? 그 사람에 대한 정보를 인터넷에서 찾아보면 '에스파냐계의 이탈리아 문학가·모험가·엽색가'라고 되어 있어요. 보통은 바람둥이로 알려져 있죠. 그 바람둥이에게도 배워야 할 기술이 있어요."

"바람둥이가 되라는 이야기는 아니겠죠?"

"절대로 아닙니다. 다만, 그 사람이 보통 사람이 갖지 못했던 탁월한 능력이 있었다는 건 부인할 수 없습니다. 카사노바가 쓴 자서전이라고 알려져 있는 《불멸의 유혹》에 한 여성이 자신을 사랑하도록 만드는 방법을 설명하고 있거든요. 그 방법이 의외로 간단하다고 말하고 있다는 것에 주목해야 합니다."

"아, 그러니까 여자로 하여금 나에게 목숨을 걸도록 만드는 비법을 알려주신다는 말이군요."

"그렇다고 볼 수 있죠. 상대 여자로 하여금 자신이 사랑을 받고 있으며 자신에게 가장 소중한 존재라는 사실을 일깨워주면 된다는 것이었죠. 실제로 카사노바는 매번 어느 여자를 만나더라도 그 여자를 진심으로 사랑하고 그 사람이 얼마나 아름다운 존재인지를 일깨워주었다고 하네요."

"아. 그렇군요. 진심. 여자에겐 진심이 중요하군요."

"여자들은 진심인지 아닌지를 판단할 때 이 사람이 얼마만큼 자신의 말에 귀를 기울이는지를 봅니다. 왜냐하면 인간의 행동 동기 가운데 이해받고자 하는 욕구만큼 강렬한 것은 없으니까요. 내 말에 귀를 기울인다는 것은 상대가 나를 진지하게 받아들이고 생각과 감정을 알아주며 무엇보다 내 말을 중요하게 여긴다는 뜻이니까요."

"그렇군요. 그런데 아무리 그렇다고 해도 그가 바람둥이라는 사실을 여자들이 모를 리가 없었을 텐데요?"

"바로 그겁니다. 회고록에 밝힌 대로 122명이나 되는 여자들이 그 사실을 알고 있음에도 불구하고 누구도 그 남자가 처벌받거나 불행하게 되는 것을 원치 않았다고 해요. 이게 여자들의 신비한 속성입니다. 여자들은 진심 감별기가 있어서 어떤 남자가 자신을 진심으로 대해주었다고 판단하면 그 남자가 아무리 도덕적으로 문제가 있다 할지라도 그 남자를 사랑합니다. 심지어 자기 목숨을 대신하면서까지 그 남자를 지켜주려 애씁니다."

"우와! 여자들 때론 무섭군요."

"하하. 그럼요. 여자가 한을 품으면 오뉴월에도 내린다는 그 서리는 자신의 진심을 받아주기는커녕 무참히 짓밟은 대상에 대한 원한일 거예요."

"헐!"

"그런 면에서 보면 여자들의 외도는 남자와 많이 다릅니다. 외도도 사랑으로 해석하는 경우가 많거든요."

"외도도 사랑으로 해석할 수 있다고요? 그건 정말 이해 못 할 이야기인데요?"

"그럴 거예요. 상담을 하다 보면 외도에 대한 부분을 많이 다루게 되는데 분명한 건 남자의 외도와 여자의 외도는 전적으로 다르다는 점입니다. 남자들은 그저 막과 막 사이에 일어나는 일, 그저 단회성의 경험으로 치부하지만 여자는 전부를 다 내어놓지요. 여자는 마음이라는 툴tool을 통해서 남자와의 관계를 측정합니다. 남자가 사랑할 때는 마음을 주는 법을 배워야 해요."

"여자의 외도가 마음에 관계되어 있나요?"

"네. 흔히 남자들은 자기의 외도를 정당화해요. 자기는 외도를 해도 때가 되면 돌아온다고 말이죠. 그런데 여자는 절대로 돌아오지 않는다며 오히려 여자를 더 나쁜 쪽으로 매도하기도 합니다. 아니면 여자의 외도는 상대방 남자에게 푹 빠져서 그렇다고 생각하지요. 뭐, 그런 경우도 있겠지만 남자들이 하나 더 생각해야 할 부분이 있어요. 여자의 외도는 어느 날 갑자기 생기는 것이 아니란 겁니다. 이미 남편과 정서적 단절 상태로 지내오는 동안 관계회복을 염원하는 마음마저 탈진으로 사라질 때쯤 한 남자가 나타나 자기 마음을 휘어잡을 땐 걷잡을 수 없이 몰입하게 됩니다."

"여자는 정말 무섭고도 신비한 동물이군요."

"맞아요. 그 신비로운 대상을 잘 사용하면 그만큼 남자는 신비로운 경험을 매일 하면서 살겠지요? 그것 역시 지구상에 몇 안 되는 남자들이 알고 있는 아내사용법입니다. 오히려 건강한 부부관계보다는 카사노바 같은 바람둥이가 그 비법을 알고 사용했다는 게 씁쓸할 뿐이죠. 최근 심리학의 발달은 그런 부분에 대한 명확한 학문적 근거를 제시해줍니다. 여자를 제대로 이해 못 하면 버럭 성질이나 발동하는 이상한 인간으로 취급받게 됩니다."

"네. 요즘엔 부쩍 남자들이 욕을 많이 먹는 것 같아요."

"그런 점에서 보면 참 안타깝죠. 딱히 그렇게 잘못한 것도 아닌데 잘못이라고 욕을 왕창 먹고 있는 남자들 보면 참 불쌍해요."

"제 친구들 중에도 꽤 많아요. 참다 참다 순간적으로 쌍욕이 나왔는데, 그 사건 이후로 완전 인간 쓰레기 취급을 받는데요. 그렇게 욕하고 아차 싶어 후회했는데 이미 엎질러진 물이라 담을 수 없었던 거죠. 그동안 나름 참았던 것이 완전 물거품이 되고 말았다며 속상해하더군요."

"그래도 시간이 조금만 가면 그 아내는 자기 남편이 나름 잘 참았다는 걸 알게 될 거예요. 여자는 남자의 마음이 진심일 때 알게 된다고 했잖아요? 나이가 조금 더 들면 남자를 이해하는 시각의 폭이 조금 더 넓어집니다."

창호는 영준의 말을 들으면서 '진심으로 사랑한다?'라는 말을 되뇌었다. 나는 정말 민정을 그렇게 사랑하고 있는 것일까? 민정이 나에게 목숨을 걸 만큼의 여자일까? 그동안 민정이 늘 불평했던 것 중에 '진심이 느껴지지 않아.'라는 말을 자주 했었는데 이것이 그 뜻일까? 그렇다면 민정은 나로부터 사랑을 느끼지 못했다는 말이 될 수도 있는데, 그건 나의 문제일까? 아님 민정의 문제일까? 만약 내 문제가 더 크다면? 그러고 보니 내 문제가 더 클 수 있겠다는 생각조차 해본 적이 없었다. 그런 생각이 들면서 미안하다는 생각이 들고 그동안 민정이 얼마나 마음고생을 했을까 싶었다. 상담을 마치고 집에 돌아가 카사노바에 대한 자료를 찾아보다 그가 단순히 바람둥이로만 평가될 것이 아니란 것을 확인하게 되었다. 창호가 그렇게 마음을 먹게 된 것은 카사노바가 했던 말 때문이었다. 또박또박 수첩에 옮겨 적었다. "인생을 살아오면서 내가 행한 모든 일들이 선한 것이든 악한 것이든 나는 자유인으로서 나의 자유의지에 따라 행동했다."

아내를 능력 있는 여자로 만들어라

"창호 씨! 몇 년 전에 〈내조의 여왕〉이라는 드라마 본 적 있어요?"

"네. 다 보진 못했지만 몇 번은 본 적 있어요."

"어떤 느낌이었어요?"

"뭐 참 극성이다 싶었어요. 또 남자 입장에선 자존심 상하겠다 싶다가도 한편으로는 그런 여자가 있으면 좋겠다 싶기도 했어요."

"대부분의 남자들이 그런 로망을 가지고 있지요. 그런데 일부 남자들 중에는 그저 남편 내조 잘 하고 자식들 잘 키우는 게 여자가 가지는 행복의 전부라고 말하는 이들이 있어요. 뭐 그렇게 사는 것으로도 행복할 수 있겠죠. 하지만 그것만을 행복의 조건으로 여기기엔 인생이 너무 길고, 그렇게만 살기에는 한 사람의 인생이 통째로 없어지는 게 안타깝죠. 도대체 그 여자는 뭐가 되는 걸까요? 가정의 행복을 위한 촉매? 화학 시간에 배웠잖아요? 화합물을 만들 때 두 물질을 연결시켜주고 사라지는 촉매가 필요하다고. 가부장적 문화권의 여자는 늘 촉매 역할을 강요당했고 그렇지 않겠다고 말하는 여자는 살아남지 못했었죠."

"현대의 여자들이 세진 건 오래 억압된 감정이 더해져서겠죠?"

"맞아요. 그런데 시대가 아무리 힘들었어도 자신의 인생을 꽃피우는 이들이 있었어요. 조선 중세에 그런 것에 항변한 여자가 있었죠. 탁월한 재능을 가지고 태어났는데 그냥 그런 '역할'로만 썩기엔 스스로 아깝다고 생각하고 공부를 비롯한 모든 부분을 배웠던 여자인 허난설헌이에요. 아마 그녀가 지금쯤 태어났으면 이 나라 최초의 여성 대통령이 되고도 남았을 겁니다. 허난설헌의 위대함은 성장했다는 데 있어요. 남편과 자식을 위해서 촉매가 되면 인생 자체도 사라지고 거기엔 더 이상의 성장이 없다는 것을 안 것이죠. 사람은 성장이 없을 때 이미 죽은 겁니다. 끊임없이 자신을 돌아보고 정진하고 또 정진해야 살아남지요. 오죽하면 영성수련에선 '용맹정진'이란 표현을 쓰잖아요. 인생의 진리를 찾겠다고 출가한 분들도 그렇게 치열하게 사는데 속세에 살면서는 더 치열하게 살아야 하는 거 아니냐고요."

"요즘에 그런 생각을 하는 여자가 있을까요?"

"물론 없겠죠. 내조라는 말이 있으면 외조라는 말도 있겠죠? 요즘은 그래도 아내를 잘 도와서 성공시킨 남자들이 많아졌어요. 남자들도 여자를 성공시키면 본인도 편하다는 것을 알게 된 것이죠."

"여자를 성공시키라는 말씀이죠?"

"그럼요. 저도 아내를 상담학 공부시킬 때 그랬어요. 아내가 시큰둥하게 나오기에 엄포를 놓았죠. '내가 박사 학위 받고 난 다음에 수준이 맞니 안 맞니 그런 소리 나오게 하지 마라. 실컷 내조해서 박사 만들어놨더니 조강지처를 버렸다는 소리 듣고 싶지 않으니 당신도 공부를 해라.'라고. 그랬더니 공부를 하더군요. 그렇게 상담학 석사 학위를 받고 나더니 이젠 상담도 곧잘 해요. 처음엔 자신 없어 하더니 내담자들의 삶이 변하는 것을 몇 번 보고 난 다음부턴 확신을 가지고 해요. 저는 제 아내가 당당하게 사는 모습이 얼마나 좋은지 몰라요. 상담학 석사 마치고 시댁에 갔을 때 시어머니께 봉투 내밀면서 '어머님, 이건 며느리가 번 돈으로 드리는 거예요.' 라고 말하는 모습을 봤어요. 그리고 친정에 가선 조카들까지 죄다 소집을 시키더니 자기가 밥을 사는 거예요. 얼마나 보기 좋던지요. 결국 능력이 외모를 돋보이게 하는 거지요."

"그런 면에서 저희는 둘 다 직장생활 하고 있으니 앞으로도 괜찮겠네요?"

"그럼요. 앞으로 더더욱 발전해서 성장하세요. 아내를 돕는 건 단지 돈이라는 차원만 있는 게 아니랍니다."

"아내를 성공시키면 결국 내가 혜택을 본다는 말 이해가 되요. 정말 그래야겠어요."

곰곰히 생각해보니 영준의 말은 누군가를 도우면 내가 더 도움을 받게 된다는 원리였다. 아내를 도움으로 내가 더 행복해진다고? 아내가 나의 모든 필요를 채워줄 대상이라고 여겼는데 이제 아내를 도우라고? 그런데 그렇게 돕는 것이 결코 손해가 아니라고? 이 진리를 왜 깨닫지 못했을까? 왜 이제야 이런 것들이 이해가 될까? 벅차오르는 가슴은 정말 내가 언제 느껴본 마음인지… 마음 깊이 행복감이 밀려왔다.

여자의 속마음

"여자는 남자와 많이 다르다는 거, 여기 오면서 많이 배웠죠?"

"네. 정말요. 어쩜 그렇게 많이 다른지 신기해요. 알면 알수록 민정이 이해도 되고요. 그리고 지금껏 제가 많이 이기적이었다는 생각도 자꾸 하게 되네요. 미안해지기도 하고… 또 배워야 한다는 것도 인정하게 되네요."

"후후. 그래요? 그거 반가운 소린데요?"

"여자들은 정말 마음을 주면 모든 것을 확 바꾸나요?"

"그럼요. 제가 대학시절 다녔던 교회 대학부에 남자라 불리는 여학생이 있었어요. 그 학생이 치마 입은 것을 본 사람은 아무도 없었어요. 언제나 바지를 입고 왔고 남자들과도 거리낌 없이 어울리고 호칭도 '형'이었고요. 헤어스타일은 짧은 단발에 패션은 언제나 밀리터리 룩이었어요. 대학을 졸업하고 직장생활을 할 때도 늘 비슷했지요. 그런데 믿을 수 없는 일이 일어난 거예요."

"무슨 일이죠?"

"남자 같은 스타일을 완전히 버리고 어느 날 완전히 여자가 되어 나타난 거예요. 롱스커트에 생머리를 하고 메이크업도 하고 말이죠. 다들 기절하는 줄 알았죠. 전혀 다른 인물이 나타났으니까요."

"우와! 무슨 변화가 있었나요?"

"여잔 사랑을 하면 예뻐지거든요. 남자가 생긴 거예요. 사랑에 푹 빠졌고 결국 결혼까지 하게 되었답니다. 그 이후로는 밀리터리 룩 같은 건 절대 안 입어요. 아니 입을 필요가 없게 된 것이죠."

"와, 정말 재미있네요. 그런 변화가 정말 가능한 건가요?"

"얼마든지 가능하지요. 정말 사랑하는 자기 남자를 만나게 되면서 드디어 '여자'이기를 선택한 겁니다. 여자는 자기가 몸과 마음을 주기로 작정했다면 모든 것을 바꿀 수 있는 힘을 가지고 있으니까요."

"그 여자를 그렇게 만든 남자도 대단하네요. 아마 그건 정말 사랑의 힘일 거예요. 그 남자는 그걸 어떻게 끌어냈을까요?"

"마음을 알려주는 일, 그러니까 표현하는 작업을 잘 했을 거예요. 그 여자의 밀리터리 룩은 심리적 방어기제였어요. 함부로 건드리지 말라는 고슴도치의 가시에 해당합니다. 그러나 그 남자는 외부로 보이는 그런 모습에 초점을 둔 게 아니라 그 내부의 모습을 본 겁니다. 그러면서 자신의 마음을 주었을 거예요. 아마 이전의 남자들은 그저 겉으로 보이는 발랄함만 보았겠지만 그 남자는 그 이면을 보았겠지요."

"그렇군요. 그런데 반대로 크게 실수한 남자라도 그것을 그대로 알려주고 용서를 구하면 여자는 그 남자를 용서하며 살 수 있는 모양이죠? 제 친척 중에 그런 분이 있었거든요."

"그래요? 무슨 일이 있었나요?"

"그분이 사기를 당해서 애써 모은 재산을 날리게 되었거든요. 저는 정말 두 분이 이혼하는 줄 알았어요. 한동안 시끄럽긴 했지만 이혼은 하지 않았어요. 더 놀란 건 집을 처분해 빚을 정리한 것은 아내였거든요."

"네. 어쩌면 그런 부분에서 남자들은 여자들을 정말 존경해야 될 거예요. 오랫동안 살았으니 마음으로 남편을 이해하는 것이죠. 남편이 왜 사기당할 수밖에 없었는지도 알고요. 그래서 정말 미워 이를 갈지만 결국은 눈감아주게 되죠. 그럴 때 남자는 다시 성실하게 새출발하는 모습을 보여줘서 아내에 대한 보답을 하는 거죠."

"네. 다행히 그분이 성실히 일하고 있어요. 지난 명절에 두 분을 유심히 살펴보았는데 오히려 예전보다 관계가 깊어진 것 같았어요."

"그것 참 다행이네요."

"그런데요 선생님, 여자에게 마음을 표현하는 일이 중요하다는 거 알고 저도 대학 다닐 때 잠깐 사귀던 여자 친구에게 표현했던 적이 있었거든요. 첫 연애라 제가 엄청 좋아했던 여자였어요. 정말 전 진심으로 제 마음을 표현했는데, 그 표현 이후 오히려 절교가 되고 말았어요. 그건 뭔가요?"

"에고. 첫사랑의 아픔이었군요. 그런 경우라면 크게 마음에 두지 않으서도 됩니다. 그 여자는 창호 씨를 사랑한 게 아니었으니까요. 그저 저울질을 했을 뿐이었어요. 오히려 본인이 진짜 마음을 주었다면 그런 마음을 줄 수 있었던 스스로에게 점수를 주세요. 또 창호 씨가 그 여자를 잃은 게 아니라 그 여자가 진심으로 자기를 좋아하는 남자를 잃은 것이지요."

"아! 그런 면에서 보면 민정이는 제 마음을 잘 받아줬어요. 민정이를 만나면서 사랑을 고백했을 때 딱 일주일만 시간을 달라고 했어요. 처음엔 거절인 줄 알았는데 일주일 후에 Yes라고 답이 왔어요."

"그건 민정 씨가 창호 씨를 일단 마음에 두었고 자기의 인생을 걸 대상인지를 생각하는 시간이 필요했던 것이지요."

창호는 민정을 만나 연애했던 시절이 떠올랐다. 첫눈에 호감이 갔던 여자, 친구들 사이에 단연코 돋보이는 존재였다. 마음에 두고 만남을 위해 노력하는 그 과정에서의 설렘들, 그리고 데이트의 추억들이 새록새록 되살아났다.

"그럼 선생님, 지금 이 시점에서 제가 민정에게 데이트 신청을 하는 것도 의미가 있나요?"

"오 나이스! 의미가 있다마다요. 정식으로 신청하셔요. 아까 괜히 미안한 마음도 생겨난다더니 그런 마음이 생긴 거예요?"

"그것도 있구요. 생각해보니 민정이와 정말 좋았던 추억이 많아요. 그 추억의 시절로 다시 돌아가고 싶어요."

영준이 웃으며 박수를 보냈다. 창호도 겸연쩍었지만 기분은 좋았다. 정식으로 데이트를 신청하면 처음 연애할 때의 기분을 다시 만끽할 것이다. 데이트 신청을 받는 민정이 어떤 반응을 보일까?

남자는 '진짜 사나이'가 되어야 해

"이젠 돈과 남자에 대해서 이야기할까요?"

"돈이 행복에 절대 필요한 건 아니다… 그런 말씀을 하실 건가요?"

"그 반대예요. 창호 씨 부부가 다 대기업에 근무를 하고 있으니 돈에 대해서 그렇게 절박하진 않을 거예요. 그렇지만 돈이 없어도 행복할 거라는 건 착각에 불과해요. 콩 한 쪽을 가지고 둘이 나눠 먹는다는 말은 웃기는 말로 치부해야 해요. 한 번쯤이야 가능하지만 두 번 이상 해봐요. 칼부림 나지. 또 돈은 남자의 자존심이기도 해요."

"남자는 돈을 벌어야죠. 그 점에 있어선 저도 동감입니다. 그런데 불의의 사고나 재난 때문에 경제적 능력을 상실하게 되면 어떻게 해야 할까요?"

"그렇더라도 다른 책임은 해야 합니다. 남자의 책임이 경제적 책임 하나만 있는 게 아니니까요. 우리가 행복에 세뇌되었다는 이야기를 할 때 과거의 아버지들이 경제적 책임만 지면 그것으로 모든 역할을 다 완수했다고 생각했다는 것이 있었죠? 그러나 요즘은 경제적 책임에 대해서 여성들도 많은 부분 부담하고 있으니 남자만 경제적 책임을 진다는 말은 성립이 안 되는 것이죠. 경제적 책임 외에 나머지 책임이 필요해요."

"그렇군요. 그러면 나머지 부분들은 무엇인가요?"

"친밀감의 책임, 즉 정서적 교류에 대한 책임이 있지요. 이건 최근 부각되고 있는 주제고요. 성적 책임도 있어요. 아내에 대해선 섹스의 의무를 다해야 해요. 자녀들에게는 자주 안아주고 쓰다듬어주는 접촉(touch)의 책임이 있지요. 다음은 영성의 책임이라고 해요. 즉 방향성입니다. 남자의 가장 큰 매력이죠. 남자는 나이가 들수록 방향을 제시하는 기능을 가지고 있어야 해요. 그래야 가정이 일정한 방향으로 흘러갈 수 있지요. 현대 가정의 가장 큰 문제 중 하나는 방향을 잃은 채 항해하는 배가 되어버린 것이죠."

"선생님 말씀을 들으니 가정은 어떤 면에서 남자의 역할이 더 크다고도 할 수 있네요?"

"네. 남자의 역할이 더 크다고 해도 과언이 아니죠. 남자는 언제라도 방향에 대한 촉을 세우고 있어야 해요. 그게 무너지면 남자의 모든 것이 무너진 겁니다. 좋기만 한 남자보다 분명한 지침과 철학이 있는 남자가 더 좋은 겁니다. 현대 가정은 그런 부분이 턱없이 부족해서 부모는 부모대로 힘들고 자녀는 자녀대로 힘든 시대가 되었어요."

"부연해서 말씀해주세요."

"좋아요. 그럼 영화 〈300〉 보신 적 있나요?"

"네. 그 영환 아주 오래전에 보았고요. 그 후속작 〈300 : 제국의 부활〉은 얼마 전에 민정이랑 함께 봤어요."

"잘 됐네요. 그 〈300〉에 나오는 스파르타 왕 레오니다스가 남성성의 대표적인 인물이라 할 수 있죠. 페르시아 100만 대군과 싸운 자신의 300명 친위대 이야기죠. 남자란 '지킬 것은 지킨다.'가 설정되어야 남자입니다. 그것을 'head-ship'이라고 해요. 이 왕은 결국 죽음으로써 자신의 자존심과 나라의 자존심을 다 지켜내죠. 그런 부분에서 남자의 위대함이 드러나는 겁니다. 그래야 남자가 '존경'을 받게 되죠. 남자는 자신의 아내로부터 '사랑' 받을 때 행복하겠지만 그보다 '존경' 받을 때 더 큰 행복을 느낍니다. 사랑보다 한 단계 더 위가 존경이라 할 수 있죠."

"남자의 사명, 존경… 남자를 새롭게 보게 하는 말씀이네요. 솔직히 남자에게 그렇게 많은 짐이 있는 줄 몰랐어요. 그저 결혼하고 아이의 아버지가 되고, 돈 벌어주고… 그러면 되는 줄 알았죠. 남들도 다 그렇게 사니까. 하지만 알면 알수록 무슨 사명감 같은 것을 느끼게 되네요."

"맞아요. 남자는 남자의 사명을 알아야 해요. 남자의 사명 중 가장 큰 것은 '방향성'이라고 했잖아요? 그것이야말로 진짜 사나이죠."

창호는 남자로 태어난 것이 이렇게 자랑스러운 적이 없었다. 그저 생물학적 남자로 태어났으니 남자로 살아가는 것이 운명이라고만 생각했었다. 그런데 남자에게 사명이 있다는 말, 그것도 방향을 세워가는 영성적 사명이 있다는 말, 때로 남자는 목숨을 걸고라도 지킬 것은 지켜야 한다는 head-ship이란 말까지 들으니 가슴이 뭉클해졌다. 동시에 그동안 남자답지 못하게 작고 치사하게 굴었던 점도 부끄러웠다. 앞으로 제대로 된 남자가 되려면 어떻게 해야 할까?

영준과의 대화에서 창호는 뭔가 가슴 깊은 곳에서 비장함 같은 것을 느꼈다. 그 이전엔 자신이 남자라는 사실을 깊게 생각해본 적이 없었다. 군대생활 할 때 전우애 같은 것을 느껴본 적은 있었다. 군에 입대해서 신병훈련을 마치고 수료식 때 군악대가 울려주는 팡파르에 감동의 눈물을 흘렸던 기억도 났다. 그런데 결혼하면 가정에서 남자의 역할을 잘 감당해야 한다는 말은 처음 들었다. 그리고 어떤 면에서 남자의 역할이 여자의 역할보다 더 크다는 것도 새로운 깨달음이었다. 지금까지 가정은 여자에 의해 행복이 결정된다고 생각했었다. 그런 까닭에 민정과의 갈등이 생길 때마다 후에 아이들에게 미칠 영향이 걱정스럽기도 했었다. 신체를 지탱하는 가장 큰 중심이 척추라면 가정의 척추는 바로 남자였다. 남자가 기준과 원칙, 방향성을 가지고 있어야 가정이 제대로 설 수 있는 것이다.

아! 남편이 되고 아버지가 되는 것이 이런 느낌이구나.

영준이 보내온 결혼의 비밀 8은 대인군자大人君子였다.

결혼의 비밀 8

대인군자(大人君子)

■ **대인군자(大人君子)** 말과 행실이 바르고 점잖으며 덕이 높은 사람.

남자의 가장 큰 매력은 울타리와 방향성에 있다. 남자는 스스로 존경의 대상이 되어야 아내와 자식을 이끌어갈 수 있다. 좀팽이가 되지 말고 존경의 대상이 되어라. 아내와 자식은 자동으로 따른다.

편지 8

남자의 고추는
나침반 바늘이야!

넌 겁 많은 개에 불과해

네가 상담실 들어오던 때를 기억해. 다른 사람들이 오는 분위기와는 사뭇 달랐지. 입구에서부터 네 고함 소리가 시끄럽게 들렸으니까. 네 고함 소리엔 참 입에도 담지 못할 상스러운 욕설이 함께 터져 나오고 있었어. 경상도 사투리가 잔뜩 들어간 큰 목소리였지. 그런 너를 상담실로 데려온 아내는 고양이 앞에 쥐 같았지만 그래도 더 이상 양보하지 않겠다는 의지가 보였어. 네 아내는 작아도 아주 야무진 여자였지.

상담실에 들어올 때 "내가 이런 데를 왜 와야 하노. 응? 에이 씨발!"이라고 소리를 질렀지? 네 말 듣고 기분 나빴다. '이런 데'라니. 내가 너를 잡아먹냐? 이런 데서 일하는 나는 그럼 사람 죽이는 놈이냐? 그리고 말끝마다 씨발을 연속하는데 말이야. 여기가 네 분풀이 장소인 줄 알아? 네 아내가 상담신청서를 작성하는 동안에 내내 식식대고 있더군. 근데,

너 혹시 네가 그렇게 예의 없이, 버르장머리 없이 굴면 내가 너를 무서워할 것 같아? 아니면 네 아내가 무서워할 것 같아? 나는 너 같은 인간을 하도 많이 봐서 하나도 안 무서울 뿐 아니라 얄팍한 속마음이 다 보여서 웃길 뿐이야. 너 같은 인간은 대부분 겁쟁이거든. 정신분석에선 너처럼 그렇게 이유도 없이 화내는 것은 상처를 숨기기 위해서라고 해. 결국 '겁 많은 개가 더 많이 짓는다.'는 우리말 속담과 비슷하지. 그래서 내가 '어디서 소리를 지르며 함부로 행패냐.'고 너를 호되게 야단쳤어. 그 말에 넌 바로 꼬리 내렸지?

그리고 네가 상담실 와준 것이 큰 선심을 베풀었다고 착각하지 마. 네 아내는 너랑 잘 살아보려고 너를 데리고 온 게 아니라 이혼을 해도 정당한지를 확인받고 싶어서야. 지금 시점에서 네 아내는 더 이상 잃을 것이 없다고 생각했거든. 말만 꺼내면 성질부터 내고 욕은 일상용어라 욕이 들어가지 않으면 대화 자체가 불가능하고, 대화 불통에 일방적인 지시만 있는 상명하복의 관계를 더 이상 견딜 수 없었던 게지. 본인이 제대로 판단을 하고 있는지 전문가를 통해서 검증받고 싶었던 거야. 그래야 나중에 후회하지 않을 테니까.

근데 한 가지 짚고 넘어가보자. 넌 도대체 무슨 배짱으로 그렇게 아무 데서나 쌍욕을 해대면서 20년 넘게 살아올 수 있었을까? 여자는 절대로 하루아침에 이혼을 결정하지 않아. 네 아내쯤 되니까 그동안 참아주었던 거지 다른 여자 같으면 진작 이혼을 했어. 합의 이혼도 아냐. 조용히 이혼소송 진행해서 너를 알거지로 만들어 쫓아내버렸을 거야. 내가 이렇게 말하면 넌 "내가 왜 쫓겨나? 쫓아냈으면 냈지 쫓겨나지는 않아!"라고 큰소리치겠지? 그건 순전히 네 착각일 뿐이야. 그러니까 지금부터 하는 이야기 잘 들어.

우선, 너는 경제적으로 무능해서 일정한 수입을 집에 갖고 온 적이 없었어. 대신 네 아내의 수입으로 온 가족이 생활했지. 다행스럽게도 네 아내의 수입이 넉넉했기에 지금까지 먹고사는 데 아무런 지장이 없었고 아이들 교육은 물론 지금 살고 있는 아파트도 마련할 수 있었어. 네 아내의 직급은 직장에선 상당히 상위 레벨이라 직장에만 가면 고개를 숙이는 남자들이 많아. 지금 당장 이혼해도 먹고사는 데 아무 지장 없을 정도로 연봉도 높아. 더구나 아이들도 다 자라 엄마의 이혼을 이해해. 이미 네 아내는 오래전부터 남편이란 존재의 필요성 따위는 마음에서 접었어. 있어봤자 소용이 없거든. 허구한 날 쌍욕이나 하고 가재도구 부수고 심지어 신체적 폭력까지 행사하는 너 같은 인간하고 살 필요가 있겠어? 지금 당장 네 아내가 이혼을 신청하면 넌 어떻게 될까?

도대체 넌 네 아내에게 해주는 게 뭐가 있니? 섹스라고? 너는 그런 부분에 여전히 강한 정력을 가지고 있다고 했지? 하긴 외관상 보이는 것으로 보면 그럴 것도 같았어. 그런데 상담을 진행하면서 알게 된 사실은 너한테 섹스는 '선호자극'이지만 네 아내에게는 '혐오자극'이었어. 예고도 없이 덤벼들고 또 어떨 땐 씻지도 않고 마치 짐승처럼 네 욕망을 채웠더군. 여자의 몸은 충분히 준비되지 않았을 때 섹스하게 되면 고통을 겪게 돼. 그런 것 알기나 아니? 네 아내가 알려준 부부성생활에 대한 설문지를 보면 섹스 시간이 기껏해야 5분을 넘기지 않는다고 해. 그렇게 짧게 섹스 하는 것은 토끼나 그럴까 사람은 그렇지 않아. 왜냐하면 영어로 섹스는 '성교性交'라는 말인데 성을 통해서 서로 깊게 사귄다는 뜻이야. 행복한 부부는 섹스를 통해서 서로를 더 깊이 알아가는 거지. 너 같은 인간에게 네 아내는 그저 성적 만족을 채워주는 섹스 파트너에, 아이 낳는 씨받이에 불과했던 거지.

그 점에서 보면 너는 미개한 인간이요, 진짜 무식한 놈이야. 내가 상담을 진행하면서 네게 물었잖아. 일 년에 책을 몇 권이나 읽느냐고 말이야. 넌 당연한 듯 단 한 권도 없다고 그랬지? 책은 고사하고 활자로 된 거는 쳐다보기도 싫어 신문도 안 본다고 그랬지? 일 년에 책 한 권 안 읽는 놈이 무슨 사람이냐? 네가 결혼하고 난 후에 읽은 책 권수 한번 말 해 봐. 몇 권이나 되는지 손가락으로 꼽을 수 있어? '사람은 책을 만들고 책은 사람을 만든다.'라는 말 들어본 적 있지? 네가 책을 읽지 않는다는 말은 사람이기를 포기했다는 말과 같아. 생물학적 인간, 즉 고깃덩어리에 불과해.

네 아내는 독서 많이 해. 네가 성질까지 냈다며? 쓸데없는 책 너무 많이 산다고 말이야. 네 아내는 살기 위해서 책을 보는 거야. 책을 보는 과정에서 내가 쓴 책을 보게 되어 상담까지 오게 되었고 말이야. 아내가 책을 본 것은 너 같은 종류의 인간을 이해하기 위해서였어. 걸핏하면 버럭 성질을 발동하고 불만을 표시하니까 자기가 뭘 잘못했기에 그럴까를 생각한 거지. 어때? 이쯤 되면 네 아내는 천사 아니니? 천사하고 살면서도 천사를 몰라보고 천사를 노비처럼 부려먹고 살았던 거 아냐?

　네 아내가 그러더라. 직장에 가면 누구나 다 자신을 인정해주고 살맛 나는데 집에만 들어오면 왜 바보 천치가 되는지, 왜 지구상에 남편이란 단 한 사람만 쌍욕을 해대는지 모르겠다고 말이야. 그건, 네가 문제라는 뜻이야.

　이혼을 신청하게 되면 모든 재산은 아내 몫이 될 거야. 재산형성에 네가 구체적으로 기여한 것이 없기 때문이지. 정말 더 웃기는 건 아직도 돈 버는 아내가 모든 수입을 너에게 맡기고 용돈을 타 쓰는 이상한 구조를 가지고 있다는 거야. 아내가 돈 쓴 내역을 일일이 보고 안 하면 패기까지 한다며? 네가 며칠 전에 그렇게 방방 뛰고 아내를 잡아먹을 듯이 난리를 쳤던 내용이 네 아내의 헌금 문제였지. 돈이 아깝든? 그게 네 돈이냐? 네 아내가 그랬어. 교회 가서 사람들 만날 때면 숨통이 트이고 거기 있으면 사람대접을 받는다는 느낌이 든대. 휴일에도 하루 종일 집에서 남편하고 있을 생각을 하면 생각만으로도 숨막혀 죽을 것 같대. 그럼 넌 '교회 다니는 여자가 서방한테 하는 짓이 그게 뭐냐.'고 할지 몰라. 생각 똑바로 해. 교회라도 가는 마음 바탕이 있는 여자니까 너하고 살았지, 그런 여자 아니었으면 넌 완전 낙동강 오리알 신세 못 면했어.

　네가 살아남는 유일한 방법은 진짜 남자가 되는 길뿐이야. 알았어? 그건 네가 남자로서 자신의 꿈을 찾는 걸 말해. 꿈을 갖지 않는 건 엔진이 고장 난 차를 가지고 장거리 여행을 떠나겠다고 결심하는 것과 같아. 결국 가지 못할 뿐 아니라 너와 네 아내는 물론 자식들의 앞길도 막는 결과를 가져오고 말아. 그러니 네 인생의 꿈이 무엇인지 생각해봐. 남자의 매력은 방향성에 있어. 나침반의 바늘이 언제나 북쪽을 정확하게 가리키고 있어야 하듯 남자는 어떤 일에 대한 확고한 철학이 있어야 하고 기준과 원칙이 분명해야 해. 여자가 좋아하는 남자는 '항상 서 있는 남자'라는 유머 속엔 뼈가 있어. 네가 진짜 남자로 거듭나야 진짜 행복이 와. 그러니 절대로 쪼잔하게 굴지 말고 대인이 되어봐.

난, 성경 출애굽기를 볼 때 궁금한 게 있었어. 하나님은 왜 남자들에게만 할례를 행하게 했을까? 그것도 하필이면 생식기였을까? 나중에 알았지. 남자란 망각의 동물이라서 자신의 정체성을 쉽게 잊어버리기 때문에 순간순간 확인시켜줘야 하는데 하루에도 몇 번씩 소변을 보려고 고추를 꺼낼 때마다 거기에 표시된 표식을 보면서 자신이 신의 백성이라는 것을 확인하라는 의미였던 거야. 그 남자들의 고추는 인생의 방향을 알려주는 나침반 바늘이었던 거지.

진짜 자존심은 행복하게 사는 모습을 보여주는 거야

성격 차이로 이혼한다고? 도저히 그 여자랑 맞출 자신이 없다고? 웃기지 마. 내가 만나본 네 아내는 영락없는 여자였어. 그것도 지극히 교과서적인 여자라 네가 조금만 여자를 안다면 단번에 마음을 사로잡아 너를 위해 온몸과 마음을 바치게 만들었을 거야. 어떤 남자는 그런 여자 만나기를 얼마나 희망하고 사는 줄 알아? 그런 여자 만났으면 진작 인생이 완전히 펴졌을 남자가 수준 미달의 아내를 만나 고생하는 경우는 또 얼마나 많은 줄 아니? 아무것도 할 줄 모르는 여자랑 사느라 답답해 미치겠다는 남편 본 적 있어? 일거수일투족 투정이고 바짝 마른 몸에 맨날 병을 달고 살아. 뭘 하나 제대로 하는 게 없어. 이 남자는 집에 들어가는 순간 무수리야. 그런 남자 심정 알아? 돈 벌기는 고사하고 맨날 병원에 갖다줘. 아이들 돌보는 것도 뒷전이야. 그 남자의 소원이 뭔지 알아? 집 걱정 안 해보고 출퇴근하는 거래. 넌, 그런 걱정 한 번도 해본 적 없지? 남들이 볼 땐 참 좋은 여자를 너만 못 보고 있을 뿐이야.

네가 이혼한다는 말은 성격 차이가 아니라 너의 능력 부족과 협상기술의 부족을 증명하는 꼴이지. 또 아내를 공격함으로써 너는 괜찮다는 것을 보여주는 비겁한 행동이야. 네가 그랬지. 네 아낸 네게 기 센 여자, 고집불통의 여자, 손 큰 여자, 남자 잡아먹을 여자라고. 맞아. 그러나 그것은 사회생활 할 때 쓰는 거지, 자기 남자에게 그러고픈 여자는 없어. 여잔 말이야, 자기가 사랑하는 남자, 자기를 받아주는 남자에게 자신의 전부를 아낌없이 주는 존재야. 네 아내도 지아비의 가슴에 안기고 싶어하는 여자였어.

영국 속담에 '좋은 아내와 건강은 최고의 재산이다.'란 말이 있어. 그런 사례를 보고 싶다면 한국 마케팅계의 거목이라 불리는 조서환 씨의 《모티베이터》라는 책을 봐. 그 책에서 조서환 씨는 군복무 시절 오른팔을 잃게 된 자신이 온갖 역경을 이겨내고 성공할 수 있었던 이유로 자신의 아내를 지목하면서 그녀야말로 진정한 모티베이터였다고 찬사를 보내고 있어.

너희 부부는 이혼한 후 상담을 진행하는 거라 나도 참 기분이 묘했어. 각자가 따로 살다 상담실에서 한 번씩 만나는 거였지. 참 서먹하기도 하고 어색하기도 했어. 부부상담 중에 '뜻밖의 선물'을 하는 시간 있었지? 너는 그때 그 숙제한다고 화장품을 사 가지고 왔잖아? 그때 네 아내가 '이런 선물 처음 받아봤어요.'라며 오랫동안 눈물을 훔치더라. 진작 그렇게 해주었으면 얼마나 좋았을까? 거기서 좀 더 네가 용기를 내서 앞으로 그렇게 해볼 의향이 있으니 기회를 달라고 하면 얼마나 좋았을까? 넌 차마 자존심 때문에 그렇게 못하겠다고 했지만 진짜 자존심은 그런 과정을 지내고 기어코 행복한 상태가 되었을 때 세워지는 거야. 그때 여자는 남자를 존경해.

그래 좋아! 성격차이 때문에 이혼했다고 치자. 그럼 네 성격은 좋니? 네 아내가 가장 속 터졌던 것이 뭔 줄 알기나 하니? 넌 언제나 선택의 부분에서 무책임했어. 집안의 대소사를 결정하는 부분에서 늘 빠져 있었잖아. 아내가 뭘 물어도 가부간 정확한 의사표현을 안 해주니 네 아내가 암묵적인 동의인 줄 알고 일을 처리했는데 네 표정이 심상찮아 물어보면 아니었던 거지. 또 겉으론 불만 없는 것처럼 했다 꼭 술 한 잔 먹고 나면 마누라에게 퍼부었지? 그것도 몇 달이나 지나서 말이야. 그건 겁쟁이 중에도 가장 수준 낮은 겁쟁이가 하는 짓이야. 또 잘못이라고 지적해주면 그저 인정하면 될 것을 너는 무조건 침묵했어. 그건 인정도 아니고 부정도 아니야. 또 마음속에 꿍 하니 담고 있다가 술만 들어가면 행패를 부렸지. 기억 안 나? 이혼 결정되고 난 후 처가에 가서 장인 장모와 맞장 뜬

거. 어른들 앞에서 쌍욕을 퍼부어가며 딸자식 교육 똑바로 시키라고 난동을 피웠던 거….

이젠 제발 쓸데없는 자존심 따윈 좀 내려놔! 부부란 때로 자존심 같은 거 완전히 내려놓고 남잔 머슴이 되고 여자는 무수리가 되어야 할 때가 수십 번, 수백 번도 더 있어야 해. 네가 나한테 그랬잖아. 장인 장모에게 모진 쌍욕을 한 놈이 무슨 낯짝으로 재결합을 하냐고. 그 부분은 사죄하면 돼. 사죄한 후 다시 결합해서 행복하게 살아가는 모습 보여줘봐. 또 이후에 사위로서 예전보다 두 배 세 배 더 잘하면 과거의 잘못은 충분히 용서가 된단 말이야. 그런 것을 자존심이라고 말하지 마. 자존심이란 진정으로 할 도리를 함으로써 자신의 가치를 높이는 것인데 네가 말하는 자존심은 비겁쟁이의 변명에 불과하고 요즘 세상에 아무짝에도 쓸모없는 '남자병'에 불과해. 남인숙의 《어쨌거나 남자는 필요하다》에선 이렇게 말해. "남자들이 진짜 불쌍한 이유는 상처받을 만한 일을 자초해 더 많은 상처를 받으면서도 그 상처를 내보여 치료받을 수도 없는, 그러면서도 동정받기는 또 죽기보다 싫은 '남자병' 때문이다."라고 말이야.

넌, 자식에 대한 욕심도 많아서 네 아이들 둘 다 네가 데리고 왔어. 엄마의 빈자리쯤이야 네가 얼마든 채워주겠다고 결심했을 테고…. 정말 그럴까? 실제로는 연로하신 네 어머니가 죽을 고생을 하고 있지 않아? 넌 여전히 네 할 일에 바쁘고, 회사 일에 쫓겨 아이들 얼굴도 제대로 못 보지? 아이들이 뭔가를 요구하면 그것이 무엇인지 몰라 또 멍하니 있어. 그러면 보다못한 네 어머니가 또 다 해주잖아. 벌써 꽤 많이 성장한 네 아이들도 너의 그런 무책임하고 불분명한 태도 때문에 불만을 표시하기 시작했잖아. 어쩌면 아이들이 다 아들이었으면 차라리 괜찮았을지 모르는데 둘 다 딸이잖아. 큰아이 주니어용 팬티와 브래지어 살 때 너 어떻게 했니? 그런 게 있는 줄 알기나 하니? 어느새 부쩍 자라 어느날 초경을 겪고 놀랐을 때 누구에게 그것을 이야기할지 몰라 당황했을 아이들 생각해 봤어?

아이들을 사랑한다면 아이들의 엄마를 사랑해주는 것이 최고야. 그러려면 대가를 지불해야지. 목적이 섰다면 까짓 수모쯤이야 무슨 문제겠어? 유비가 왜 삼고초려三顧草廬 했겠어? 천하를 통일하려면 반드시 현명한 책사가 있어야 된다는 것을 알았거든. 전쟁은 전투만 뛰어나다고 되는 건 아니거든. 전략이 있어야 해. 결혼도 마찬가지야. 넌 엄밀히 따지면 전투도 개판, 전략도 개판인 아무짝에도 쓸모없는 인간에 불과해.

그러니 아내 탓하기 전에 너 자신부터 돌아봐. 설령, 지금 이혼 상태니까 그 여자와 재결합을 하지 않고 새 여자를 만나게 되더라도 너는 그 작업을 해야 해. 또 재혼 같은 거 안 한다고 할지라도 네가 데리고 있는 두 딸을 위해서라도 그 작업은 해야 해. 그래야 다른 사람 죽이지 않아. 너의 뜨뜻미지근한 태도 때문에 여러 사람 죽였으면 되었지 더 이상 그렇게 하지 마. 성격 차이로 이혼했다는 건 유치한 수준이야.

제발 남자로 거듭나줘. 알았어? 그리고 말이야. 인간관계를 맺는 법, 네 아내와 행복한 관계를 만드는 일은 너의 개인적인 성공을 위해서도 필수조건이야. 네가 네 아내 한 사람을 사로잡지 못하면 직장생활도 어려울 거야. 미국 카네기 재단에서 성공하는 사람들을 조사한 결과를 보니 "직무수행상의 성공에 기술적인 지식은 15%밖에 공헌하지 못하지만 인간관계 기능은 85%의 공헌을 한다."고 했어. 보통 사람들이 직장생활에 실패하는 이유가 기술적인 일이 아닌 인간관계를 실패했기 때문이라는 것이지. 그래서 IBM은 40시간 종업원 교육훈련 중에 32시간을 인간관계 훈련에 투자하고 있다고 해. 알겠지? 네 아내와 관계 맺는 법을 배우면 너는 행복과 성공, 두 마리 토끼를 다 잡는 능력남이 되는 거야. 꼭 그렇게 되길 바라.

chapter 9

결혼의 비밀, 줄수록 도리어 풍성해지는 역설의 세계

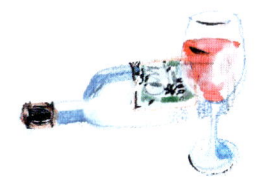

그녀는 지금에 와서 돌이킬 수 없는 일이지만, 그리고 지금의 남편을 만나 안정된 결혼생활을 해올 수 있었고, 큰 문제없이 지내올 수 있어서 고맙기도 하지만, 그때 너무 쉽게 이혼을 결정한 것에 대해서는 안타깝고 아이들에게 괜스레 미안해진다고 하였다.

9
결혼의 비밀, 줄수록 도리어 풍성해지는 역설의 세계

나이가 들수록 도리어 넉넉해지는 삶

영준 세진 부부가 제주도행 비행기에 몸을 실었다. 서귀포 교육청에서 부모교육 특강의뢰가 왔는데 어차피 가는 길에 작은 개척교회에서 부부 특강도 함께 할 계획이었다. 제주도가 고향인 영준의 상담대학원 후배가 고향 마을인 예래 생태마을에서 개척한 교회였다. 물이 귀한 제주도에서도 물 부족을 모른다는 논짓물이라는 이름의 올레 8코스 시작점이다. 그 교회에서 부부 특강을 한다는 내용을 카카오스토리에 올렸을 때 정작 연락이 온 것은 세헤라자데라는 닉네임을 가진 여성이었다. 그녀는 몇 해 전 영준이 인도하는 집단 상담에 참여한 후 단 한 번의 참여로 인생이 통째로 바뀌었다며 고마워했던 사람이었다. 정년퇴직한 남편과 제주도에서 함께 살고 있었다.

바다가 보이는 펜션에서 만난 그녀에게선 상큼한 감귤 향이 묻어나왔고 남편의 부드러운 미소는 봄 햇살 같았다. 제주도를 워낙 좋아해서 해마다 대여섯 번씩은 다녀갔다는 마니아 부부였다. 남편의 정년퇴직 후 제주에서 1년 정도만 살아보기로 하고 계약을 했는데 벌써 1년이 지나 또다시 1년 재계약을 했단다.

"제주도는 바다 색깔이 매일 달라요. 1년 동안 제주도에 살아보니 바다 색깔이 달라지는 것도 이제는 볼 수 있어요. 바람 많은 곳이라 파도가 거칠다고 생각하기 쉽지만 태풍이 올 때만 빼놓고는 언제나 적당한 파도가 일어요. 어느 날 문득, 어쩌면 인생이라는 것이 바다와 같지 않을까 하는 생각이 들더군요. 저렇게 끊임없이 파도가 밀려오는데 그 파도를 밀려오지 말라고 하는 건 어리석은 것이겠죠? 전 젊은 시절을 파도가 생기지 말라고 기도하고 살았던 것 같아요."

세헤라자데가 긴 한숨을 쉬었다. 그건 후회 섞인 한숨은 아니었다. 오랜 세월을 지내오는 동안 몸에 밴 삶의 철학, 그리고 비록 힘겨운 세월을 보냈지만 그것들조차 이제는 행복의 에너지로 전환시킬 줄 아는 여유를 가진 사람의 긴 호흡이었다.

"저도 이제 환갑을 맞이했어요. 환갑을 맞이했으니 어느 정도 인생에 대해서 말할 수 있는 나이가 되었죠. 이제부턴 정말 내가 하고 싶었던 것을 하고 살아도 되겠다는 생각이 들었어요. 내가 환갑이 되었구나 하는 순간, 머리에 번쩍 하고 떠오르는 것이 있었어요. '이렇게 살다 죽을 순 없다.'는 생각이었죠. 친했던 친구들 중 벌써 세상을 떠난 이도 몇몇 있는데, 그 친구들의 인생과 또 다른 친구들의 가족사를 보면 인생이란 결코 인간의 힘만으로 어떻게 할 수 없다는 것도 처절하게 느꼈어요. 살다 보니 사람들이 주로 행하는 어리석은 일들이 몇 가지 보이네요. 돈 벌려고 그렇게 바동거리다 어느 날 건강을 잃고 그 건강 찾아보겠다고 그동안 벌었던 돈을 고스란히 병원에 갖다주거나, 가진 돈 평생 움켜쥐고 있다가 자신을 위해선 한 푼도 써보지 못하고 죽는 것도 봤지요. 어떤 사람은 먼 후일 행복하게 쓸 거라고 했어요. 사실 그건 제 이야기이기도 해요. 그런데 환갑을 맞이하는 순간, '이렇다 살다간 그냥 늙어 죽겠구나. 행복을 즐길 시간은 지금밖에 없다.'는 생각에 과감히 제주도 행을 결심했어요. 정말 탁월한 선택이었어요. 마침 남편도 정년퇴직을 하게 되었어요. 또 교회에서 장로였던 남편도 나이가 예순다섯이 넘으면 모든 시무를 내려놓게 되거든요. 그거 이삼 년 앞당긴다고 큰일 날 것도 아니고 해서 같이 내려왔어요."

펜션 주인도 나이가 차서 관리하기 힘든지 주말 손님이나 평일 손님은 받지 않고 최소 3개월에서 6개월 이상 장기간 머물 사람만 받고 있단다. 총 12개의 방 중에 5개가 세헤라자데 부부처럼 1년 단위로 살고 있는데 몇 개월 같이 살다 보니 서로 이웃사촌이 되어 피차 인사도 나누고 가끔 식사 초대도 하는 사이가 되었단다. 자동차도 어느 집 차인지 알고 그 차가 언제쯤 들어오고 나가는지를 알기에 겹 주차를 해도 거리낌이 없는 관계가 되었다며 여기도 작은 마을이 되었단다.

"살면 살수록 사는 게 참 편하다 싶어요. 제주도에 놀러오는 젊은 연인들처럼 거리낌 없이 애정표현 같은 건 하지 않아도 그냥 옆에 있는 것만으로 든든해요. 가끔 서울에 남편 혼자 다녀올 때도 있고 아니면 제가 혼자 그럴 때도 있어요. 혼자 있어도 편하고 둘이 있어도 편하고… 그런 날이 오네요. 그런 날이 오기까지 그동안 잘 참고 견딘 저 자신이 정말 자랑스러워요. 40대까지만 해도 애들 결혼시키고 나면 이혼하겠다는 생각이 머리 꼭대기까지 차 있었는데, 아마 그때 제가 믿는 신앙이 없었더라면 정말 어떻게 했을 거예요. 나이가 조금 더 들어 환갑이 되고 보니 이혼 안 한 건 정말 잘한 결정인 것 같아요."

세헤라자데가 하는 이야기를 한참이나 듣고 있던 영준은 미소를 지으며 말했다.

"그런 이야기를 들으니 제가 옷깃을 여미게 되네요. 부부 전문 강사라고 떠들고 다니는데 세헤라자데 같은 분이 증인이 되시면 얼마나 좋을까요? 결혼이란 때론 진득하게 버티고 견딘 자에게만 주어지는 특별한 복이 있는 것 같아요."

"제가 잘 참고 견딘 거 맞죠?"

"그럼요. 훈장감이어요."

"이렇게 나이 들고 보니까… 이혼하겠다고 이를 갈았던 40대 시기도 냉정하게 돌아보면 제 욕심이 컸었어요. 남편을 마음대로 좌지우지해 보고픈 내 욕심이었죠. 남들보다 잘하고 싶고, 잘나 보이고 싶고, 그런 가정을 보여주고 싶고, 남편이나 아이들은 내가 원하는 대로 다 따라주기를 바랐는데 그렇게 되지 않으니 남편에게 분노하고 원망하다 지치면 우울에 빠지기도 했었어요. 욕심에 이끌려 사는 것이 얼마나 어리석은 일이었는지를 나이 육십이 넘어서야 조금 알 것 같네요. 철들자 노망이라더니…."

세헤라자데가 말을 멈추고 커피를 한 모금 마시는 동안 세진이 말을 이었다.

"옛날엔 철들자 노망이었는데요, 요즘은 철들고 삼사십 년이라고 바

뛰어야 할 것 같아요. 지금 이 상태로 두 분이 매 순간을 즐기고 살면 되지요. 뭐!"

"정말 그런 것 같아요. 나이가 드니까 남편의 부족한 점도 그렇게 문제가 되지 않아요. 오히려 이젠 남편의 그 부족함 때문에 제가 있는 것이라는 생각도 해요. 착하다 못해 너무 착해 빠진 남편, 제가 곁에서 적당히 악역을 해주니까 그나마 가정을 꾸려올 수 있었어요. 그리고 제 급한 성격을 맞춰줄 사람도 남편밖에 없을 거예요. 불같은 남자 만났으면 둘 중 한 사람이 속 터져 죽었거나 칼부림 났을 것 같아요. 남편도 나에게 꼭 맞는 배우자예요. 호호."

"와우! 세헤라자데 님의 말씀이 저를 완전 감동시키네요. 어쩌면 학교 다닐 때 외웠던 한용운의 '복종'이라는 시가 그런 의미 아닐까요? 다 외진 못하니까 검색해서 찾아볼게요."

세진은 스마트폰으로 한용운의 〈복종〉이란 시를 검색해서 찾아냈다. 그리고 세헤라자데에게 건네주면서 읽어보라고 했다. 그러자 차분한 음성으로 시를 읽었다.

〈사랑하는 까닭〉

한용운

내가 당신을 사랑하는 것은 까닭이 없는 것이 아닙니다

다른 사람들은 나의 홍안만을 사랑하지마는

당신은 나의 백발도 사랑하는 까닭입니다

내가 당신을 그리워하는 것은 까닭이 없는 것이 아닙니다

다른 사람들은 나의 미소만을 사랑하지마는

당신은 나의 눈물도 사랑하는 까닭입니다

내가 당신을 기다리는 것은 까닭이 없는 것이 아닙니다

다른 사람들은 나의 건강만을 사랑하지마는

당신은 나의 주검도 사랑하는 까닭입니다

"캬! 어쩌면 이 시가 이렇게 좋을까요. 직접 소리내어 읽으니 더 감동이네요. 지금 알고 있는 것을 좀 더 젊었을 때 알았더라면 얼마나 좋았을까요?"

"젊었을 땐 알려고나 했을까요? 그래도 요즘엔 그렇게 깨달은 것을 가지고 또 한 인생을 살 기회가 주어졌어요."

"그런가요?"

"그럼요. 요즘 세상은 인간의 기대수명을 100세로 잡는 시대잖아요. 아니 뭐, 솔직히 환갑을 맞으면서 스스로를 할머니라고 생각하셨어요?"

"좀 징그럽긴 했어요. 호호."

"지금 보이는 모습도 할머니 같지 않아요. 그래서 저희가 새 용어를 만들었지요. 할줌마라고 말이죠. 할머니이긴 한데 아줌마 같은 사람들이란 뜻입니다. 할줌마, 할저씨. 괜찮죠?"

"호호. 할줌마… 저는 그럼 할줌마네요."

"네. 할줌마!"

영준과 세진이 동시에 외쳤다.

그렇게 한바탕 웃었다. 그녀가 끓여 내온 된장국은 구수하면서도 얼큰한 맛이 조화로웠다. 그저 대충 눈대중으로 하는 것 같은데도 정확한 양과 능숙한 칼솜씨로 채소를 썰고 적절한 시간에 재료들을 넣었다. 제주에 와서 직접 담갔다는 양배추 김치도 식감이 좋았다. 밤참으로 홍시를 내올 땐 풋고추가 동동 뜨는 동치미를 내어왔다. 세진이 숟가락으로 국물을 뜰 때 영준은 사발째 들고 마셨다. 국물이 담백하고 시원했다. 동치미와 세헤라자데 부부를 보면서 결혼이란 동치미 같은 것이란 걸 다시 확신할 수 있었다.

제주도 일정을 잘 마치고 집에 와 이근후의 《나는 죽을 때까지 재미있게 살고 싶다》를 보내주었다. 죽음의 위기를 몇 차례 넘기고 일곱 가지 병과 더불어 살아가면서도 늘 유쾌한 노_老학자인 그분은 이렇게 말하고 있다. "인생은 어느 시기건 그에 알맞은, 그때만 느낄 수 있는 즐거움이 있다. 그것을 충분히 느끼며 산다면 성공한 인생이다."라고.

피는 물보다 진하다

창호와 민정은 마지막 과정으로 집단 상담 프로그램에 참여하였다. 이 상담실에서는 개별상담과 집단상담을 병행한다. 개별상담을 몇 개월 하는 것보다 집단 상담에 한 번 오는 것이 시간도 벌 수 있을 뿐 아니라 정말 많은 것들을 깨닫게 된다는 설명을 들었다.

영준과 세진과는 다들 익숙한 사람들인 듯했다. 집단 상담에는 영준과 상담을 했던 사람도 있고 세진과 상담을 했던 사람도 있었다. 부부들 중에는 홀로 상담을 먼저 왔다가 집단 상담을 할 때 부부가 함께 오는 사례가 많다. 상담을 먼저 시작한 배우자의 변화를 감지하고 뭔가 기대를 하고 오는 경우도 있고 마지막 최후통첩에 겁을 먹고 오는 경우도 많다. 나이가 들어가는 부부일수록 남자들 중 후자의 경우에 해당하는 사람들이 많아지고 있다. 물론 와서는 절대 그런 티를 안 내려고 애를 쓰긴 하지만 도리어 티를 안 내려고 애쓰는 모습이 더 눈에 띄었다. 창호 민정 부부를 포함한 5쌍의 부부와 개별적으로 온 3명, 영준 세진 부부까지 총 17명이었다. 둘러앉은 바닥엔 매트리스와 이불이 깔려 있었다.

홀로 오신 50대 초반의 여자는 자리에 앉는 순간부터 내내 눈물을 훔치기 시작했다. 다소 냉정하게 보이는 얼굴, 그러면서도 피부는 맑고 고왔다. 꼭 다문 입술은 빈틈 하나 보이게 않겠다는 의지를 그대로 드러내고 있었기에 섣불리 말 걸지 말라는 무언의 메시지를 보내는 듯했지만 누군가 다가와서 따뜻하게 위로해주기를 기다리는 것 같았다. 치유작업이 시작되자 이내 울음이 터졌다.

"미안하다. 아들아~~."

어깨를 들썩이며 우는 바람에 다른 참여자들도 함께 울기 시작했다. 영준은 그저 어깨를 토닥거려주었고 좀 진정되자 자기 사연을 이야기했다.

지인의 소개로 만나 데이트 같은 거 제대로 못 해보고 결혼을 했다.

결혼 후 10년이 넘도록 남편은 10원짜리 하나 갖다준 일이 없었다. 경제적 책임을 지지 않는 남편이었다. 보다못해 자기가 직장을 알아보고 돈을 벌기 시작했는데, 작은 개인 사무실에 경리 겸 제반 업무를 맡아보는 일을 하게 되었다. 그 직장이 지금까지 이어져 오고 있다. 워낙 꼼꼼하게 일처리를 하고 책임감 있게 해주고 있어서 중간에 그만둔다고 할 때도 오히려 급여를 올려주면서까지 붙잡았을 정도였다.

결혼 후 12년쯤 되었을 때, 남편에게 "더 이상 경제적 책임을 지지 않을 거면 차라리 이혼하자."고 말했는 데, 남편도 자신이 도움이 되지 않는다는 것을 알았는지 그 자리에서 이혼하자는 데 동의하게 되었다. 딱히 언성 한 번 안 높이고 그냥 너무 쉽게 이혼을 하게 된 것이었다. 그 때 당시에는 이혼 숙려 기간 같은 것도 없었다. 피차 합의한 서류만 제출하면 그것으로 끝이었다. 어차피 아이들은 본인 혼자 건사해오던 처지라 남편이 있든 없든 별 차이가 없을 것이라고 여겼다. 그렇게 이혼을 한 후 몇 개월 지나지 않아 한 남자가 집요하게 따라붙었다. 몇 년 전에 아내와 사별하고 홀로 살고 있던 남자였는데 업무 관계로 직장 사무실을 자주 들락거리면서 눈여겨보고 있던 차에 이혼한 형편을 알게 된 후부터 본격적인 대시를 해온 것이었다. 미처 이혼의 상처를 수습하기도 전에 재혼을 해서 그 남자의 아이와 자기 아이 둘을 데리고 살기 시작했다. 이혼의 상처라는 말도 실감하진 못했다. 전 남편은 있으나 없으나 똑같은 존재였으니까.

재혼한 남편은 경제적 책임 부분에서 다른 사람보다 뛰어났다. 오히려 직장 그만두고 집에 있어도 괜찮다고 말할 정도였는데, 지금 그만두면 그동안 해왔던 고생이 물거품이 될 것 같았다. 직장에서 급여를 올려주면서 붙잡았는데 그 금액이 다른 직장보다 월등히 높았고, 아이들의 장래 문제도 있어 직장생활을 고집했다. 그는 책임감이 강하고 성실했지만 살갑진 않았다. 그렇다고 자기 자식만 편애하는 것도 아니었다. 오히려 새아빠에게 다가갔던 것은 아들이었다. 아버지라고 깍듯이 예의를 갖추고 말을 하면 즉각 순종했다. 큰 언성이 날 이유도 없었다. 무난하게 성장해 대학을 들어갔고 군대까지 다녀왔다.

그러던 어느 날, 전 남편 집안에서 연락이 왔다. 남편의 여동생, 시누이하고는 잘 지냈던 터였다. 워낙 성격이 좋기도 하고 이전에도 자기를 잘 챙겨줄 뿐 아니라 속마음을 하소연해도 잘 들어주는 사람이었다. 시어머니가 돌아가셨다는 연락이었다. 시어머니는 아이에게 할머니의 사랑을 듬뿍 주신 분이셨다. 비록, 이혼을 해서 남남이라 할지라도 이전에 피로 맺었던 관계가 있고, 또 돌아가신 분에 대한 예의 차원에서라도 아들에게 할머니 돌아가셨다는 사실을 알렸다. 아들은 마침 시간이 비는 때라 다녀오겠다고 했다.

남부터미널에서 심야버스에 올랐을 때 아들은 자기 친아버지를 보았다. 아마 할머니 돌아가신 소식을 듣고 급히 밤차로 내려가는 모양이었다. 채 정돈되지 않은 옷차림으로 뭔가를 열심히 적고 있었다. 아는 체하려다 말고 그냥 지나쳐 뒷자리에 가서 앉았다. 휴게소에 잠깐 들렀을 때는 깊은 잠에 빠져 있었다. 몇 시간 지나 차가 터미널에 도착했을 때 앞자리에 앉았던 아버지가 먼저 내려 터미널 출구 쪽으로 가고 있었다. 아들은 달려가 아버지 어깨를 톡톡 두드리며 "아버지!"라고 불렀다. 순간적으로 놀라 뒤돌아본 아버지의 얼굴에 피곤에 찌든 기색은 금세 사라지고 환한 웃음을 띠며 반가움에 아들을 덥석 안았다. 아들은 그 느낌을 어머니에게 돌아와서 말해주었다.

"다르더라고요. 뭔가 다르더라고요. 그냥 가슴이 뭉클해지면서 울컥 눈물이 났어요. 그리고 아버지의 손이 얼마나 따뜻했는지… 그 느낌이 얼마나 좋았는지 몰라요."

그녀는 지금에 와서 돌이킬 수 없는 일이지만, 그리고 지금의 남편을 만나 안정된 결혼생활을 해올 수 있었고, 큰 문제없이 지내올 수 있어서 고맙기도 하지만, 그때 너무 쉽게 이혼을 결정한 것에 대해서는 안타깝고 아이들에게 괜스레 미안해진다고 하였다. 사람이 악한 것도 아니었는데, 전 남편도 좌절의 연속이라 누군가의 위로와 지지가 필요했다는 것을 세월이 많이 지난 후에야 알게 되었다고 했다. 그때는 무능한 남편을 인정할 수 없었던 것이 충분한 이유였다. 남편 역시 도움 되지 않는 자신하고 사느니 능력 있는 남자 만나라고 자리를 비켜준 꼴이 되었다.

"관계란 것이… 피로 연결되었다는 것이 얼마나 무서운 것인지를 새삼 깨닫게 되네요. 큰아이를 보면서 많이 느껴요. 할머니 장례식이라 섭섭함에 많이 울기도 했지만 고모와 다른 가족들이 대해주는 살가운 느낌이 얼마나 좋았는지 장례식인지 잔칫집인지 구분이 안 되었다는 아들 이야기는 내내 가슴 아파요. 이혼한 거 후회한 적 없었는데, 오십 중반이 되고 보니 그때 성급했다는 후회감이 들어요. 그런 마음이 들면 또 지금의 남편에게 또 미안해져요."

그녀의 치유작업 후 다른 부부들의 치유작업이 이어졌다. 결혼 연차가 20년, 30년 넘은 분들이 토해내는 이야기를 들으며 창호와 은정은 어떻게 그 세월을 견뎌왔을까 싶은 생각이 들었다. TV나 영화에서나 보았을 법한 그런 이야기가 쏟아져 나왔다. 1박 2일 동안 얼마나 많이 울었는지 눈이 퉁퉁 부었다. 그분들은 한결같이 '절대 이혼하지 말라.'고 당부했다.

호떡 아주머니에게서 배운 행복의 비결

집단 상담을 마치고 돌아오는 길에 창호와 민정은 이런저런 이야기를 많이 나누었다. 인생 선배들의 삶, 정말 말로만 듣던 처절한 삶의 이야기를 직접 눈으로 보고 들으면서 문득 자신들의 갈등이 지극히 사소한 것에 불과하다는 생각이 들었다.

집 앞에 왔을 때 두 사람은 호떡 포장마차에 들렀다. 두 사람이 자주 오는 곳이다.

안으로 들어서는데 호떡 아주머니가 노래를 부르면서 호떡을 굽고 있었다.

"♪ 스치는 바람에 ♪ 그대 모습 보이면…."

"우와! 무슨 기분 좋은 일이 있으신가 봐요? 그나저나 노래 정말 잘하시는데요? 주부가요열창 출전하시면 대상도 문제없겠어요."

민정의 말에 호떡 아주머니는 노래를 그치고 빙긋 웃으며 말했다.

"그런 제의 많이 받아요. 어릴 땐 시골 동네에서 명절 때마다 하는 콩쿠르에서 상도 더러 타곤 했었지요. 어떤 분은 가수로 나가라고 하는 분도 있었고요. 근데 뭐 노래만 잘한다고 가수 하나요? 비주얼이 받쳐줘야지."

"비주얼도 충분한걸요? 남자들 입장에선 호감 가는 얼굴이어요."

창호가 웃으며 말했다.

"호호 고마워요. 솔직히 말씀드리면 열여섯 살 때 가수 제의를 받았던 적도 있었습니다. 그런데 그때만 해도 여가수들에 대한 뒷소문들이 무서워서 못했습니다. 전 가수가 되는 것보다 일찍 결혼하는 것이 더 큰 바람이었어요. 왜냐면 가난이 지긋지긋했거든요. 결혼만 하면 가난에서 벗어날 거란 생각을 했었는데, 지금도 그 바람만 가지고 사는 형편이 되었네요. 호떡 장사 처음 할 땐 정말 이를 갈면서 했어요. 무능한 남편 만나 이런 고생한다고요."

"오늘 노래 부르시는 걸 보면 전혀 그랬을 것 같지 않은데요?"

"네. 그럴 거예요. 저도 우여곡절이 있었지요. 한때는 남편과 이혼하는 것이 삶의 유일한 목적일 때가 있었거든요."

호떡 아줌마의 말이 끝나자마자 포장마차 뒤쪽 출입구에서 건장한 남자가 들어오더니 어깨에서 뭔가를 내려놓고는 황급히 나가버렸다.

"조금 전에 그분 누구신가요?"

"아, 제 남편이어요. 호랑이도 제 말하면 온다더니 정말 왔네요. 호호. 오늘은 예상했던 것보다 호떡 반죽이 빨리 소모되었어요. 원래 집에서 나올 때 두 봉지를 가지고 나와요. 그것 다 소비하는 시간이 집에 들어가는 시간이어요. 어떤 날은 조금 일찍 들어갈 때도 있고 조금 늦게 들어갈 때도 있어요. 그런데 오늘은 날씨가 추워져서 그랬는지 호떡 찾는 사람들이 많아 두 봉지를 금세 다 써버렸어요. 너무 이른 시각이라 집에 들어가기 조금 꺼림칙하고 또 호떡 먹겠다고 온 손님을 실망시키면 안 되잖아요. 남편이 반죽을 치니까 이럴 때 좋지요. 또 우리가 직접 만드는 재료니까 자신 있게 만들어 손님께 줄 수도 있고요."

"아니, 반죽까지 직접 만들어주는 남편인데 왜 버리려고 하셨어요? 오셨으면 어묵 국물이라도 드시고 가시지 않고 저렇게 빨리 그냥 가신대요?"

"지금 가야 조금 쉬었다 밤에 일하러 갈 수 있거든요. 밤엔 대리운전을 해요. 많은 돈을 버는 건 아니지만 할 수 있는 일이라면 뭐든 하겠다며 시작한 일인데, 몇 년째 꾸준히 하고 있는 게 존경스러워요. 솔직히 지금이야 존경스럽단 말도 하지만 예전엔 정말 죽이고 싶을 정도였어요. 결혼 후 몇 년 안 돼 멀쩡하게 다니던 직장을 그만두고 사업을 하겠다고 난리를 치더니 결국 다 말아먹고⋯ 먹고 살 궁리를 한 것이 분식집이었어요. 그것도 몇 년 안 가 망하고 빚잔치하고 나니 남는 것 없더라고요. 그래도 분식집 하면서 얻은 게 밀가루 반죽하는 기술이니 다행이죠. 스물네 시간 같이 일하니 얼마나 많이 싸우게 되던지⋯ 그때 전 아이들 대학만 가면 무조건 이혼한다는 생각밖에 없었어요. 또 묘하게 친구들도 한결같이 다들 힘겨운 상태였고 모였다 하면 이혼하자고 의기투합했었지요. 그땐 정말이지 '더 이상 이렇게는 못 살아.' 라는 말이 항상 입 안에서 맴돌았지요."

호떡 아주머니는 말을 하면서도 능숙한 솜씨로 호떡을 만들었다. 봉지에서 한 뭉치 떼어내어 앙꼬를 넣은 후 철판에 올리고, 그 사이 오는 손님들도 맞이했다. 오는 손님들도 알아서 자율계산을 하고 돌아갔다. 다들 단골인 듯했다. 호떡 아줌마는 오는 손님을 일일이 다 함박웃음으로 맞이한다. 그 모습을 바라보는 것만으로도 그냥 절로 미소가 나온다.

삶의 여유일까? 그 분주함 속에서도 웃음을 잃지 않는 저런 여유를 언제쯤 가지게 될까?

민정은 호떡을 베어 물었다. 뜨겁지 말라고 종이컵에 담아준 호떡을 이리저리 돌려가며 먹고 있는데 그만 설탕국물이 바닥에 떨어지고 말았다. 다행히 보도블록이 깔려 있는 땅바닥으로 떨어졌다. 예전엔 코트와 니트에도 몇 번 묻었던 적이 있었는데 그거 없앤다고 꽤나 고생을 했었다. 그런 불편이 있는데도 호떡의 달콤한 유혹은 쉽게 끊을 수 있는 것이 아니었다. 호떡도 호떡이겠지만 호떡 아주머니의 구수한 입담이 그리웠는지도 모른다. 그녀에게는 사람을 끄는 매력이 있었다.

"그런데 말이죠…."

호떡 아주머니는 길게 한숨을 쉰 후에 말을 이었다. 절망과 탄식의 한숨이라기보다는 먼 기억을 불러오는 한숨이었다.

"요즘에 와서 드는 생각은요, 그때 이혼 안 한 거 정말 내 인생에서 가장 현명한 결정을 한 거라는 생각이 들어요. 그때 이혼한 친구들 몇은 끝내 이혼을 못하고 미적거리는 나를 보고 바보 멍청이라고 했는데 요즘 그 친구들이 도리어 나를 부러워해요."

창호와 민정은 귀가 솔깃해졌다. 부부의 그런 태도를 감지했는지 호떡 아주머니는 말을 계속이었다.

"그때 이혼한 친구 중 하나는 요 근처에 살아요. 자주 만나죠. 그런데 그 친구 너무 힘겹게 살아요. 남편이 외도했는데 두 말 않고 그냥 이혼했어요. 위자료도 제대로 받지도 않고 그런 인간과 이혼만 할 수 있다면 더 바랄 것 없다며 어떤 권리도 요구하지 않겠다고 했지요. 아이들을 다 남편에게 두고 자기 몸만 나온 거예요. 그런데 몇 년 안 가 아이들은 결국 엄마한테 오게 되더군요. 지금 그 아이들 뒷바라지한다고 죽을 고생하고 있어요. 새벽부터 밤늦게까지 뼈가 부셔져라 일하지만 정작 받는 급여는 얼마 안 되니 근근이 살아가고 있어요. 그 친구가 요즘 와서 그러더라고요. 나이 이제 쉰을 넘기니까 이혼이 후회된다고… 또 그땐 정말 쳐 죽일 남편이었는데 시간이 지나고 보니 그렇게까지 목숨 걸며 덤벼들 이유가 없었더라고 말이죠. 그 친구 생각하면 늘 가슴이 아프네요. 에휴! 불쌍한 친구….”

창호와 민정은 가슴이 뜨끔했다. 그동안의 과정을 통해 이혼만이 능사가 아니라는 것을 알게 되었고 또 지금 겪고 있는 갈등이 지극히 사소한 것이며 신혼 초에 누구나 겪는 일상적인 갈등인데도 이혼까지 결정했었던 자신들이었다. 민정이 태연한 척 물었다.

"어떨 땐, 속 썩이는 대상이 없으면 마음 편하지 않을까요?"

호떡 아주머니는 놀라는 기색도 없이 무슨 말뜻인지 알겠다는 표정을 지으면서 다 구운 호떡을 옆으로 밀쳐놓고 봉지에서 한 뭉치를 뜯어내어 능숙한 솜씨로 철판 위에 올린 후 말을 이었다.

"그렇게 생각했었지요. 도움도 안 되는 인간하고 살아서 뭐 할까 싶었지요. 전 어릴 때부터 홀로 독립을 했었기 때문에 내 한 몸 간수하는 것 정도는 얼마든 할 수 있다는 자신감도 있었고요. 그런데 나이가 조금 더 드니 혼자보단 둘이 훨씬 낫더군요. 남편이 벌어오는 돈이 많진 않아도 그래도 어느 정도 수입인지 아니까 거기에 맞춰 생활을 조절할 수 있어요. 안 벌어오는 것보다 조금이라도 벌어오니까 좋잖아요? 게다가 놀지 않고 꾸준히 일하고 있으니 좋고요. 요즘은 우리도 주 5일 근무해요. 주일은 교회 가야 하니까 빼고, 나머지 한 날을 쉬는 날로 정했어요. 이왕이면 여러 사람들을 만날 수 있는 토요일로 정했지요. 그 날에 도시락 하나 싸들고 도보로 이곳저곳 여행 다니는 것이 얼마나 좋은지 몰라요. 별로 돈 들 것도 없고. 남편도 무뚝뚝하긴 해도 속정이 깊은 사람이라 무던하고도 깊은 정이 느껴지고요."

호떡 아주머니의 그 여유로운 얼굴과 노랫소리를 보면 가식이 들어간 것 같진 않았다. 이 호떡집의 호떡은 처음 먹은 그날부터 단골이 되게 할 만큼 뒷맛이 깔끔했다. 너무 달지 않아 좋았고 가격이 저렴해서 좋았고 무엇보다 호떡 아주머니가 친절해서 좋았다. 남편과 함께 반죽을 만들면서 어떻게 하면 맛있게 만들까를 고민하면서 많은 연구를 했단다. 자기가 하는 일에 대해서 저렇게 자부심을 가질 수 있다면 얼마나 행복할까?

"전 하루 6시간 정도만 일해요. 오후 서너 시쯤 나와서 저녁 아홉 시 열 시 사이에 들어가지요. 물론 재료가 다 떨어지면 들어가는 게 원칙이에요. 오전엔 충분히 쉴 수 있으니까 좋고 반죽은 남편이 만들어주니까 걱정할 것 없고… 여자가 이렇게 나와서 자기가 원하는 시간에 일을 하고 꽤 넉넉한 수입을 가져갈 수 있다는 건 정말 특권이에요. 어지간한 직장 여성 부럽지 않다니까요. 이 일 통해서 세 아이들 공부 다 시켰으니 대단한 거 아닌가요? 이젠 그만둘 때가 되지 않았냐고 하는데 돈이 아니라 그동안 와준 손님들 덕분에 그만두지 못해요. 어쩌다 한번 아프거나 집안일이 있어 못 나오면 그다음 날 손님이 얼마나 많이들 물어봐주시는지. 호호. 유명인사 된 기분이에요."

창호와 민정은 호떡 아주머니의 웃음소리를 들으면서 같은 생각을 하고 있었다. '우리 부부도 저 부부처럼 될 날이 올까?' 그런데 이혼을 생각했다는 사람이 어떤 계기로 이렇게 달라질 수 있었을까? 민정은 명선이와 지숙 이모도 생각났다. 그들이 풀어내었던 것처럼 호떡 아줌마 역시 그럴지도 모른다는 생각이 들었다. 궁금증이 더해지니 그냥 물러설 수 없었다. 호떡 아줌마의 성격상 시원하게 대답해줄 것 같아 물었다.

"그런데요, 어떤 계기로 이렇게 행복하게 되실 수 있었나요? 그냥 나이가 적당히 들기까지 무조건 참고 기다리면 되는 건가요?"

"아니죠."

호떡 아주머니의 단호한 목소리엔 비장함마저 서려 있었다.

"저도 이렇게 바뀌게 된 건 교회에서 부부행복학교라는 6개월짜리 프로그램에 참여하게 되면서부터예요. 물론 그때도 아이들만 크고 나면 이혼하겠다는 생각으로 가득 차 있었는데, 그래도 해볼 것은 해봐야 나중에 후회하지 않을 것이라는 생각이 들더군요. 그때 남편은 아에 참석할 생각도 안 했는데 제가 협박하다시피 해서 억지로 참석하게 되었어요. 첫 모임 때 웃지도 않고 인상 쓰고 앉아 있었던 유일한 부부가 저희였어요."

"그 과정 덕분에 완전히 화해하게 되신 건가요?"

"그 당시는 안 그랬지요. 모임에 갈 때마다 몰랐던 것을 알게 되면서 나도 조금씩 알게 되고 남편도 조금씩 알게 되었어요. 또 남자와 여자가 많이 다르다는 것도 새롭게 알게 되었고요. 비정상이라고 단정 지었던 것들이 지극히 정상이라는 것에 놀라기도 했습니다. 총 다섯 부부가 한 팀으로 모였는데요, 다른 부부들이 아웅다웅 싸우는 모습이 얼마나 재미있었는지 몰라요. 앞 주에 한 부부가 처절하게 싸우고 나면 그다음 모임엔 그 부부가 올지 안 올지, 또 앞으로 어떻게 진행이 될지가 궁금해서 가게 되더라고요. 호호. 남의 불행이 커 보이더라니까요. 아마 다른 부부들도 우리 부부 보면서 똑같은 마음이었겠죠? 또 횟수가 거듭되면서 다른 부부들의 이야기를 들으니 '나만 불행한 게 아니구나. 다른 사람들도 똑 같이 힘들게 사는구나.' 하는 생각이 들 땐 안도감과 함께 행복감이 새록새록 피어오르더군요. 나 참! 인간은 참 이기적인 것 같아요. 암튼 그 과정이 정말 큰 도움이 되었어요. 두 사람도 부부 프로그램에 참석해봐요."

"네. 안 그래도 부부 전문가에게 지금 열심히 가고 있어요. 몇 번 가보니 뭐가 뭔지 얼떨떨하긴 하지만 그래도 꽤 많이 알게 되었어요."

"아휴 잘 되었네요. 잘 배우세요. 하나하나 배우다 보면 부부 문제 풀어가는 것도 배우게 될 테고 여유가 생길 거예요. 헬렌 켈러가 그랬대요. 비록 삶은 고난으로 가득하지만 사람은 그 모든 고난을 극복할 수 있는 힘을 가지고 있다고 말이죠."

"우와! 그렇게 멋진 말씀을 해주시다니… 정말 환상적이에요."

"후훗 그래요? 실은 낮에 잠깐 읽었던 책 속에 있던 인용 구절인데 딸내미들에게 전해주려고 제가 휴대폰으로 사진을 찍어두었거든요. 큰딸이 조만간 시집을 갈 것 같아요. 다 커서 시집갈 때가 되니까 해주고 싶은 말들이 생기네요. 지난 명절에 딸들 다 모였을 때 제가 이야기했어요. 살아보니까 가장 현실적인 남편이 가장 좋은 남편이라는 것을 엄마는 많은 시행착오를 겪으면서 알게 되었다고 했어요. 나중에 결혼하고 월급날 월급 제대로 나오고, 회사 성실하게 다니고, 집에 오면 아내와 아이들한테 잘해주는 남자라면 기본사양이 아주 잘 갖춰진 상대라고 말이에요."

"그래도 남자가 돈은 많이 벌어야죠."

민정이 창호를 바라보자 창호는 고개를 두 번 힘 있게 끄덕였다.

"물론, 돈 좋지요. 그것도 많이 벌어오면요. 그렇지만 돈 자체보다는 경제적 책임을 지려고 애쓰는 태도가 더 중요한 것 같아요. 그런 면에서 제 남편은 합격이어요. 새댁도 남편이 기본 사양 정도 갖춰져 있다면 그것으로 충분히 감사하면서 사세요. 살다 보면 큰 매력 같은 건 없지만 은근한 행복이 있답니다. 돈 왕창 버는 남자 부러워하지 마세요. 왕창 버는 만큼 왕창 쓰고 돈의 가치를 잘 모르는 사람일 가능성이 다분하니까요. 오히려 천 원을 쓰더라도 허투루 쓰는 일이 없는 사람이 나중에 돈을 많이 가졌을 때도 허투루 쓰지 않는 법이죠."

"그런가요?"

"그럼요. 전 요즘 꼭 돈이 행복을 주는 건 아니란 걸 느끼며 살아요. 딸들이 집에 오면 온 가족이 함께 가는 패밀리 레스토랑이 있어요. 거긴 그냥 샐러드 바만 이용하면 되니까 돈 걱정, 메뉴 걱정이 없어요. 각자 자기 좋아하는 걸 먹으면 되니까요. 남편이 좋아하는 것은 갈릭 치킨과 국수, 제가 좋아하는 것은 용과(dragon fruit)와 망고 샐러드, 큰딸은 탕수육과 스파게티, 작은딸은 치즈 케이크, 막내는 양송이 스프를 좋아하죠. 막내 스프만 내리 3컵을 먹을 때도 있어요. 그리고 가장 좋은 건 내가 밥을 안 해도 된다는 거예요. 여자에게 제일 맛있는 음식은 남이 해 주는 음식이거든요. 호호호."

호떡 가게를 나오면서 창호가 호떡을 포장해달라고 했다. 아무래도 집단 상담에 참여하느라 간밤에 잠도 많이 못 잤고 많이 울어서 얼굴이 부어 있기도 해서 집에 가자마자 일찍 잠자리에 들어 내일 아침 준비할 시간까지 푹 자는 게 좋을 것 같았다. 호떡을 전자레인지에 데우면 아침밥 대용으로 충분했다. 민정은 그런 배려심이 있는 창호가 새삼 고맙게, 그리고 따뜻하게 느껴졌다.

호떡 아줌마의 그 여유는 단지 나이가 들었다고 생겨나는 것은 아니었다. 분명 명선과 지숙 이모, 호떡 아줌마 다 공통점이 있었다. 다 자신의 문제를 정확히 받아들인 사람들이었고 고치려고 애를 쓰는 사람들이었다. 그리고 자신의 문제를 받아들이면서 그 마음에 여유를 가진 사람들이었다. 결혼이란 나이가 들수록 여유가 생겨나는 것 같았다.

영준이 보내온 결혼의 비밀 9는 여유만만餘裕滿滿이었다.

결혼의 비밀 9

여유만만(餘裕滿滿)

나이듦의 특권은 여유만만이다. 나이 드는 것은 그다지 나쁘지 않다. 줌으로써 도리어 풍성해지는 역설의 세계를 이해할 수 있게 된다. 배우자가 나에게 뭔가를 해줘서 좋은 것보다 내가 배우자에게 뭔가를 해줄 수 있어 더 행복해진다.
행복의 꽃은 황금률의 원리에서 핀다.

편지 9

결혼의 모든 과정이
다 행복이야

　가정이 거룩하고 신비로운 건 생명이 탄생하는 곳이기 때문일 거야. 아이가 태어날 땐 남자는 아빠로, 여자는 엄마로 탄생되지. 아내가 임신했다는 소리를 할 때, 네 가슴이 뛰는 걸 느껴본 적 있어? 아이의 태동을 느껴본 적 있니? 태중의 아기와 교감해봤어? 네가 이야기를 할 때 태동으로 반응을 보이는 태아를 느껴보았니?

　아기가 태어났을 때는? 그 아기가 너를 알아볼 때의 신비로운 감동을 알아? 잠든 아기의 살냄새 맡아보았어? 아기의 작은 손을 잡아 본 적 있어? 네가 손가락 하나를 갖다대면 그 손가락을 말아 쥐듯 꼭 쥐는 네 피붙이의 짜릿한 그 느낌 알아? 아이가 말을 시작할 때 비로소 "엄마!", "아빠!"라고 정확하게 말했다며 호들갑을 떨어본 적 있어? 남들은 분명치 않은 발음이라고 할 때조차 너는 확실히 들었다고 강조하는 팔불출이 되어본 적 있니?

아이가 아빠 올 시간을 손꼽아 기다리는 거 봤어? 아이가 잠자리에 들 때 침대 옆에서 동화책 읽어주고 아이와 이야기하고 기도해줘봤니? 잠자리에 들 때마다 같이 침대에 누워 책 읽고 그날 있었던 일 이야기 나눠봤어? 그 아이가 재롱잔치 할 때 무대 위에서 춤추는 모습 본 적 있니? 아이가 주는 코 묻은 카네이션 받아본 적 있니? 아이가 할머니와 사이좋게 지내는 모습 보면서 흐뭇해본 적은 있어? 아이랑 목욕탕 가 보았니? 캠프 간 경험은? 아이들 운동회에 가본 적은 있니? 아이와 함께 악기를 연주해본 적 있어? 함께 노래를 불러본 경험은? 아이랑 나란히 밤하늘의 별을 바라본 적 있어? 시골집에서 개구리 합창을 들어본 적은? 그 외에도 time together 하는 수많은 경험들….

나중에 아이가 어느 정도 자라면 아이는 어른으로 재탄생해야 하고 엄마는 어머니로, 아빠는 아버지로 재탄생해야 해. 그런 면에서 보면 대한민국엔 엄마 아빠들은 많은데 어머니와 아버지는 너무 적어. 이렇게 말하면 엄마와 어머니, 아빠와 아버지가 무슨 차이가 있냐고 반문하겠지? 확연하게 달라. 어머니가 되지 못한 엄마들, 아버지가 되지 못한 아빠들이 얼마나 많은 줄 알아?

네가 자녀들의 자존감을 세워주는 기쁨을 아니? 아이들은 부모의 영향을 많이 받지. 아이가 말을 잘 듣든 안 듣든, 성격이 외향성이든 내향성이든, 부모가 있는 그대로 사랑해줄 때 아이는 거기서 자존감이 형성되거든. 그런데 말이야. 자존감이 잘 형성된 아이를 바라보는 부모 마음에도 자존감이 커진다는 거 알아? 그런 면에서 가족은 상호 도움을 주는 존재야. 자녀들을 위해서 희생만 하는 거 아냐. 내가 아이들을 키우는 것 같지만 아이들도 나를 키워. 그런 재미를 알아? 명절에 삼 대가 나란히 밥상에 둘러앉았을 때의 든든함을 아니? 가문의 전통이나 업적을 말해 줄 때의 뿌듯함을 알아?

자녀를 키워서 그 자녀가 나를 능가하는 것을 지켜보는 기쁨은? 아이들 때문에 속상했던 적도 많지만 그 속상함도 거름이 되어 성장에 도움이 되었다는 것을 알게 될 때의 만족감을 느껴봤니? 가족이 형성되어 가는 신비로움과 기쁨을 아니? 아이들이 하나둘 태어나면서 부모가 되었다는 자부심과 뿌듯함, 또 가족을 위해서 헌신해야겠다는 비장함 같은 것들도 가족이 있기에 느낄 수 있는 것들이야.

사춘기에 접어든 아이들을 보면서 아버지는 아들에게 남자가 된다는 것의 의미를 가르치고 어머니는 딸에게 여자가 된다는 것의 의미를 가르치는 기쁨을 아니? 아하! 네가 그런 경험이 없으니 알 리가 없다고 하겠구나. 맞아. 네 부모님이 그런 역할을 제대로 해주는 세대가 아니었지. 그저 열심히 살아오는 일이 최상의 가치였던 분들이니까 말이야. 아이가 성장하는 과정에서 가장 중요한 것이 지속적인 유대감을 갖는 것이라는 것을 모르는 분들이 더 많았다고 봐야 할 거야. 생업에 시간을 뺏기기도 했고 설령 시간이 주어졌더라도 막상 어떻게 할지를 전혀 몰랐거든. 알려고도 하지 않았고 가르쳐주는 사람도 없었고.

너희가 남편에 대해서 험담하고 아내에 대해서 불평하는 거, 그것 또한 행복이라는 거 아니? 홀로 된 사람들이 생전에 그 모습을 얼마나 기억하는 줄 알아? 수많은 영화와 문학작품에서 일상의 행복이 얼마나 큰 행복인지 말해주고 있잖아. 그것을 깨닫는 것이 지혜지. "사람들은 가장 소중한 사람이 곁에 있어도 모르다 결국 그 사람이 곁을 떠난 뒤에야 소중함을 안다."라고들 하지. "있을 때 잘 해 후회하지 말고!"라는 트로트는 괜히 부르는 게 아냐. 정말 있을 때 잘 해. 내가 배우자에 대해 불평한다는 것은 배우자가 있다는 뜻이고, 불평할 정도가 된다면 먹고살 만하다는 뜻이고, 불평한다는 말은 교육을 충분히 받아서 불평을 할 정도의 논리와 식견을 가지고 있다는 뜻이야. 불평은 우월감에서 나오는 것이니 그건 너희가 충분히 똑똑하다는 것이기도 하고…. 자! 그럼 뭐가 불만이야?

영화 〈벤자민 버튼의 시간은 거꾸로 간다〉를 본 적 있니? 미국을 배경으로 했지. 한 맹인 시계공이 행복하게 살고 있는데 장성한 아들이 1차 대전에 징집되어 갔다가 전사해 시체로 돌아와. 거기에 상처를 받은 시계공은 거꾸로 가는 시계를 만들어. 시간을 되돌릴 수만 있다면 전쟁에서 죽어간 자기 아들은 물론 수많은 청년들을 부모의 품으로 돌아오게 만들 수 있지 않을까 해서 말이야. 그 시계가 완성되는 날이자 1차 대전이 끝나는 날 한 아이가 태어나는데 다 죽어가는 노인으로 태어나. 그가 주인공 벤자민인데 시간이 거꾸로 가니까 자꾸만 젊어지는 거야. 그 영화가 무엇을 말하고 싶을까? 평범한 게 가장 소중하다는 것을 말해줘. 다른 사람들과 같이 나이 들어간다는 게 얼마나 행복인지도 알게 되고 말이야.

가끔 우리 부부는 "우리가 만약 젊은 나이로 돌아갈 수 있다면 돌아갈래?"라고 물어봐. 너희 생각은? 우린 주저 없이 "NO!"라고 대답해. 신체적으로야 어떨지 모르겠지만 나이가 적당히 들어서 바라보는 세상이 훨씬 더 아름다워. 또 사소한 일에 목숨 걸지 않는 편안함이 얼마나 좋은지 몰라. 그리고 청춘 때 느끼지 못했던 것들이 이젠 느껴져. 어릴 때 그냥 불렀던 동요들이 지금 부르면 영상이 그려지고 애잔함이 느껴지면서 눈물이 나기도 해. 또 뽕짝이라고 폄하했던 트로트 가요의 가사가 한 절 한 절이 삶을 그려내고 있다는 것도 느껴지고 말이야. 다른 사람의 모습을 보면 쉽게 평가하고 단정하기보다 안타깝고 측은하게 느껴져. 그리고 배우자의 실수나 부족한 점을 봐도 못 참을 만큼 화가 나진 않아. 그냥 모른 척 치워주거나 만회시켜줘.

지난밤에도 아내가 코를 고는 바람에 잠을 깼어. 옛날 같으면 짜증 나 베개 들고 거실 소파로 가 잤을지도 몰라. 그러나 난 조용히 일어났어. 어차피 깬 잠이니 쉽게 잠들긴 어려울 테고… 읽고 있던 책을 읽고 글을 썼지. 늘 코를 고는 사람이 아니니 코를 곤다는 말은 몸이 많이 피곤하고 힘들다는 뜻이야. 고개를 돌리거나 깨워서 코 골지 마라 할 수 있겠지만 그러면 아내 잠의 리듬이 깨져 숙면에 방해가 돼. 나도 가끔 그럴 때가 있거든. 그리고 아내도 나의 부족이나 약점 허물을 얼마나 많이, 그것도 조용히 덮고 지나갔던 때가 얼마나 많았는지를 알아.

신혼 때는 그저 감정적으로 좋고 함께 있는 것이 좋고 더불어 산다는 것이 좋을 거야. 당연히 행복이지. 나이가 들면 애틋하고 살가운 감정이 없어도 좋고, 가끔 홀로 있는 시간도 좋고, 그저 바라보면 마음 한쪽에서 짠한 느낌이 올라오고 미안하고 측은한 느낌이 들면서 그저 살아 있다는 것 자체가 정말 고맙게 느껴져. 나이가 들면 너희도 그런 행복을 경험하게 될 거야. 《나는 젊음을 그리워하지 않는다》의 찰스 핸디·엘리자베스 핸디 부부는 "나이 육십에 이르고 보니 행복의 의미를 곰곰이 되새겨보게 된다. 행복이란 그저 소중한 하루하루를 가치 있게 보내는 간단한 문제가 아닐까 하는 생각이 든다."라고 말했어. 그런 말이 가슴에서 울리는 걸 보면 내 인생도 잘 공명되는 악기라는 생각에 스스로 뿌듯해지곤 해. 스트라디바리우스와 같은 세계적인 명기 바이올린은 수목한계점 해발 1500미터를 넘긴 곳에서 자라난 나무로 만든다고 해. 작열하는 태양, 쉴 새 없이 내리는 비, 태풍, 엄동설한의 서리와 눈을 온몸으로 맞으면서 살아남은 나무들이야. 바로 그 나무가 울림이 제대로 되는 악기로 재탄생되는 거야. 어때, 너희들 인생도 제대로 울리는 공명共鳴이 되기를 원해, 아니면 아무런 의미 없이 공명空冥되기를 원해?

chapter 10

결혼은
동치미 국수 같은 것

동치미 국수의 맛은 정말 시원했다. 깊은 맛이 우러나왔다. 국물을 마시니 그 시원함이 식도를 타고 위장으로 내려갔다. 반찬은 딱 하나였다. 살얼음이 언 배추 동치미. 아삭아삭 씹히는 맛이 일품이었다. 면발은 차가운 국물에 담겨서인지 더 탱탱했고 창호와 민정은 마지막 국물까지 싹싹 비워냈다.

10
결혼은 동치미 국수 같은 것

다시 속초로

이젠 더 이상 상담실에 가지 않아도 되었다. 아니 더 이상 올 필요가 없다고 했다. 대신 앞으로 부부 친밀감을 위해서 데이트를 자주 하라는 말만 듣고 왔다. '부부 관계 통장 적립금 쌓기'를 자주 하라는 말씀이었다.

토요일 아침, 알람을 끄고 잤는데도 평일처럼 눈을 떴다. 휴일이면 영화관엘 가거나 집에서 영화를 보는 날이 많았다. 두 사람 다 영화를 좋아해 같이 영화 보는 시간은 관계통장에 적립금을 쌓는 시간이었다. 휴일, 소파에 편히 누워 영화 보는 건 정말 달콤한 휴식이었다. 오늘 민정이 고른 영화는 〈어바웃 타임〉이었다. 10주의 상담을 마친 후엔 영화 속 부부들 모습도 보이기 시작했는데 그것이 영화 보는 재미를 더해주었다. 또 영화 속 주인공들의 캐릭터에 공감이 되고 감독이 의도하는 것이 무엇인지가 읽혀졌다. 그건 또 다른 재미였다.

영화를 보던 중 대사 한마디에 두 사람의 감탄사가 동시에 터져 나왔다.

"인생은 모두가 함께하는 시간여행이다. 매일매일 사는 동안 우리가 할 수 있는 최선을 다해 이 멋진 여행을 만끽하는 것이다."

그 명대사에 감동을 받은 창호가 민정에게 즉석에서 제안을 했다.

"우리 내친김에 속초로 떠날까? 가는 길에 양수리 쪽 들러 '죽여주는 동치미' 한번 먹어보자. 우리가 선생님 부부 처음 만났을 때 그러셨잖아. 언제가 기회가 되면 꼭 먹어보라고."

민정도 한치의 망설임 없이 대답했다.

"오케이! 콜"

장마철의 양수리 주변은 온 산과 들이 진녹으로 짙어지고 있었다. 간밤의 비로 아직 팔당댐의 물은 황토색이었다. 창호가 선루프를 활짝 열고 운전석 쪽 차장을 내렸다. 민정도 조수석 차창을 완전히 내렸다. 그러자 시원한 바람이 소리를 내며 들어왔다.

죽여주는 동치미식당은 벌써 사람들로 꽉 차 있었다. 나이가 든 사람도 있고 가족 단위로 와 있는 사람도 있고 커플로 보이는 사람도 있었다. 굳이 메뉴를 선택할 것도 없이 직원과 눈이 마주치자 창호는 오른손으로 V자를 만들어 보였다. 그러자 직원도 고개를 끄덕이며 주문을 넣었다.

동치미 국수의 맛은 정말 시원했다. 깊은 맛이 우러나왔다. 국물을 마시니 그 시원함이 식도를 타고 위장으로 내려갔다. 반찬은 딱 하나였다. 살얼음이 언 배추 동치미. 아삭아삭 씹히는 맛이 일품이었다. 면발은 차가운 국물에 담겨서인지 더 탱탱했고 창호와 민정은 마지막 국물까지 싹싹 비워냈다.

"캬! 먹어보니 상담 선생님이 왜 가끔씩 여기 들러 이 국수 드시는지 알 것 같네. 결혼이란 게 동치미 국수 같다는 것도."

"나도야…."

그때 옆 테이블에 앉은 젊은 커플이 다투기 시작했다. 귀에 들리는 대화의 내용은 곧 있을 결혼식에 대한 것이었다. 음식을 앞에 놓고 티격태격 싸우는 모습을 보면서 창호와 민정은 서로의 눈만 보고 어깨를 으쓱이며 미소를 지었다.

국숫집을 나오자 민정이 운전석에 앉았고 그 모습을 본 창호가 조수석에 앉으면서 말했다.

"식당 안의 쟤네들이 결혼의 엄청난 현실을 알까? 꼭 우리 옛날 모습 같네. 결혼의 비밀을 알고 난 후에 결혼해야 할 텐데 말이야. 그러고 보면 불과 4개월 전 우리가 속초로 이별여행 갈 때는 정말 절망의 끝이었는데 이젠 이렇게 웃으면서 가게 되었네. 참 기적이다. 그치?"

"그래. 생각해보면 그저 감사할 뿐이야. 그때 선생님 두 분이 우리에게 선뜻 찾아오지 않았다면 어떻게 되었을까? 아마 지금쯤 이혼하고 각자 원망하면서 살고 있겠지?"

"그랬을 거야. 사람이 살면서 좋은 사람을 만난다는 게 얼마나 큰 복인지 몰라. 생각해보니 정말 두 분께 고맙네."

말을 마친 창호가 갑자기 차에서 내리더니 식당 안으로 들어갔다가 잠시 후에 나왔다. 운전대를 잡고 있던 민정이 물었다.

"왜? 뭐 두고 나온 거 있어?"

"아니. 조금 전 걔네들에게 선생님 명함 주고 왔어. 결혼 전에 꼭 방문해보라고. 혹 지금 당장 아니라도 결혼 후 갈등 때문에 이혼을 생각하게 될 땐 꼭 그 명함에 있는 곳으로 찾아가서 도움을 받으라고 했어."

"아이구야, 울 신랑 착한 일 했네? 기특해라. 이따 내가 맛있는 밥 사줄게."

민정이 코멘소리를 하자 창호가 "네. 마님!"이라고 답하고 피차 웃었다.

"그럼, 우리가 빚을 갚은 셈이 되는 건가?"

"그럴 거야. 그리고 아마 주변에 결혼의 비밀을 모르는 사람들을 보면 우리 입이 간지러워 못 견딜걸?"

운전을 교대로 하면서 속초에 도착했다. 여름 동해는 좀 덥긴 해도 시원한 바람이 불어왔다. 4개월 전 이별여행을 왔던 속초는 전혀 다른 얼굴로 두 사람을 맞이했다. 지나는 사람들, 갈매기와 스치는 바람마저도 반갑다고, 잘했다고 칭찬하는 것 같았다.

그날 밤 잠자리에 누우니 파도 소리가 들려왔다. 겨울에는 듣지 못했던 소리였다. 창호가 팔을 펴자 민정이 그 위에 머리를 누이며 말했다.

"음! 파도 소리 참 좋다."

"그렇지? 파도 소리 정말 시원해. 그런데 아까 운전할 때 조금 조는 것 같던데 피곤했어?"

"응. 약간 졸리긴 했는데 심하진 않았어."

"그럴 땐 운전 교대하자고 해. 사고 나면 안 되잖아. 서방 뒀다 뭐 하냐? 그럴 때 써먹어야지."

"알았어. 앞으로 그렇게. 고마워, 그렇게 말해줘서. 그 말 듣고 보니까 사고 같은 거 안 나고 무사히 도착 한 거, 참 감사하다."

"그럼 사고 안 나고 온 게 얼마나 감사한 일인데…."

"그러고 보면 우리가 하루하루 사는 거, 아무런 사고도 없이 여기 이렇게 와 있는 거, 그런 게 다 행복이란 생각이 들어. 오전에 영화 보고 그냥 차 출발해 올 수 있는 여유가 있다는 것도 감사하고 졸리면 운전해주겠다는 신랑 있으니 또 감사하고…."

"와! 울 마누라 완전 철학자 되셨네. 하하. 앞으로 우리 아이들이 생겨나면 그 모든 과정도 행복이겠지? 우리… 앞으로 해마다 한 번씩 여기 속초에 오는 거 어때? 해마다 우리가 얼마나 큰 변화가 있었는지 알 수 있을 테고 말이야."

"그래. 그거 좋은 생각이다. 그렇게 하자. 그리고 노트와 앨범을 각각 한 권씩 사는 거야. 그 노트와 앨범에 우리가 정말 행복하게 사는 모습을 적어놓고 사진을 찍어 보관하자. 1년마다 와서 그것을 비교해보는 거지. 아이들이 태어나면 그 아이들이 성장하는 과정을 사진으로 담아 어른이 되면 그것을 선물로 줘도 좋을 것 같아."

"갈수록 예쁜 말만 골라서 하네. 이렇게 예쁜 마누라는 아주 뜨겁게 사랑해줘야겠지? 자, 이리 와. 그리고 우리 둘의 예쁜 아이들을 만들자. 아들이면 이름을 동해로 짓고 딸이면 바다라고 짓자. 어때?"

"아휴. 이 엉큼한 남자!!"

창호가 민정을 품으로 끌어당겼고 민정은 미끄러지듯 창호의 품에 안겼다. 파도의 합창 소리가 조금씩 커지다 이내 조용히 별들에게 노래를 넘겨주고 있었다.

영준으로부터 결혼의 비밀 10번째가 며칠째 오지 않았다. 창호와 민정은 마지막 결혼의 비밀이 무엇인지 예측해보기로 했다. 굳이 표현하지 않아도 알 것 같았다. 창호가 '일상행복'이란 말을 영준에게 문자로 보냈다. 곧바로 회신이 왔다.

"그럴 줄 알았어요. 굳이 설명하지 않아도 알죠? 이젠 일상이 다 행복이어요. 매일매일 행복하게 잘 사세요. 결혼의 비밀을 안 사람은 또 다른 사람에게 알려줘야 할 의무가 있으니 이 비밀을 몰라 불행하게 사는 이들에게 많이 알려주시길 바라요. 10번의 만남을 위해 상담실 오가는 길 정말 수고 많으셨어요. 앞으로도 계속 파이팅!"

결혼의 비밀 10은 일상행복日常幸福이었다.

결혼의 비밀 10

일상행복(日常幸福)

행복의 가장 큰 재료는 지극히 평범한 일상이며, 지구에서 일어나는 가장 큰 기적은 평범이란 기적이다. 행복한 사람은 매일매일 그 기적을 경험하며 사는 사람이다. 메리 크리스마스가 아니라 매일 크리스마스다!

행복달인 幸福達人

우리가 행복이라고 말할 때 그냥 복이라 하지 않고 꼭 행복이라고 할까? 幸이란 글자는 좌우로 뒤집어도 같은 글자다. 즉 환경이 아무리 바뀌어도 한결같은 상태가 되는 것, 어떤 상황을 만나더라도 복을 얻어내는 사람이야말로 진짜 행복의 달인이다. 결혼은 그런 달인이 되어야 비로소 행복하다.

필자는 강연 때마다 2012년 개봉되었던 영화 〈최종병기 활〉의 마지막 장면 명대사를 인용하기 좋아한다. 마지막 순간 주인공은 "바람은 계산하는 것이 아니라 극복하는 것이다."라며 적을 쓰러뜨린다. 그가 그렇게 할 수 있었던 것은 평소에 연습을 했기 때문이다. 영화에선 복선으로 깔아놓았다. 평소에 그는 목표물을 돌아가 과녁을 맞히는 연습을 부단히 했던 것이다. 요즘말로 '1만 시간의 법칙'을 실행한 것이다.

결혼도 계산하는 것이 아니라 극복하는 것이다. 결혼도 1만 시간의 법칙이 적용되는 분야라 최소 10년까진 진득하게 버티면서 일상행복을 누리는 법을 익히기까지는 부단히 연습해야 한다. 그 시간이 차기까지는 많은 시행착오를 경험해야 한다. 그가 과녁을 제대로 맞히기까지 얼마나 많은 화살이 과녁을 빗나갔을까? 결혼의 행복을 막연히 알게 되기까지는 그런 빗나간 화살 숫자가 필요하다. 오늘 처음 활을 잡아본 사람이 지금 당장 백발백중의 신궁이 되기를 희망한다면? 시작도 안 해보고 활을 탓하거나 바람을 탓하고 있다면?

상담자로서 얼마나 많은 사람들이 행복에 세뇌되어 있는지 혀를 두를 정도다. 또 얼마나 많은 사람들이 스스로의 생각으로 만든 불행의 늪에 빠져 죽어가는 것이 안타까울 따름이다. 그래도 요즘은 "행복도 연습이다", "행복도 의도적인 노력으로 만들어 낼 수 있다."라고 말하는 긍정심리학이 있어 과학적인 근거를 바탕으로 행복에 대한 청사진을 제시해주고 있는 시대라 천만다행이요, 그것을 접하는 사람은 희대의 행운아다.

그렇다면 긍정심리학이 있기 이전 사람들은 전부 다 불행했을까? 아니다. 어느 시대를 막론하고 행복하게 사는 사람들은 존재했다. 그들의 특징 중 한 가지는 생각의 노예가 되지 않고 오히려 생각을 다스리는 주인이었다는 점이다. 부정적이고 비관적인 생각을 긍정적이고 낙관적인 생각으로 전환시킬 줄 알았다. 우리 선조들도 '마음먹었다'에서 '고쳐'라는 부사를 추가해서 '마음을 고쳐먹었다'는 표현을 사용했다. 마음을 고쳐먹는 일이야말로 행복으로 가는 첫 관문이다. 마음을 고쳐먹는 것만으로도 이미 행복 시작이며 행복 속에 푹 빠지는 것이다. 미국의 16대 대통령이었던 에이브러햄 링컨도 "사람은 행복하게 살기로 마음먹은 만큼 행복하다."고 했다.

냉동 창고에서 일하던 어떤 한 사람이 그만 냉동 창고에 갇히고 말았다. 밖에서 열어주어야 문이 열리게 되어 있는 구조라 안에서 아무리 소리를 쳐도 밖에는 들리지 않을 거라고 판단한 그 사람은 모든 것을 포기하고 자신의 몸에서 일어나는 신체변화를 수첩에 빼곡히 기록했다. 마침내 그는 얼어 죽고 말았다. 나중에 사람들이 냉동 창고의 문을 열었을 때 다들 놀랐다. 기온이 바깥 온도보다 차기는 했지만 그 창고는 고장 난 상태라 사람이 얼어 죽을 만큼은 아니었던 것이다.

어떤 한국인이 관광차 나이아가라 폭포에 갔을 때였다. 멋진 폭포의 장관을 구경하고 나니 그 물맛이 궁금해졌다. 그래서 폭포수를 한 컵 떠 마시고 나오는데 폭포 옆에 포이즌POISON이라고 쓰여 있는 팻말이 보였다. 그 순간부터 배가 아파 오면서 창자가 끊어지는 고통이 느껴졌다. 병원에 갔을 때 의사는 껄껄 웃으면서 절대 죽지 않으니 걱정 말라며 말했다. "포이즌POISON이란 단어는 영어로는 독이지만 프랑스어론 낚시 금지입니다."

두 개의 이야기는 결혼에 대한 사람들의 생각과 비슷할 것이다. 결혼에 대한 환상으로 가득 차 현실을 보지 못하거나 아니면 지레 겁먹고 아예 결혼 자체를 회피한다. 요즘 젊은이들이 결혼에 대해 너무 겁을 많이 낸다. 미혼이 아니라 비혼非婚이 늘어나는 이유도 그럴 것이다. 또 결혼을 했더라도 조그마한 갈등조차 해결 못 하고 너무 쉽게 이혼한다. 그래서인지 결혼 연차가 짧고 나이가 어린 내담자 부부일수록 상담실에 와서 하소연하는 이야기들에 공감하기가 여간 어렵지 않다. 당사자들이 주관적으로 느끼는 갈등의 정도야 극단이겠지만 그 문제를 객관적으로 분석하면, 그 문제는 지극히 일상에 속하는 것일 뿐이다. 그 일상은 갈등의 소재가 아니라 행복의 소재로 주어진 것들이다.

냉정하게 보면, 결혼에 대한 어떤 두려움도 스스로 만든 것일 뿐이다. 결혼이 모험인 것은 틀림없지만 죽음만 있고 어려움만 있고 갈등만 있는 것은 아니다. 그러니 걱정하지 말고 덤벼들어라. 누려보지도 못하고 죽는다면 그 또한 어리석은 일이다. 두려워할 이유도 없다. 돈이나 학력, 외모 같은 외부조건은 편리의 조건일 뿐이다. 그러니 지금 당장 돈 없다고 결혼 못할 이유도 없고, 못생겼다고 한탄할 이유도 없고, 지금 당장 보여줄 수 있는 것이 마뜩찮더라도 괜찮다. 그러니 결혼의 판타지 따위는 과감히 버리고 모험을 향해 도전하라. 오랜 항해로 단련된 선장이 바다를 아는 것처럼 결혼에도 일정 시간이 흘러야 알게 되는 행복이 따로 있다. 인생에도 달인이 있다. 배우고 익혀 달인이 되어 결혼의 비밀, 적당히 농익은 행복을 알게 되었을 때쯤 온 세상을 향해 목청껏 외쳐라.

"니~~~들이 결혼을 알아?"

참고도서

김정운. 나는 아내와의 결혼을 후회한다. 샘&파커스. 2009.
김정운. 노는 만큼 성공한다. 21세기북스. 2011.
김형경. 남자를 위하여. 창비. 2013.
김형경. 만 가지 행동. 사람풍경. 2012.
김형경. 좋은 이별. 푸른 숲. 2009.
남인숙. 어쨌거나 남자는 필요하다. 자음과 모음. 2012.
두상달 · 김영숙, 결혼, 천 일 안에 다 싸워라. 코리아닷컴. 2011.
리처드 J, 데이비드 A. 사피로. 김정홍 역. 인생의 절반쯤 왔을 때 깨닫게 되는 것들. 위즈덤하우스. 2013.
마이클 니콜스. 정지현 역. 대화의 심리학. 씨앗을 뿌리는 사람. 2006.
마틴 셀리그만. 우문식 역. 플로리시. 물푸레. 2011.
박경숙. 문제는 무기력이다. 와이즈베리. 2013.
변상규. 자아상의 치유. NUN. 2011.
신경림 · 김명곤 · 장영희 · 최영미 외. 평생 잊지 못할 한 구절. 예담. 2006.
앤도 슈사쿠. 한은미 역. 나를 사랑하는 법. 시아. 2009.
우문식. 행복 4.0. 물푸레. 2013.
이근후. 나는 죽을 때까지 재미있게 살고 싶다. 갤리온. 2013.
전성수. 자녀교육혁명 하브루타. 두란노, 2013.
전영철. 40대를 위한 가슴이 시키는 일. 판테온하우스. 2011.
정동섭. 부부연합의 축복. 요단. 2012.
정진홍. 마지막 한 걸음은 혼자서 가야 한다. 문학동네. 2012.
조서환. 모티베이터. 위즈덤하우스. 2011.
존 M. 고트맨 & 낸 실버. 임주현 역. 행복한 부부 이혼하는 부부. 문학사상사. 2002.
찰스 핸디 · 엘리자베스 핸디. 손정숙 역. 나는 젊음을 그리워하지 않는다. 뮤진트리. 2011.
최성애. 부부 사이에도 리모델링이 필요하다. 해냄. 2005.
하빌 핸드릭스. 서민아 역. 연애할 땐 Yes, 결혼하면 No 가 되는 이유. 프리미엄북스. 2004.
한근태. 중년예찬. 미래의 창. 2009.
현용수. 성경이 말하는 남과 여 한 몸의 비밀. 쉐마. 2012.
혜민. 멈추면 비로소 보이는 것들. 샘&파커스 2012.

니들이 결혼을 알아?

초판 인쇄 2014년 4월 17일
초판 발행 2014년 4월 25일

지은이 이병준 · 박희진
펴낸이 김광열
펴낸곳 (주)스타리치북스

출판책임 이승은
책임편집 이혜숙
출판진행 한수지
일러스트 정혜선
캘리그라피 조성윤
편집디자인 권대홍 · 조인경
경영지원 김충모 · 문성연 · 이광수 · 김은진 · 손연주 · 심두리
  공잔듸 · 명수인 · 이세원 · 김소연 · 김은지 · 김지혜

등록 2013년 6월 12일 제2013-000172호
주소 서울시 강남구 강남대로62길 3 한진빌딩 5층
전화 02-2051-8477
홈페이지 www.starrich.co.kr
스타리치북스 페이스북 www.facebook.com/starrichbooks
스타리치포럼 http://cafe.naver.com/starrichforum

값 18,000원
ISBN 979-11-951158-5-3 13190